GREKISKA SAGOR

Eva Hedén

GREKISKA
SAGOR

MED FÖRORD AV ÖRJAN LINDBERGER

Illustrerad av Yngve Svalander

Fabel Bokförlag

Nionde upplagan Fabel Bokförlag 1993
Tryckt hos ScandBook AB, Falun 1993
ISBN 91-7842-110-1

Till Eva, Anna-Charlotte och Boel Amelie Hedén

FÖRORD

GREKLANDS GUDA- OCH HJÄLTEVÄRLD är en av de tre stora mytologiska föreställningskretsar, som har kommit att ingå i svensk odling. De andra två är den bibliska och den fornnordiska. Man skulle kunna tro, att den fornnordiska skulle vara den djupast rotade. Det förhåller sig emellertid inte så. I den form vi känner den, infördes den till Sverige först på 1600-talet av de lärda män, som då upptäckt de gamla isländska handskrifterna. Mera allmänt bekant blev den under romantikens tid i början på 1800-talet. Den grekiska sagovärlden har i själva verket en längre historia här i landet. Trojasagan har under medeltiden varit så känd bland våra förfäder, att den givit upphov till ortnamn, sådana som Tröjemåla och Parismåla. Den är nästan lika gammal hos oss som Bibelns gestalter.

Den stora invandringen hit av grekiska gudar och hjältar ägde rum på 1600-talet, då humanismens och renässansens kulturströmningar nådde Sverige. Och invandrarna blev bofasta i vår diktning, liksom i de flesta europeiska länders. Skalderna tyckte om dem. Detta berodde inte bara på vördnaden för antiken. Diktarna fann, att de ägde en stor tillgång i de grekiska sagorna, då de ville ge sina tankar och känslor åskådlig form. De upptäckte att de gamla myterna gömde på eviga mänskliga problem. De handlade om ty-

7

ranni och uppror, om tapperhet och krig, om lycka och om prövningar, om vänskap och om kärlek, om ödet och om människans förhållande till högre makter.

Så har det kommit sig, att gestalter och händelser ur de grekiska sagorna uppträder i dikter, som har skapats av Stiernhielm, Bellman, Tegnér, Stagnelius, Runeberg, Rydberg, Fröding, Heidenstam, Levertin, Ekelund och Gullberg, för att nu bara nämna några betydelsefulla namn. I vår yngsta poesi tycks intresset för detta slags ämnen snarare tilltaga än avtaga.

På liknande sätt, och kanske i ännu större omfattning, har de grekiska sagorna skänkt motiv åt den bildande konsten.

Om man inte känner till de grekiska sagorna en smula, saknar man möjlighet att förstå åtskilliga verk i svensk diktning och svensk konst. Det är främst därför, som denna bok behövs.

En del års erfarenhet av att undervisa studenter i litteratur har lärt mig, att många av dem står som levande frågetecken inför svenska dikter, som bygger på grekiska sagor. De fattar inte, vad diktaren menar, därför att de är obekanta med de myter och berättelser, som han känt till och begagnat. Och när studenter har sådana svårigheter, hur är det då med det stora flertalets förutsättningar för att tillgodogöra sig den poesi, som det här är fråga om?

För att förebygga, att viktiga inslag i vår svenska bildningstradition skall te sig obegripliga för både ungdomar och vuxna, behövs ett tillfälle att under skolåren stifta bekantskap med de grekiska myterna och sagorna. I andra hand betyder detta även en ökad möjlighet att förstå den levande litterära och konstnärliga kulturen i andra euro-

8

peiska länder, eftersom den upptagit i sig den grekiska mytologien på ungefär samma sätt som vår egen odling gjort; här finns något som förenar.

Sist men inte minst utgör de grekiska sagorna i och för sig en fängslande läsning; det är inte utan orsak, som de fångat så många diktares och konstnärers intresse.

Fru Eva Hedén har med denna bok velat bereda svenska läsare, främst skolungdom, ett tillfälle till ett första möte med den grekiska sagans värld. Att hon gripit sig an med uppgiften beror på att hon besitter en särskild förening av kvalifikationer. Hon har varit lärarinna; hon äger ett livs pedagogiska erfarenhet. Hennes make, Erik Hedén, företrädde på ett oförlikneligt sätt både den klassiska lärdomens och folkbildningens krav i sitt skriftställarskap. Det var en älsklingstanke hos honom att få de grekiska sagorna återberättade på ett sådant sätt, att de tedde sig enkla och lättfattliga, men ändå bibehöll sin egenart och sin charm. Denna bok är från början ett av hans uppslag. Viktigast av allt är emellertid att Eva Hedén kan berätta, på ett sätt som är mättat och sakrikt, men ändå lätt att följa. Hon har tidigare visat detta framför allt i den fina boken Utanför ringmuren. Där skildrar hon det gammaldags livet på Gotlands landsbygd i förra århundradet. Det ligger till hela sin anda långt fjärran från nutiden; steget från att återge det och till att söka levandegöra antikens sagovärld är kortare än vad man tror; säkert är, att det återberättandet inneburit en erfarenhet, som aldrig så lärda studiemödor inte kan skänka.

Denna bok är avsedd att läsas för nöjes skull, inte som en läxbok. Samtidigt syftar den emellertid till att ge ett kunskapsstoff, och det är meningen att den skall kunna användas också som uppslagsbok; därför är den försedd med ett utförligt register. I inledningen till detta finns också upplysningar om uttalet av de grekiska namnen.

Grekerna hade sitt eget alfabet, och vårt kan aldrig exakt återge stavningen av deras ord. Därför är ofta flera sätt tänkbara, då det gäller att i svensk text skriva ett grekiskt namn. Det sätt, som här kommit till användning, är det som förordades av Erik Hedén och som också är det internationellt sett vanligaste. Accentueringen är den i Sverige hävdvunna, alltså i stort sett den latinska.

Om alla sagor och myter gäller, att de uppträder i flera former än en. Det finns därför inte någon viss version av låt oss säga sagan om Perseus, som kan göra anspråk på att vara den absolut korrekta. Redan i antiken berättade man på olika sätt.

Denna bok söker återge var och en av de mest kända grekiska sagorna i *en* rimlig version. En av de tänkbara formerna har valts, men allt stoff har inte tagits med. Däremot söker boken givetvis undvika att lämna oriktiga eller allt för speciella uppgifter. Fil. kand. Birgitta Tamm-Fahlström har granskat manuskriptet från denna synpunkt och kontrollerat, att uppfattningen av mytologiska händelser och gestalter inte strider mot de resultat, som vetenskapen kommit till.

Det är inte önskvärt att truga de grekiska sagorna på någon. Troligen behöver man det inte; erfarenheten visar, att själva berättelsestoffet har talat mäktigt till fantasien hos generation efter generation av ungdomar, även då det presenterats i en mera torftig form, än vad som här är fallet. Det är emellertid stilenligt och riktigt, att man här velat åstadkomma en vacker, illustrerad bok; myt och bild har nästan alltid följts åt, när man under århundradenas lopp återgivit och tolkat de grekiska fornsagorna; man har föreställt sig deras värld såsom präglad av en åskådlig skönhet.

Måtte alltså denna bok bli till glädje för sina läsare; i så fall blir den också till nytta.

Örjan Lindberger

INNEHÅLL

13

Forntidens greker och
deras gudar

Det land som vi kallar Grekland kallas av invånarna för Hellas. Sig själva kallar de för hellener. De blev tidigt ett sjöfarande folk, då den långa grekiska kusten är söndersplittrad av vikar, och havets ständiga närhet lockade till upptäcktsfärder och äventyr.

För omkring fyra tusen år sedan och långt framåt i tiden såg landet ganska annorlunda ut än det gör nu. Fjällkedjorna, som sträcker sig från nordväst mot sydost, hade då sina sluttningar klädda med väldiga skogar av ekar, plataner, almar och andra träd; lager och myrten växte högre upp än nu, och furuskogar fanns långt nere i södra Grekland. På högslätterna och fjällängarna frodades goda gräsbeten, och där vaktade herdar boskapen mot vildsvin, rävar, vargar, björnar och lejon.

Dalgångarna mellan bergen öppnade sig här och var till breda, bördiga slätter, där växtligheten förr uthärdade somrarnas brännande solsken bättre än i våra dagar. Skogarna, som höll kvar fjällbäckarnas och flodernas vatten, så att det sakta fördelade sig ner över slätterna, är nämligen för länge sedan till största delen skövlade.

Över slätterna reser sig höjder ofta med tvärbranta sidor. På deras plana krön byggdes under forntiden väl befästa borgar, och därifrån styrdes den omgivande slätten. Kring borgarna uppe på platån och nedanför denna växte städer upp, och några av dem som Argos, Athen och Korinth finns ännu kvar.

Under forntiden var Grekland delat i en mängd små riken, som styrdes av konungar, vilka tävlade med varandra om herraväldet över vidsträcktare områden. Konungarna styrde självständigt sina riken och låg ofta i bittra fejder med varandra. Enbart i sydöstra Grekland på den argiviska slätten fanns det utom Mykene kungaborgar bland annat i Korinth, Argos, Asine, Mideia, Tiryns och Troizen, alla omtalade i sagorna. Andra berömda borghöjder är Akropolis i kustlandet Attika samt Orchomenos och Thebe i Boiotien. Till Grekland hörde också de många öarna utanför kusterna, styrda av konungar, som från sina borgar försökte behärska sjöfarten och handeln över haven. Även på Mindre Asiens västkust bodde greker, och i Syditalien och vid Svarta havets stränder grundades rika kolonier.

Dessa fordom så mäktiga borgar ligger sedan årtusenden i ruiner, medan minnet av konungarnas härnadståg och bedrifter fortfarande lever i sagorna.

Grekerna var fyndiga och förståndiga, de hade ett utpräglat sinne för klarhet och reda och sökte ivrigt alltings ursprung och mening. De var tappra och äventyrslystna, djärva sjöfarare och sluga handelsmän. De hade förkärlek för tvist och tävlan, för dispyter och dräpande svar, för det sinnrika och det ironiska. Hur olika de skilda stammarna än var varandra, satte de måttfullhet och självtukt såsom det förnämsta kännetecknet på en människa.

För grekerna var allt i naturen besjälat på ett helt annat sätt än för oss. Floderna, som forsande störtar ner från

18

fjällen, var för dem levande väsen, vilka ingrep i människornas värld under olika gestalter. Nymfer, skygga andeväsen i flickgestalt, fanns överallt. I källorna bodde najader, som såg till att vattnet alltid var klart. Det var brottsligt att förorena vattendragen. I varje träd bodde en dryad, som skadades, om man gjorde trädet illa, och som dog, när trädet fälldes. I bergen strövade skygga oreader, som vårdade allt levande där, och som gäckades med den som vågade ofreda bergens och skogarnas växter och djur.

Gudar och gudinnor tänktes ha sin boning på det höga berget Olympos i norr. Mest vördat av alla berg var kanske Parnassos i mellersta Grekland. I en bergsklyfta vid Delphi fanns guden Apollons orakel, och helgedomen var tidigt en samlingsplats för alla greker. De nio sånggudinnorna hade sin hemvist på berget Helikon, men även andra av landets många vilda, snötäckta fjäll var för grekerna befolkade med fantasiens hemlighetsfulla väsen.

I de grekiska sagorna och myterna, som förlorar sig långt bort i tidernas dunkel, återspeglas delvis landets äldsta historia. Greklands bronsålder var en omvälvningens och folkvandringens, äventyrens och upptäcktsfärdernas tid, då hjältar befriade Grekland från vilddjur, värnade landet och gjorde erövringar. Myterna och sagorna återger en aristokratisk livssyn och har från äldsta tider varit den fruktbara groningsgrunden för grekisk kultur i alla dess skiftningar.

Trots den glans som omstrålar bragderna och upptäcktsfärderna var det ingen »gammal god tid» för de flesta. »Härskarens lott var icke slavens» (Aischylos). De väldiga bronsåldersborgarna byggdes av otaliga slavar och utfattiga lantmän, vilka tvingades till omänskligt hårt arbete och som sällan eller aldrig kunde vänta sig någon annan be-

19

frielse från slitet än döden. Även för de härskande var till-
varon fylld av faror. En fiende kunde storma borgarna och
släpa bort kungapalatsens familjer i slaveri.

På de segrande kungarnas borgar sjöng vandrande sång-
are om gudar och hjältar. Från den tiden har vi ännu kvar
sångerna i *Iliaden* och *Odyssén*, vilka är de äldsta uppteck-
nade dikterna på europeiskt språk. Grekerna lärde sig dem
utantill och hjältarna blev för dem mönstret för hur en
människa bör möta livets skiften. Skalderna skapade senare
av myter och sagor odödliga skådespel.

SKAPELSEN, GUDARNA OCH DE
FEM TIDSÅLDRARNA

Grekerna trodde att i tidernas början rådde Chaos, den
omätliga världsrymden, där allt var sammanblandat och
livlöst. Urmörkret och Natten höljde under oändliga tider
allt i dunkel, men ur dem löstes så småningom den klara
Ethern och Dagen. Eros, kärlekens livgivande kraft, bör-
jade genomströmma rymderna. Jorden, Gaia, sänktes till sin
plats. Himmelen, Uranos, välvde sig över jorden, och åt
honom födde Gaia de tolv titanerna. Dessa var väldiga till
gestalt och krafter, och en av dem, Kronos, lyckades med
svek störta sin fader Uranos och ta väldet över världen.
Tidevarv efter tidevarv förgick, och så steg människan
fram ur jordens stoft.

Under Kronos' välde rådde guldåldern på jorden. Skalden
Hesiodos, som sannolikt levde omkring 800 år före vår tid-
räkning har i *Verk och dagar* skildrat de olika tidsåldrarna.
Guldåldern beskriver han så:

20

»Ty tillförene levde de dödligas skaror på jorden
fjärran från sorger och kval och fjärran från arbetets mödor.
... den näringsalstrande jorden dem bragte
självsådda skördar i ymnig oändlighet; stilla och makligt
skötte de efter behag sina värv och saknade intet,
rika de voro på boskap, och vänner till saliga gudar...
Sedan de dö som fallna i sömn; ja, allt gott som kan tänkas
blev deras lott...»

Kronos' välde varade inte evigt. Han fruktade mest sina egna söner, ty i en spådom hade han fått veta att en av dem skulle störta honom från makten, och vartefter de föddes, slukade han dem.

Kronos' gemål Rheia, som var hans syster, tog då sin tillflykt till berget Ida på Kreta. När hon där födde sonen Zeus, gömde hon honom och gav Kronos en sten i stället för sonen. Zeus växte upp i en grotta, besegrade titanerna med hjälp av hundrahänta jättar och enögda cykloper, som han kallat fram ur jorden. Därefter tog han sin boning på det höga Olympos i nordligaste Grekland. Där kom det till rasande strider med väldiga jättar, giganterna, som anföll Olympos. Zeus hade på sin sida främst sin dotter Pallas Athena, samt sina bröder Poseidon och Hades, som Kronos tvingats att återge liv. Andra gudar och gudinnor deltog också i striderna, som böljade fram och tillbaka. Giganterna staplade berget Pelion på berget Ossa för att därifrån kasta eldbränder och klippor mot Olympos och i en sista stormning ta gudaborgen. Med allas förenade krafter slogs dock angreppet tillbaka, och Zeus härskade obesegrad över världen. Han blev av alla erkänd som den högste guden och kallades gudars och människors fader.

Zeus är himmelens och vädrens gud. Han kallades också

för Molnskockaren, därför att han samlade molnen kring bergstopparna och därifrån sände åska och slungade sina blixtar. Efter åskvädren föll regn över de törstande markerna, och Zeus dyrkades därför särskilt av lantmannen. Han var också »gästvänguden», som tog den husville vandraren i sin vård. Zeus såg till att lag och rätt följdes och straffade menedare. Den som satte sig upp emot honom i trots och övermod drabbades av hans vredesblixtar, och när Zeus rynkade ögonbrynen, darrade alla levande varelser. Ingenting undgick »den vittblickande Zeus», fåglarna var hans budbärare, och särskilt var örnen hans heliga fågel.

Hera var Zeus' syster och gemål, hon var den förnämsta av gudinnorna och kallades Himladrottningen. Hon var äktenskapsstifterska och vakade över äktenskapets helgd; husmödrarna bad till henne om lycka och trevnad i hemmet. Hera hade många rivaler, som hon svartsjukt förföljde. Hennes tjänare och väktare Argos hade hundra ögon och såg sig alltid vakande omkring. Då han till sist dödades, förvandlade Hera honom till en påfågel, som blev hennes fågel framför andra. Om någon vågade trotsa hennes makt eller annars väckte hennes vrede, kunde hon liksom Zeus straffa med svåra prövningar.

Hestia, syster till Zeus och Hera, var den husliga härdens gudinna, dyrkad och ärad sedan urgamla tider, och hon hade altaren överallt i landet. I hemmen var härden hennes helgedom, och maten som lagats över elden, väckte hos familjens medlemmar vid måltiderna en stark känsla av att de hörde samman. Hon tog sig också an den skyddssökande och hungrige vandraren.

Då de långa gudastriderna med titaner och giganter slutat med seger, delade Zeus makten med sina bröder Poseidon och Hades. »Jordskakaren» Poseidon var havets härskare. Djupt nere i havet stod hans palats av guld. Hans vagn drogs av havsväsen, han följdes av fiskar, delfiner och tritoner, som var till hälften män, till hälften fiskar. Med sin treudd rörde han upp havet till storm, men han kunde också som jordbävningens gud få marken att hävas likt vågor. Hans djur var hästen, och inne i landet dyrkades han i hästgestalt. Hans gemål var Amphitrite, havets drottning.

Hades härskade över de döda — skuggorna — i underjorden, som också kallades Hades. Grekerna undvek att nämna honom vid hans rätta namn, så stor var den fruktan han ingav; han kallades »den mörke», »den dystre». Hades rådde inte bara över de döda utan även över rikedomarna i jordens inre och blev därför rikedomens gud. Han dyrkades även som den som låter växtligheten spira upp ur jorden. Persephone var Hades' gemål, underjordens stränga och sorgsna drottning, som han rövat från modern, åkrarnas gudinna Demeter, dotter till Kronos och Rheia. Persephone vistades inte ständigt i underjorden; en del av året fick hon återvända till den sörjande Demeter. Då grönskade allt i naturen, men när Hades fordrade henne tillbaka, vissnade växterna och det blev vinter (se vidare s. 87 f).

Zeus var visserligen den obestridde härskaren, men all makt var inte hans. Människornas öden avgjordes av de tre ödesgudinnorna, och deras domslut kunde ingen ändra, inte ens Zeus — även han var underställd deras välde.

Efter segern måste de olympiska gudarna ändå ständigt vara på sin vakt mot vilda fiender, som hotade dem och de olika stammarna i Greklands dalar. Inte förr än den siste

23

förfärlige draken Typhon, som gjort gudar och människor stor skada, blivit nerkastad i en djup håla i berget Etna på Sicilien, kunde alla vara någorlunda säkra. Där ligger han till evärdliga tider; men ibland sprutar han ännu eld och svavel över åkrar och vingårdar i sitt maktlösa raseri.

När Zeus övertog makten, hade guldålderns lyckliga människor dött, men Zeus lät dem bli goda andar, demoner. Efter långa tidsrymder

»bjöd dem den mäktige Zeus att som vålnader dröja på jorden,
värna som goda demoner de dödliga mänskor och troget
vaka, att rätten må segra och nesliga gärningar straffas.»

(Hesiodos: Verk och dagar)

Under århundradenas växlingar av krig och andra olyckor tänkte sig grekerna med längtan tillbaka till guldålderns fredliga, rättvisa och lyckliga värld.

Därefter kom silveråldern, och dess människor kunde inte på något sätt mäta sig med guldålderns. Människorna drogs med många och svåra bekymmer, och många sköt i trotsigt övermod all skuld för olyckor och sorger på gudarna och vägrade att tjäna dem. Då vredgades Zeus, men när hela silverålderns släkte fått sluta sin jordiska vandring, blev även de saliga andar.

Zeus skapade nu ett kopparsläkte, som gjorde sig vapen och verktyg av koppar. Kopparålderns människor var starka och våldsamma, de älskade krigsgudens vilda och larmande lekar, och deras hjärtan var hårda och kalla som diamant. De ständiga striderna tog all deras kraft och tid.

»Men då till slut det släktet också hade sjunkit i graven,
skapade Zeus, Kroniden, på näringsalstrande jorden

ännu ett släkte, ett fjärde, av ädlare art än det förra,
hjältar av gudars stam, halvgudar nämnde dem ofta
forntidens män, där de dvaldes på jordens oändliga yta.»

Det var sagornas tid, då modiga män som Herakles drog
ut på farliga jakter för att döda vilddjur, som härjade i
skogarna och på bergen. Hjältarna stred i främmande län-
der och erövrade mäktiga riken. De for vida omkring på
äventyrsfyllda färder och många omkom, när skeppen gick
under i storm. Många stupade, när härarna under åratal
kämpade i blodiga strider framför nästan ointagliga borgar.

»Dessa har himmelens fader, den höge Kronion, förlänat
fjärran från saliga gudar, en fristad med ordnade seder
borta vid jordens rand; och Kronos de äga till konung.
Där de sin boning ha fäst, och där på de saligas öar
leva de sorgfritt, lugnt vid det djupa och böljande havet.
Lyckliga hjältarna känna sig där; tre gånger om året
bördiga jorden dem bjuder på frukter så söta som honung.»

Hesiodos klagade bittert över att han själv tvingats att
leva under den följande femte tidsåldern, järnåldern.

»Detta vårt släkte är skapat av järn, och varken om dagen
bliva de fria från vånda och kval, ej heller om natten.
Onda de äro; och hårt skola gudarna straffa de arma ...
Fadern ej mera är blid mot sin son, ej sonen mot fadern,
gäst ej huld mot den värd han gästar, ej vän eller broder
kommer den hjärtliga kärlek till del, som de fordom ha njutit ...
Nävrätt gäller som lag; den ene vill plundra den andre ...
Tätt i de plågade mänskornas spår sig avunden smyger,
skadeglad, grinig och blickande snett på allt och på alla ...
Hederskänslan och Blygseln från mänskorna fly till de höga,
saliga gudar, men kvar åt de dödlige lämna de endast
sorg och bekymmer; ack, hjälp mot det onda ej skymtar i fjärran.»

Detta är den sista tidsåldern, i vilken vi själva lever, och förödande krig rasar alltjämt om makten över jordens rikedomar. Hesiodos som i »Verk och dagar» vänder sig till fattiga och förtryckta bönder, var trots allt övertygad om att jämsides med ondskan ändå godheten fanns kvar. Det gäller att välja den rätta vägen, lyssna till rättens bud och inte ge efter för våldet.

> »Alltid är våldet ett ont för den ringe, men ej ens den höge
> lätt det fördrar, utan dignar ibland under tyngande bördan.
> Bättre den andra vägen du väljer, som leder till godhet.
> Godhet och fromhet segra väl dock över ondskan och våldet,
> när allt kommer till allt; och dåren blir vis utav skadan.»

*

Bland dem som verksammast kämpade på Zeus' sida mot giganterna var Pallas Athena, den klara rymdens ljusa gudinna. Metis, klokhetens gudinna, var hennes moder och Zeus var hennes fader. I myterna berättas det att han dolde henne i sitt huvud, och att eldens och smideskonstens gud, den halte Hephaistos, befriade henne genom ett slag av sin yxa. Då darrade hela jorden, och Athena svingade sig fram i full rustning med sköld, lans och hjälm.

Athena dyrkades som borgars och städers beskyddarinna och var framför allt staden Athens skyddsgudinna. Liksom hon var den himmelska klarhetens gudinna, blev hon där också den andliga klarhetens, vishetens gudinna. Hennes fåglar var ugglan, vishetens symbol, och tuppen, vaksamhetens. Athena främjade fred och fredliga värv, hon lärde människorna bygga skepp, smida plogar, snickra spinnrockar och vävstolar, och hon gav athenarna olivträdet. På samma

26

gång som Athena var det fredliga arbetets goda gudinna, var hon den ordnade stridens gudinna, som hjälpte grekerna under erövringstågen och vid krigsfara.

Ares, son till Zeus och Hera, var den blodiga stridens gud, »mannamördaren», som i det rasande stridstumultet följdes av Eris, tvedräktens gudinna, samt av Skräck och Fruktan.

Apollon var son till Zeus och gudinnan Leto. Han och hans tvillingsyster Artemis föddes på den lilla klippön Delos. Apollon var ljusets och solens gud, och han ingrep i människornas värld på många sätt. Han var den manliga ungdomens idol och skydd, men å andra sidan kunde han sända förhärjande pest över människorna. Eftersom han hade en sådan makt över sjukdomarna, ägde han också kraften att bota dem och dyrkades under äldsta tider som läkedomens gud liksom sin son Asklepios. Apollon var »den allt ont avvärjande», försonaren, räddaren, en välfärdens gud, och han ensam kunde befria och rena den ångrande från samvetskvalen. Han kallades även Phoibos Apollon.

Apollon blev med tiden också diktkonstens, sångens och musikens gud. Framför allt ägde han siaregåvan, och som sådan kallades han »den dunkle». Vid berget Parnassos' fot byggde grekerna hans helgedom i Delphi, och till guden vände de sig, när framtiden syntes dem oviss och farlig.

Artemis, Apollons tvillingsyster, var månljusets gudinna. Hon skyddade allt levande i den fria naturen och var på samma gång jaktens gudinna, som såg till att inte naturens jämvikt rubbades. I människornas värld vårdade hon sig om barnen och dyrkades som den stränga kyskhetens gudinna. Med sina pilar gav hon den som vunnit hennes gillande en smärtfri död, när tiden var inne.

Hekate härskade över nattens spöken och åkallades vid trolldom och besvärjelser. På samma gång kunde hon vara en välvillig gudom, som vaktade dörrar och korsvägar, och hjälpte den frimodige och djärve ur svårigheter. Helios, solguden, hade på sitt huvud en strålkrans. Han körde varje dag över himlen i sin lysande vagn, dragen av fyra eldfrustande hästar och före honom, som hans förebud, svävade Eos, morgonrodnadens gudinna. Helios färdades högt över jorden, såg allt och åkallades därför vid edgång när man ville försäkra att det man sagt var sant.

Aphrodite var kärlekens, skönhetens och fruktbarhetens gudinna.

> »Där hon gick fram i värdigt behag, den fagra gudinnan, gräs sköt under de smidiga fötterna upp . . .»
>
> *(Hesiodos)*

Hon föddes ur havets skum och troddes ha stigit i land på ön Cypern vid Paphos, men ön Kythera söder om Grekland gjorde också anspråk på att först ha tagit emot henne. Gudarna gifte bort henne med den konstskicklige Hephaistos.

Eros var son till Chaos och från urgamla tider ansedd som en av de äldsta och mäktigaste gudomligheterna. Senare skildrades Eros som Aphrodites son, kärleksguden med båge och pilar. Psyche, själen, var hans maka.

Hephaistos, eldens och smideskonstens gud, var son till Zeus och Hera. När han var nyfödd, slungade hon ner honom från Olympen till jorden, där han räddades på ön Lemnos av några havsgudinnor, bland andra Thetis, som vårdade honom. Han förblev dock alltid halt. Så småningom upptogs han i Olympens gudaskara och smidde åt gudar och gudinnor skimrande palats av sällsynta metaller.

28

Tillsammans med cykloperna hamrade han blixtar åt Zeus och tillverkade vapen och sköldar åt hjältar samt smidde åt gudinnorna de konstrikaste smycken.

Iris var regnbågens gudinna, och liksom den förenar himmelen med jorden, var hon förmedlare mellan gudar och människor. Främst var hon Zeus' och Heras vingade budbärarinna, och det var hon som i en gyllene bägare hämtade det vatten ur underjordens flod Styx vid vilket gudarna svor sina dyraste eder och bekräftade sina heligaste löften.

Hermes, gudarnas budbärare, stod i nära samband med såväl de underjordiska som de olympiska gudamakterna. Han var »själaföraren», som med sin gyllene stav ledsagade de döda till underjorden, och han skänkte människorna sömn och drömmar genom att röra vid dem med sin stav. Han dyrkades ivrigt som vältalighetens gud. Hermes skildras som förslagen och hjälpsam. Han kunde ge slughuvuden gåvan »att svärja med list», och han var köpmännens och även tjuvarnas gud. Av ett sköldpaddskal gjorde han den första lyran. Han kunde bättre än någon annan hjälpa herdarna, när de sökte efter boskap, som sprungit bort eller stulits. Hermes färdades i luften med vingsandaler och var smidig, vig och snabb.

Pan, son till Hermes och en skogsnymf från herdelandskapet Arkadien var de djupa skogarnas och de öde bergviddernas gud. Där vallade och beskyddade han getherdarnas hjordar. Han spelade på sin herdepipa (syrinx) och skildrades som glad och lustig. Han hade bockben och bockhorn. I allmänhet var han välvillig, men han kunde ibland visa sig fruktansvärd och skrämma boskapen att vilt rusa kring i panik. Den ensamme vandraren, som i middagshettan tvingats att ta sin väg över hans marker, kunde plötsligt gripas av »panisk» ångest och skräck, när guden röt i vrede över att ha blivit störd.

Okeanos, son till Gaia, jorden, var den världsomfamnande havsströmmen; hans många döttrar kallades okeanider. Phorkys var en annan son till Gaia, och han härskade över vidundren i havet. Han var hemsk att se och var fader till fasansfulla väsen som graierna och gorgonerna.

Nereus var också han son till Gaia, men han var i motsats till Phorkys en välvillig havets gudomlighet; hans döttrar kallades nereider.

Aiolos var vindarnas gud och höll dem fängslade på en ö i väster. Han vaktade dem noga och släppte dem lösa blott på gudarnas befallning. Zephyros, västanvinden, var för det mesta ganska välsinnad, men hans bistre broder Boreas, nordanvinden, var fruktad för sin iskyla och sina stormar.

Växtlighetsgudar och -gudinnor som Demeter, »sädesgiverskan» (se s. 88) och vinodlingens och vinets gud Dionysos dyrkades sedan urminnes tider. Dionysos kallades »sorgeskingraren», därför att han kunde försätta människorna i extas, så att de för korta stunder glömde sig själva och sina bekymmer. Men hans dyrkare kunde också ibland, när de bringats utanför sitt eget jag, begå handlingar, som de sedan inte kändes vid. Han följdes av menader, kvinnor som dyrkade honom, och även av skäggiga satyrer med bockhorn och svans.

Jämsides med dyrkandet av de underjordiska och de olympiska gudomligheterna fortlevde folktron på andar och spöken. Varje människa måste tänka, vara och handla så att hon fick de goda demonerna till hjälpare och beskyddare. Levde en människa inte som hon borde, kunde onda demoner träda i stället, omskapa hennes sinne och straffet kom med olyckor, sjukdomar av alla slag eller en svår död. Grekerna skyddade sig för »onda ögon» och nattens spöken bland annat genom att sätta upp skräckinjagande huvuden på dörrposterna. De fromma samlades till reningsfester, mysterier, då de anropade gudarna om befrielse från allt ont. I den orphiska sekten, som dyrkade Dionysos, förenades de troende i hoppet om en annan odödlighet än den tröstlösa skuggtillvaron i underjorden.

Fast grekernas urgamla gudsföreställningar i många fall och långt fram i tiden rönt inflytande från andra håll och främst från Orienten, ansågs främmande folks gudar för det mesta likgiltiga och föraktades på grund av barbariska drag.

Enligt grekernas egen åsikt var det skalden Hesiodos som i Theogonin och Homeros som med Iliaden och Odyssén skapade läran om gudarnas släkten, gav gudarna namn, delade upp deras verksamhetsområden och angav deras utseenden. Sedan uräldsta tider fanns ett vimmel av lokala gudar och myter, eftersom de olika stammarna undan för undan på skilda tider trängt ner i landet, och väl dessutom länge kom att leva ganska åtskilda av bergen. Först med skaldeverken skapades en viss ordning och samstämmighet, och så småningom blev den »olympiska gudaskaran» den dominerande inom den grekiska världen.

Olympens odödliga gudar och gudinnor var höjda över jordelivet, men på samma gång hade de ett långt verkligare och djupare samband med naturen än vad människorna hade. De styrde naturens krafter och gjorde sin vilja gällande genom dem i åska, blixt, storm osv. De levde på samma gång med i naturen, de kunde skifta hamn och

31

ikläda sig vilken djurgestalt som helst, så som det t. ex. berättas om Pallas Athena:

»Själv hon sig svingade upp i den rökiga åsen av salen,
och på en bjälke tog plats och var sådan att se som en svala.»
(Odyssén XXII)

Grekerna tänkte sig de olympiska gudarna som så gott som var och en ingripande i människornas liv. Ibland motverkade gudarna varandra, och i en drabbning kunde de strida mot varandra till hjälp för såväl angripare som försvarare.

Gudar och gudinnor hade i grekernas föreställning en fullkomligare mänsklig gestalt men var drivna av samma motiv som människorna och handlade mot varandra som det går till i människornas värld. I Verk och dagar fastslår också Hesiodos denna sanning:

»må troget du gömma den djupt i ditt hjärta —
huru av samma rot de ha alstrats gudar och mänskor.»

Vad som utom odödligheten skilde gudarna från människorna var främst deras gudomliga makt, som sträckte sig långt över vad människor förmå. Inte ens Zeus var allsmäktig, men ingen av gudarna var heller underkastad den mänskliga begränsningen. I kraft av sin överlägsna gudomliga kraft kunde de hjälpa sina skyddslingar i hopplösa situationer och verksamt lösa konflikter samt på många sätt straffa fiender och dem som bröt mot gudomliga och mänskliga lagar.

De kunde då uppenbara sig i olika gestalter eller osynliga vara närvarande, »ty i de dödligas närhet osynliga gudarna sväva» (Hesiodos). Man kunde heller aldrig vara säker på om inte en gud dolde sig i en tiggares trasor. Gudarna hade alltid avgörandet i sin hand, och de krävde ovillkorlig lydnad, när de i gudomligt majestät uppenbarade sig för människorna, och så har de ofta framställts i de grekiska skådespelen.

PROMETHEUS

Prometheus var son till en av titanerna och stred på Zeus' sida i kampen mot giganterna. Efter segern upptogs han därför bland de saliga gudarna, men deltog mer än de i människornas svårigheter. Prometheus såg hur ofta dessa måste hungra, och hur svårt de fördenskull hade att offra sina bästa djur till gudarna, så att dessa bevektes till mildhet och förbarmande. Han lärde då människorna hur de skulle kunna lura gudarna och behålla allt det bästa av offerdjuren för sig själva. Till straff tog Zeus elden från människorna.

När Prometheus såg hur svårt de hade det, kunde han inte längre glädjas i Olympens härlighet. Han trotsade då Zeus och stal elden från himlen och förde den ner till människorna för att därmed för alltid rädda dem ur deras förlamande skräck för den oförsonlige och stränge världshärskaren. Rök steg från den flammande elden mot himlen, och de ängsliga människorna, som irrat likt vilda djur, hämtade mod och samlades vid den livgivande, värmande härden. Sedan dess har de alltid förstått att bevara elden och vaktat den väl från att slockna, därför att elden är förutsättningen för all kultur och alla tekniska framsteg.

Världshärskaren Zeus hämnades stölden grymt, och Prometheus, som trotsat hans välde, fick ett förfärligt straff. Han fjättrades på en klipphäll långt borta i Kaukasus' vilda fjäll, och smidesguden Hephaistos blev mot sin vilja tvingad att nagla fast honom vid stupet med de starkaste kopparlänkar. Aischylos har skildrat hans lidande i sitt skådespel Den fjättrade Prometheus:

>»Havets våg ropar, då den slår mot stranden,
djupet suckar, det stönar ur Hades mörka gömslen,
och de heliga flodernas källor klagar hans bittra lidande.»

Så blev Prometheus dömd till ett mångtusenårigt lidande för att han tagit sig an människornas sak. Under tidsåldrar låg han ensam och övergiven av alla i den ödsliga fjällvärlden. Varje morgon sände Zeus en örn, som hackade hans lever, och ändock fruktade Zeus för sin fånge, ty Prometheus visste den hemlighet, varigenom världshärskaren skulle komma att berövas sin makt, och inga kval kunde förmå Prometheus att yppa den. Somliga sagor berättar att Zeus i vrede över hans hårdnackade tystnad spärrade ner honom djupt i underjorden under tretusen år.

Havsguden Okeanos' döttrar, okeaniderna, greps av medlidande och försökte ingiva Prometheus hoppet om en snar befrielse, men hans plågor varade ännu under långliga tider, ända tills den väldige hjälten Herakles genomborrade örnen med sin pil och löste Prometheus' fjättrar. Då äntligen försonades Zeus, och Prometheus blev på nytt upptagen som en gud bland de odödliga gudarna.

*

Människorna har i alla tider fängslats av sagan om Prometheus. Hans trots mot världshärskaren och hans lidande för mänskligheten har givit mod och styrka åt alla dem som kämpat mot förtryck och våld och utstått faror och död

34

hellre än att böja sig. Prometheus' orubbliga tålamod under lidandet och hans slutliga befrielse och seger har skänkt mänskligheten hoppet om en ljusare framtid. Den engelske skalden Shelley såg i en framtidssyn hur förtryckare och våldsmän för alltid skulle komma att mista sin makt. Han låter havsguden Okeanos tala:

>»Härefter skall det himmelsspeglande,
> det vida havets rike, där jag härskar,
> sig häva lugnt och obemängt med blod,
> som sädesfält, dem sommarvinden gungar,
> och mina strömmar skola flyta kring
> folkrika länder, lyckofyllda öar.»

Apollon säger:

>»Och jag skall slippa se de gärningar,
> som göra själen mörk av sorg och skymma
> den sfär jag härskar över, lyss, jag hör
> den unga anden, som på morgonstjärnan
> sin lilla klara silverluta spelar.»

> *(Shelley: Den befriade Prometheus,*
> *Anders Österlings översättning)*

PANDORAS ASK

När Zeus upptäckte att människorna bedragit honom på offren, då de tog undan köttet av offerdjuren för egen räkning, blev han förgrymmad och beslöt att straffa dem. I stället för elden som Prometheus stulit från honom skulle han sända »ett ont, som de alla skulle komma att glädja sig åt och betrakta som höjden av lycka. Så han talade, gudars och människors fader, och hånlog.» (Hesiodos.)

35

Hephaistos fick befallning att av jord och vatten forma en bild, ge den röst som en människa samt styrka och kraft, och hennes ansikte skulle vara lika älskligt och skönt som gudinnornas. Pallas Athena lärde henne kvinnliga slöjder och konsten att väva de sinnrikaste vävar. Aphrodite gav henne ljuvligt behag och Hermes ett svekfullt sinne, som skiftade ständigt. Så gav han henne en talande stämma och lärde henne falska och smekande ord. När lerkvinnan väl var färdig, kallade Hermes henne Pandora, »den allbegåvade»,

»därför att samtliga gudar, som bo i den höga Olympen, skänkt henne gåvor att lända till skada för driftiga mänskor.»

Innan Pandora lämnade gudarnas boning för att bereda människornas ofärd, klädde Athena henne i en glänsande dräkt, och hon fick av andra gudinnor smycken kring midja och hals, och en krans av vårblommor fästes i hennes lockar.

När gudar och gudinnor slutfört det uppdrag de fått, skickade Zeus Hermes ner till jorden med Pandora. Där skulle han lämna henne till Prometheus' broder, som sällan tänkte sig för utan till sitt eget fördärv jämt var efterklok. Då han fick se den älskliga Pandora komma med alla gåvor hon fått med sig, glömde han alldeles bort att han blivit varnad av Prometheus att ta emot skänker av gudarna. Pandora hade med sig en ask med ett tungt lock. Obetänksamt tog han den för att få se vad den kunde innehålla. Då Pandora nu öppnade locket, flög alla sjukdomar och lidanden ut över världen, men då hon snabbt lade på locket igen stannade hoppet kvar på bottnen av asken. Därför överges aldrig människan av hoppet, trots alla olyckor

36

som plågar henne, och innerst i vårt väsen finns alldeles som det innestängda hoppet i Pandoras ask en okuvlig visshet om något bättre, som vi kan sträva efter.

DEN STORA ÖVERSVÄMNINGEN

På sluttningen av ett berg i mellersta Grekland bodde den fromme Deukalion med sin goda hustru. Deukalion var son till Prometheus, och hans hustru var dotter till Pandora. På bergets sluttningar murade Deukalion terrasser för att hindra jorden från att sköljas bort av regnen. Hans hustru sådde ut sädeskornen, som hon myllade ner, och båda vände sig i böner om god växt och rik skörd till gudinnan Demeter. Deras får betade på ängarna högre upp på berget, och av ullen spann och vävde hustrun varma kläder. Långt borta från andra strävade båda var med sitt arbete, levde i frid med varandra och satte sin lit till gudarna.

Annorlunda var det runt om i landet. De som var släkt slöt sig samman i stammar, och vilddjurens lag härskade. Somliga stammar kände sig i gemenskap med den rivande björnen, andra med det rytande lejonet eller med den glupande vargen eller med ännu andra grymma och farliga rovdjur. Människorna trodde på makten, våld och list rådde, den starkare förgjorde den svagare, och ingenstädes fanns rättvisa eller förbarmande. Prometheus hade rövat elden åt dem, och med den gåvan hade människorna alla möjligheter att förbättra sina villkor. De byggde sig borgar och städer, deras övermod kände inga gränser och deras ondska tilltog alltmer.

Människornas hårdhet och otacksamhet bedrövade gudarna, och till sist beslöt Zeus att befria jorden från dem. Han befallde vindarnas gud Aiolos att låsa in alla vindar utom den regngivande Sunnan. Dag och natt strömmade regnet ner över landet.

En natt hade Deukalion en drömsyn. Hans fader Prometheus stod framför honom i kojan och befallde honom att skyndsamt bygga ett flatbottnat skepp, så stort att han däri också kunde rädda inte bara sig själv och sin hustru utan sina husdjur och därtill föra med sig föda åt dem alla. Det var inget lätt företag att i det ösande regnet fälla timmer och bygga skeppet, men till sist var det färdigt och allt ordnat som Prometheus befallt. Gudarna, som beslutat rädda Deukalion och hans hustru för deras fromhets skull, lät nu Sunnanvinden vräka ner skyfall över landet. Poseidon löste alla floder, så att de steg över sina bräddar, havet hävde sig i väldiga vågor in över stränderna och spolade med sig drunknade människor och djur. Snart kunde man inte skilja på land och hav, allt var en enda virvelström av döda kroppar, kullvräkta träd och sönderslagna bostäder.

Deukalions lilla farkost slungades länge hit och dit av storm och vågor, och han och hans hustru fruktade var stund att den skulle slås sönder. När de nästan uppgivit hoppet om räddning, strandade skeppet mellan berget Parnassos' två högsta toppar. Aiolos hade äntligen fängslat Sunnan och löst de andra vindarna, som nu blåste undan molnen. Solen sken åter, och Poseidon befallde floderna att sjunka tillbaka i sina fåror och havet att stilla sina vågor. Efter hand kunde Deukalion och hans hustru skönja marken i dalarna djupt under dem, men synen fyllde dem med rädsla och vanmakt. De fordom stolta borgarna och städerna var ett virrvarr av bråte, som täcktes av gyttja, och ingenstädes syntes en levande varelse. De var ensamma på jorden och barnlösa. Utan gudarnas bistånd kunde aldrig den sköna jorden bli vad den varit.

Darrande sökte de sig hand i hand nerför berget till Delphis helgedom för att rådfråga oraklet. I Delphi härskade då rättvisans gudinna Themis. De fick befallning att kasta den stora moderns ben bakom sig, och detta råd tycktes dem till en början alldeles obegripligt. Till sist förstod Deukalion att oraklet med den stora modern menat jorden och med benen stenarna. De lydde gudinnan, och när Deukalion kastade stenar över sin axel blev det av stenarna raska, resliga, blåögda män med gyllene hår och då hans hustru kastade blev det sköna, dugliga kvinnor.

En ny mänsklighet grep sig an med att återställa de förstörda markerna, och från dessa, den stora moderns egna barn, räknade grekerna sin härstamning.

Sagor från Argolis

DANAIDERNA

Enligt de grekiska sagorna härstammade Egyptens kungaätt från prinsessan Io i Argolis. Zeus hade fattat kärlek till Io och för att skydda henne mot gudinnan Heras vrede förvandlade han henne till en ko. Men Hera lät en broms jaga den stackars Io genom många länder, ända tills hon kom till Egypten, där hennes förtrollning löstes. Ios son med Zeus blev Egyptens förste konung. En av dennes ättlingar efterlämnade två söner, Danaos och Aigyptos, som båda skulle regera. Danaos hade femtio döttrar och Aigyptos hade femtio söner. De båda konungarna kunde emellertid inte alls rätta sig efter varandra utan råkade i tvist.

Gudinnan Athena befallde då Danaos att med sina femtio döttrar lämna Egypten. Med hennes hjälp byggde han det första skepp som drivits med så många som femtio par åror. De gav sig i väg, skeppet höll sjön väl och de landade till slut lyckligt i Argolis. Danaos bad konungen i landet om beskydd för sig och de sina, men denne tvekade länge, då han var rädd att bli indragen i strider med Aigyptos' söner. Folket i Argolis rördes dock av de värnlösa prinsessornas olycka och bad sin konung att hellre ta strid med Aigyptos' söner än att svika gästvänskapens lagar.

Emellertid fick Danaos och hans döttrar inte länge njuta av tryggheten i Argolis. Aigyptos' söner landsteg kort därefter och fordrade att bli förmälda med sina kusiner. Av rädsla för dem måste Danaos gå med på deras begäran, men han hade ont i sinnet. På bröllopsdagens kväll delade han ut dolkar till sina döttrar och befallde att var och en av dem skulle döda sin make under natten. Alla lydde den grymme Danaos utom den yngsta, ty hon hade fattat kärlek till sin kusin, Lynkeus, och ville gärna leva tillsammans med honom.

Alla de andra Danaosdöttrarna, som även kallas danaiderna, blev till straff av de vredgade gudarna dömda att i underjorden ständigt ösa vatten i ett genomborrat fat. Aldrig skall de lyckas därmed och sitt lönlösa arbete fortsätter de i evighet.

Danaos vågade inte sätta sig upp mot gudarnas rådslag utan förlät sin dotter. Han grundlade staden Argos, och blev kung där. Lynkeus blev Danaos' arvinge, och efter dennes död konung i Argos. Från kungaborgen ovanför staden härskade Lynkeus och hans drottning över argiverna under många fredliga år.

DANAË

Konung Akrisios i Argos var sonson till Lynkeus. Akrisios hade en vacker dotter, Danaë, men ingen son. Av oraklet i Delphi hade han fått veta, att han inte skulle få någon son, men väl en dotterson, och denne skulle komma att döda honom. Akrisios blev uppskrämd av svaret och beslöt att trotsa gudarnas vilja. Han lät skickliga murare bygga ett underjordiskt valv av stora stenblock, och hans smeder klädde sedan valvet invändigt med kopparplåtar. Den stackars prinsessan Danaë inspärrades därefter i valvet tillsam-

41

mans med en tjänarinna. På det sättet trodde konungen sig ha hindrat sin dotter att få den son, som enligt orakelsvaret skulle bringa honom om livet.

Det fanns ingen möjlighet för Danaë att själv ta sig ut ur sitt hemska fängelse, och ingen vågade försöket att rädda henne. Zeus lyssnade emellertid till hennes gråt och en dag kom han som ett guldregn ner i fängelsevalvet. Innan årets slut födde Danaë en son, som hon kallade Perseus.

Hon lyckades med den trogna och sluga tjänarinnans hjälp dölja sonen, som var hennes enda glädje och tröst. Det gick till en tid att bevara hemligheten, men en dag kom konung Akrisios förbi valvet. Han hörde plötsligt barnjoller där nerifrån. Alldeles utom sig lät han föra Danaë och hennes lille son upp ur fängelset.

Danaës tårar kunde emellertid inte beveka konungen. Han befallde, att moder och son skulle inneslutas i en kista, och ingen vågade trotsa hans befallning. Kistan sattes så ut i den argoliska viken och lämnades åt sitt öde. Driven av vind och vågor fördes kistan allt längre bort från stranden. Först då den var försvunnen bortom synranden, trodde konung Akrisios att han kunde känna sig lugn.

I kistan sov den lille gossen lugnt efter det att Danaë sakta nynnat honom till sömns. Stormens brus, vågornas dån mot kistan och mörkret därinne skrämde den stackars prinsessan, som grät övergivet, medan vågorna hastigt förde kistan mot okända faror. Då väcktes havsguden Poseidon till medlidande och han sträckte ut sin treudd över havet. Stormen stillnade och kistan gungades sakta med havsströmmarna till den klippiga och otillgängliga ön Seriphos ute i Egeiska havet.

En tidig morgon, då en fattig fiskare kom ner till stranden för att vittja sina nät, fann han kistan. Eftersom han var en from och god man förde han moder och barn till sitt hem. Han hade själv blivit bortjagad av sin broder, konungen på ön, Polydektes, och visste hur det kändes att råka ut för tyranner. Hos honom kunde den olyckliga konungadottern äntligen känna sig lugn och här växte Perseus upp som en vanlig fiskargosse till en stark och modig yngling.

Långt om länge fick konung Polydektes höra om den märkvärdiga kistan som strandat på ön. Han begav sig då till fiskarkojan. Danaë hann inte fly undan, och konungen intogs av den häftigaste kärlek till den sköna prinsessan utan att veta vem hon var. Danaë, som endast ville leva för att fostra sin son till konung i Argos, lyssnade inte alls till bönerna om att bli Polydektes' drottning. När konungen inte lyckades övertala henne, och hon envist vägrade att skiljas från sonen, fattade han ett djupt hat till Perseus och grubblade över hur han skulle kunna bli av med honom.

PERSEUS

Konung Polydektes lyckades till sist finna på ett sätt att få bort Perseus. Han gjorde sig till vän med honom och inbjöd honom till sin borg. Dit samlades kringvandrande sångare, sjöfarande och köpmän, och konungen märkte snart hur deras spännande berättelser väckte Perseus' längtan till bragder och äventyr.

Man talade där mycket om de tre gorgonerna, som bodde i ett land långt borta i väster och var fruktansvärda att se på. De var döttrar till havsguden Phorkys. De två äldsta var odödliga, men den yngsta, som hette Medusa, var liksom människorna dömd att en gång dö. Hennes ansikte var brett med utsträckt tunga och stirrande ögon, men hennes läppar var röda och kinderna mjuka. Näsan var platt och bred, och hennes svarta flätor var ingenting annat än rysliga ormar. Om någon var djärv nog att kasta en blick på Medusas ansikte, blev han genast förvandlad till sten.

Konungen talade nu inställsamt med Perseus om Medusa, och undrade om det verkligen fanns någon som var så modig och djärv att han vågade hämta hennes huvud. Till sist kunde Perseus inte få berättelserna om gorgonerna ur sina tankar. Han började längta bort från ön, och varför skulle inte han bli den som vågade sig på det farliga äventyret. Fast han inte ägde annat än sin vilja och sin styrka, beslöt

44

han till sist att lyckas med det som alla trodde vara omöjligt, och när han återvände skulle han en gång kräva rättvisa i sin stad, Argos.

Perseus skulle aldrig ha lyckats med det svåra företaget, om inte gudarna hade hjälpt honom. Hermes förde honom över vilda berg, genom farliga skogar och svårframkomliga träskmarker fram till den väldiga oceanen. Athena hade givit honom det rådet att först söka reda på de tre graierna, de enda som visste var Medusa fanns. Graierna var systrar till gorgonerna, och de hade vaktat vid världshavets strand sedan uråldriga tider. De hade aldrig varit barn utan var födda gamla. När Perseus försiktigt smög sig fram mot deras vaktställe, tyckte han, att han aldrig sett några så vedervärdigt fula förut. De hade bara ett öga och en tand tillsammans och turades om att använda dem. Perseus passade på just när bytet skulle ske och lyckades få tag i både ögat och tanden. Sedan var han orörlig vittne till hur de tre systrarna vilt och oroligt famlade runt omkring sig med de klolika fingrarna, och han aktade sig noga att komma nära dem. Han lovade dem, att de skulle få tand och öga tillbaka, om de berättade för honom, hur han skulle finna Medusa. De talade då om för honom, att han först måste gå till havsnymfernas grotta, och de visade åt vilket håll den låg. Perseus lämnade tillbaka ögat och tanden och fortsatte sin vandring.

Havsnymferna värmde sig vid en flammande eld, då Perseus slutligen efter många mödor kom fram till deras grotta. De lyssnade vänligt till hans bön om hjälp. Ur grottans dunkel hämtade de fram ett par sandaler med vingar vid hälen och en ränsel av femdubbelt tjockt skinn, som han skulle gömma Medusas huvud i. Allra sist fick han den osynlighetshjälm, som underjordens härskare, Hades, hade lämnat i förvar hos nymferna.

Av Athena hade Perseus förut fått en spegelblank sköld, och Hermes gav honom till avsked ett svärd. Med de vingade sandalerna flög Perseus lika snabbt som en fågel högt över oceanens vattenvidder långt bort mot västerns land. I träsket omkring gorgonernas klippa krälade ormar, men eftersom Perseus var osynlig, kom han oskadd förbi dem. Baklänges närmade han sig nu försiktigt de sovande gorgonerna, och i Athenas blanka sköld såg han tydligt Medusas ansikte speglas. Han samlade då all sin kraft och högg med ett väldigt hugg av hennes huvud och stoppade det, alltjämt bortvänd, blixtsnabbt ner i ränseln han fått av nymferna och knöt till. Ögonblicket efter svävade han högt uppe i luften över klippan. Medusas systrar, som vaknat ur den tunga sömnen, sökte förgäves nå honom och hämnas hennes död.

PERSEUS OCH ANDROMEDA

Med gudarnas hjälp hade Perseus lyckats med det som alla trodde vara omöjligt. Medusas förstenande huvud låg i ränseln på hans rygg, och nu skulle han bara visa det för den sluge konung Polydektes. Den susande Västan fattade tag i hans klädnad, och med dess hjälp färdades han ilsnabbt över hav och land. Till sist sänkte han sig trött ner på en sandig strand.

Då han hämtat sig och började se sig omkring på den främmande stranden, upptäckte han en levande varelse som stod stilla vid ett väldigt stenblock. Han närmade sig försiktigt och fann, att en underskön flicka var fängslad vid klippan med starka kopparlänkar. Perseus frågade vem hon var, och hon berättade att hon hette Andromeda. Landet dit han kommit kallades Etiopien, och där var hennes fader, Kepheus, kung. Hennes mor, drottning Kassiopeia, var mycket vacker, och hon hade en gång i övermod påstått att hon var skönare än havsguden Nereus' döttrar, de svartögda nereiderna.

De förolämpade nereiderna hade då klagat inför havens härskare, Poseidon, och som straff för att dödliga vågat jämföra sig med dem sände han ett ohyggligt vidunder, som slukade alla det kunde nå. Människorna i landet flydde skräckslagna upp i bergen, men många föll offer för odjuret, som i gryningen varje morgon kravlade upp ur havet.

I sin nöd vände sig konung Kepheus bönfallande till oraklet för att få veta hur man skulle kunna blidka havets gudomligheter, ty för sent ångrade Kassiopeia den tanklösa stoltheten över sin förgängliga skönhet. Oraklet svarade, att konungens egen dotter skulle lämnas som försoningsoffer för att rädda landet från undergång. När Perseus hörde den oskyldiga prinsessan berätta allt detta, fylldes hans hjärta av medlidande och kärlek.

När morgonen grydde, brusade det i havet, och Perseus såg hur havsvidundret virvlade upp vattnet med sin väldiga stjärt. Konungen och drottningen stod maktlösa på avstånd och darrade inför vad som skulle hända. Perseus trädde då fram och ropade att han skulle trotsa faran och döda odjuret, om konungen lovade att han skulle få prinsessan till sin maka. Genom stormens dån hörde han, att konungen lovade detta. Perseus stod nu lugnt och väntade på vad som skulle hända.

Just då solen rann upp, sköt draken med uppspärrat gap

47

väsande fram över sanden. Men där stod Perseus färdig med svärdet, som han fått av Hermes. Efter en lång och fruktansvärd strid och efter otaliga hugg mattades odjurets krafter, och då äntligen kunde Perseus få tid att ta fram Medusas huvud ur skinnsäcken. Han lyfte det varsamt, höll det bortvänd och svängde det framför odjurets ögon. Förstenat, som en oformlig klippa, blev vidundret liggande på stranden.

Andromeda befriades nu från sina bojor och under stor glädje fördes hon och hennes räddare till kungapalatset, där bröllopet firades.

PERSEUS' ÅTERKOMST

Efter bröllopet beslöt Perseus att genast fara till Seriphos med sin brud. De gav sig så i väg på ett präktigt skepp som konungen hade låtit bygga. Efter många mödor styrde Perseus till sist in i farvattnen som han kände, och så småningom landade de vid Seriphos' klippö. Så fort de kommit i land skyndade Perseus till fiskarkojan, men hans moder Danaë fanns inte där. Både hon och fiskaren var försvunna.

Perseus begav sig till konung Polydektes för att få veta vad som hänt hans moder. Konungen svarade honom hånfullt. Perseus tog då fram Medusas huvud ur skinnsäcken och visade för konungen, att han hade hämtat det som han en gång lovat att göra. Sorlet i salen tystnade, alla häpnade över hjältebragden, men i konungasätet satt den bistre och hånfulle konungen utan att kunna röra sig. Hans livlösa ögon tycktes stirra in i tomma intet, och som en stenstod blev han kvar i sitt palats. Polydektes' män bad Perseus bli deras konung, men han ville inte.

Danaë hade begivit sig till ett tempel för att slippa undan Polydektes, och där hade hon under Heras beskydd aldrig upphört att hoppas på Perseus' återkomst. Perseus fann henne nu där, och de beslöt att lämna ön. Den fattige fiskaren, som en gång förbarmat sig över de stackars vinddrivna och förföljda, blev nu konung över Seriphos.

Innan moder och son lämnade ön för att fara till Argos, ville Perseus tacka gudinnan Athena, som hjälpt honom ur alla faror. Han bad henne ödmjukt att som offergåva ta emot Medusas huvud, och gudinnan fäste det i mitten på sin sköld.

När de efter så många år återvände till Argos, hade ryktet om Perseus' äventyrsfärder och hjältebragder hunnit före dem. De blev väl mottagna, och Perseus hälsades som

arvtagare till kungaväldet i Argos och som en gudarnas ättling. Konung Akrisios hade vid budskapet om Perseus' ankomst flytt i all hast. Han fruktade nämligen oraklets spådom, att han skulle dödas av sin dotterson. Perseus, som inte alls tänkte på att hämnas, sökte upp sin morfader och försonade sig med honom.

Försoningen firades med stora festspel och idrottslekar. När Perseus härunder kastade en tung diskus råkade den av en olyckshändelse träffa Akrisios' huvud och döda denne. Så gick oraklets spådom i uppfyllelse.

I alla tider hade den som dödat en släkting måst överge sin fädernebygd för att i främmande land rena sig med offer. Perseus lät nu först gravlägga Akrisios och hedra hans minne med högtidliga tävlingar, där landets förnämsta furstar deltog. Därefter begav han sig som botgörare till helgedomen i Delphi, där försoningens gud, Apollon, löste honom från skulden. Då han äntligen återvände till Argolis och den trofasta Andromeda, blev han härskare över Tiryns, medan en kusin blev konung i Argos.

*

Så gott som alla personer i Perseussagan återfinns som stjärnbilder på himlen.

BELLEROPHON

Bellerophon var en ung, skön furste, som härstammade från Aiolos, vindarnas gud, och »fägring de evige honom beskärt och en strålande mandom». Eftersom Bellerophon särskilt blev dyrkad i Korinth, påstod man där att han var son till den korinthiske konungen. Många ansåg dock att han var son till Poseidon.

Bellerophon blev tidigt mottagen som gästvän hos den mäktige konungen i Tiryns. Borgen i Tiryns var anlagd på en rymlig klippa, varifrån man kunde behärska hela slätten runt omkring. Murarna var byggda av så väldiga stenblock att inga andra än jättar, de enögda cykloperna, kunde ha mäktat med arbetet. Borgen ansågs ointaglig, och hit flydde folket på slätten under ofärdstider. Det praktfulla kungapalatset byggdes överst på klippan. Dess salar och kamrar var vackert smyckade av skickliga konstnärer. I männens stora sal var golvet lagt med granna stenplattor, och dyrbara vävnader täckte marmorbänkar och stolar. Här samlade konungen släktens förnämsta män omkring sig, här lärde de sig krigskonsten och här lyssnade de till vandrande sångare, som sjöng om förfädernas hjältebragder. Furstarna övade sig även i vapenlekar, när de inte drog ut på jakt. Bellerophon blev snart den skickligaste i alla slag av idrott, och vida omkring gick ryktet om hans vighet och styrka.

Konungens gemål, den sköna Anteia, härskade i kvinnogemaken över hundratals tärnor och slavinnor, som spann och vävde, sydde klädnader och prydde salarna. Ofta då drottningen från någon pelargång såg den unge Bellerophon, tyckte hon, att hon aldrig sett en ståtligare man, och hon greps av en häftig kärlek till honom. Bellerophon var rättsinnig och ville inte alls lyssna till hennes förslag om hemliga möten. Han trivdes inte längre utan bad konungen om tillstånd att lämna borgen för en tid. I skogarna och bergen kring Korinth gick han ensam på jakt och hoppades, att drottningen skulle ha glömt honom, när han kom tillbaka. Men hon glömde inte hans kallsinnighet och hans avslag utan fattade hat till honom och beslöt hans undergång.

I mannasalen hade det talats mycket om den bevingade

gudahästen Pegasos, som ibland begav sig ner i ensliga bergsdalar, där han trodde sig vara säker för människors blickar. Där gudahästens hovar slog mot klipporna vällde källor fram. Någon gång hade det hänt att en herde på sånggudinnornas berg, Helikon, lyckats skymta gudahästen, men ingen hade någonsin kommit honom så nära att han kunnat lägga betsel på Pegasos.

Då Bellerophon en tidig morgon strövade omkring på bergshöjderna nära Korinth, fick han plötsligt se Pegasos, men likt en drömbild försvann gudahästen blixtsnabbt upp mot skyn. Från den dagen önskade Bellerophon ingenting högre än att få tämja honom och på hans rygg ila fram högt över jorden.

Hur Bellerophon än letade och spanade såg han aldrig mer till den bevingade hästen. Den besvikne hjälten sökte då upp en gammal siare för att få reda på hur han skulle kunna finna Pegasos. Siaren rådde honom att sova en natt i gudinnan Athenas tempel i Korinth. Kanske skulle gudinnan hjälpa honom att nå det som ännu ingen dödlig vågat försöka. Bellerophon lydde rådet. Vid gudinnans fot i det mörka templet slumrade han in en natt, och när han vaknade, låg där ett guldbetsel vid hans sida. Han förstod nu att Athena ville hjälpa honom, och det dröjde inte länge förrän han prövat betslets makt. Han lyckades fånga Pegasos och svingade sig upp på hans rygg.

Medan Bellerophon höll på att leta efter den bevingade hästen, hade drottningen genom försåtliga lögner sökt skada honom. Hon lyckades till sist inbilla sin gemål att Bellerophon velat bedraga honom. Konungen blev mäkta vred, men han ville inte själv döda sin gästvän. Han hade på långfärder i öster lärt sig skrivkonsten. Bellerophon fick vid sin åter-

komst till Tiryns befallning att genast resa till det avlägsna Lykien, där drottningens fader härskade. Vid avresan fick han med sig ett hopvikt plån med försåtliga skrivtecken, som han skulle lämna till den lykiske kungen.

Under gudarnas ledning färdades Bellerophon trygg genom okända vilda trakter och kom lyckligt till Lykien, där konungen tog emot honom som en hedrad gäst. Nio präktiga oxar slaktades, och i nio dagar höll han gästabud, men då den tionde dagen kom, begärde konungen att få läsa skrivelsen, som Bellerophon fört med sig från konungen i Tiryns. Med häpnad och förskräckelse läste konungen, att hans måg önskade Bellerophons död. Men inte heller han kunde förmå sig att låta döda den sköne och tappre fursten, som inte anade skrivplånets farliga innehåll.

Vid den tiden fanns det i Lykiens dalar ett odjur som gjorde landet stor skada. Det såg ut som det värsta vidunder och kallades Chimaira, vildget, därför att det hade ett gethuvud på ryggen. Svansen var skapt som en ryslig orm med taggar, och huvudet var ett lejonhuvud. Chimairan ägde lejonets styrka, ormens list och vildgetens snabbhet. Ur det giftiga getgapet flåsade ut en förtärande eld. Odjuret spred död och förfäran kring sig, och ännu hade ingen vågat sig på det.

Konungen, som motvilligt fogade sig i att medverka till Bellerophons död, befallde honom nu att till en början befria Lykien från den farliga Chimairan. Bellerophon lämnade kungaborgen, tog sitt guldbetsel med sig och begav sig ut i vildmarkerna för att fullgöra konungens uppdrag.

Han litade nu på gudarnas hjälp. Knappt hade han tagit fram guldbetslet, förrän gudahästen Pegasos kom ilande till hans hjälp. Han kastade sig upp på hästens rygg och styrde den rätt upp i luften för att från höjden kunna ta reda på Chimairans gömställe utan att själv råka ut för odjurets hemska klor och giftiga andedräkt.

När Bellerophon såg eldslågor och svavelrök stiga upp från en djup och otillgänglig bergsklyfta, tvang han Pegasos att flyga så lågt att Bellerophon riktigt kunde se Chimairan. Så sköt han ett par pilar mot lejonhuvudet och kastade sedan ett stycke bly rakt ned i getgapet där det smälte. Ormsvansen genomborrade han med sitt spjut. På så sätt befriades Lykien från sin landsplåga.

När Bellerophon återvände till kungaborgen och som bevis på sin seger visade gethuvudet, skickades han åter ut för att strida, denna gång mot solymernas frejdade kämpar, som han besegrade. Ett tredje prov blev att bekämpa amazonerna i deras land långt norrut. Dessa var kvinnor, så skickliga i vapnens bruk och alla krigiska företag, att nästan ingen kunde hålla stånd mot dem. Men i striden mot Bellerophon led de nederlag, och även denna gång genomförde han sitt svåra uppdrag.

När han efter amazonstriden vandrade mot kungaborgen, hade konungen gillrat ett försåt för honom. Han hade från sitt rike valt ut de bästa kämparna och befallt dem att lägga sig i bakhåll för Bellerophon, men denne besegrade dem alla.

Konungen blev nu övertygad om att Bellerophon var en gudarnas ättling och att gudomliga makter beskyddade och styrkte honom. Han gav honom sin sköna dotter till maka och kungamakt över hälften av riket. Till tack för att han räddat landet från Chimairans härjningar och fiendernas anfall gav folket honom av den bästa jorden i riket, och där levde Bellerophon och hans drottning länge lyckliga, älskade av Lykiens folk.

En enda gång begav sig Bellerophon tillbaka till sin hemtrakt, och hedrades av konungen i Argos med en fest, som varade i tjugo dagar. Som gästvänskänk gav han konungen en gyllne dubbelpokal och fick i gengåva en gördel, som lyste av purpur. Detta befäste för deras ättlingar fred och vänskap mellan Argos' och Lykiens kungaborgar.

När Bellerophon blev gammal, vredgades gudarna på honom därför att han yvdes över sin lycka och tyckte sig vara förmer än andra människor. De straffade honom hårt — han måste se sina barn dö, sonen i strid med solymerna och döttrarna träffade av gudinnan Artemis' pilar. Bellerophon strövade därefter ensam omkring på Lykiens ödsliga högslätter, »frätande hjärtat i sorg, undvikande människors stigar».

Gudinnan Athenas gåva, guldbetslet, som han hade fått i sin ungdom, hade han dock ännu kvar. Förbittrad över ödets växlingar försökte han på Pegasos' rygg storma Olympen, de eviga gudarnas boning. Zeus slungade då sin blixt mot honom, och förbränd störtade den olycklige till jorden. Pegasos ilade åter fri till betesmarkerna i dalen nedanför gudaberget.

MELEAGROS OCH DEN KALYDONISKA VILDSVINSJAKTEN

I det bergiga och flodrika Aitolien härskade konung Oineus och hans drottning Althaia på borgen i Kalydon. När deras son, Meleagros, föddes, hade ödets gudinnor, de tre moirerna, sjungit besvärjande sånger för den nyföddes framtid.

Den första, Klotho, lovade Meleagros ett ädelt sinnelag, den andra Lachesis lovade honom styrka och tapperhet, men den tredje, den mörka Atropos, sjöng en dystert entonig trollsång. Under det hon sjöng kastade hon plötsligt in ett vedträ i den flammande brasan och spådde att den nyfödde skulle dö i samma stund som elden förtärt vedträet.

Drottning Althaia räddade då sonens liv genom att rusa upp ur sin bädd, rycka eldbranden ur lågorna och släcka den. Därefter gömde hon den väl i en kista i det kungliga palatset. Meleagros växte trots den dystra spådomen upp till en stark, modig och klok yngling, som snart blev hedrad och jämförd med Greklands tappraste kämpar.

Så hände det sig vid en offerfest att konung Oineus en gång till sin egen olycka glömde att även offra till bågens och jaktens gudinna, Artemis. Gudinnan harmades och drev in på Oineus' mark en stor farlig galt, som härjade vida omkring.

För att rädda Aitolien från den folkilskna besten inbjöd Meleagros Greklands ryktbaraste kämpar och jägare till en stor jakt, och jämte dessa infann sig också den sköna och snabbfotade Atalante från Arkadien. Hon hade som nyfödd blivit utsatt i skogen för att dö, men en björninna hade funnit henne och låtit henne dia sina spenar. Hon växte upp bland björnungarna, ända tills en herde hittade henne och bar henne till hennes fader, konungen i Arkadien. Atalante träffade villebrådet med sina pilar lika säkert som någon man.

Så började jägarskaran förfölja vildsvinet. Den kalydoniska jakten gick genom hela Aitolien, upp bland de vilda bergen och ner i de grönskande dalarna, och mången satte livet till för galtens vassa betar. Till sist lyckades Atalante träffa vildsvinet med sin pil. Meleagros skyndade till och stötte sitt jaktspjut i den sårade galtens rygg.

Det var gammal sed, att den som fällt ett villebråd skulle få huvudet och skinnet till segerlön, men Meleagros skänkte dem till Atalante, som han beundrade och älskade. Hon hade ju också en stor del i vilddjurets död, och hon drog stolt hem till Arkadien med detta bevis på sitt mod och sin skicklighet i bågskytte. Då Atalante försvunnit, började jaktkamraterna häftigt tvista med Meleagros om segerpriset. Hans morbröder var allra mest vredgade över att en kvinna fått äran av den mödosamma jakten. Under den vilda strid som uppstod råkade Meleagros döda sina morbröder.

När budet om detta nådde kungaborgen i Kalydon, blev drottning Althaia sjuk av sorg över sina bröders död. Hon tog upp ur kistan den halvt förkolnade vedbrand som hon gömt där och kastade den på elden. I samma ögonblick sjönk Meleagros i svåra plågor till marken. Atropos' ödesdigra gåva brann snabbt ner till aska, och i samma stund hämtades Meleagros till de döda i underjorden.

*

I Iliadens nionde sång berättas sagan så att Artemis eggade fiender att anfalla Aitolien och förena sig med de upphetsade jaktkamraterna. Meleagros dödade i striderna sina morbröder, och när hans moder Althaia fick bud om detta bad hon till gudarna om att få hämnd,

>»häftigt med händerna slog på den näringsalstrande jorden
och ner till Hades skrek och Persephone, hemska gudinnan,
medan på knä hon sjönk och med tårar fuktade barmen,
att låta sonen förgås...»

Meleagros lämnade striden, då han fick vetskap om detta, och satt sedan overksam i palatset hos sin gemål, grubblande i harm över sin moders besinningslösa vrede och vilda förbannelser.

Under tiden fortsatte striderna alltjämt, och fienderna var så nära Kalydon att de beredde sig att storma staden. Meleagros vägrade länge i sin sorg att lyssna till aitolernas äldste, som bad att han skulle leda stadens försvar och erbjöd honom rika gåvor, om han lovade göra det. Han var obeveklig, och redan nådde fiendens pilar kungaborgens murar, tornen stormades och staden sattes i brand.

>»Då under klagan och gråt hans fagergördlade maka
bad honom ivrigt och räknade upp de lidanden alla,
vilka bebyggarna övergå uti stormade städer:
männen bli slagna ihjäl, all staden lägges i aska,
fagergördlade kvinnor och barn bortsläpas av ovän.»

Nu gav Meleagros vika för sin drottnings böner. Han klädde på sig sin blänkande rustning och hjälmen prydd med klirrande vildsvinsbetar, kallade samman borgens krigare till försvar och lyckades driva bort fienderna.

Sagorna om Herakles

HERAKLES

»Hjälten av djärvaste mod och med lejonets hjärta.»

(Odyssén XI)

Herakles var son till Zeus och Alkmene, en prinsessa av Perseus' ätt. Samtidigt med henne väntade även Mykenes drottning barn, och Zeus bestämde i gudarnas rådslag, att den av Perseus' släkt, som först kom till världen, skulle härska över Argolis med alla dess borgar och konungar. Hera hatade Alkmene och befallde sin dotter, som hjälper små barn, innan de ännu sett dagens ljus, att låta drottningen i Mykene få sin son ett dygn tidigare än Alkmene.

Det blev som Hera bestämt. Kungasonen Eurystheus i Mykene kom till världen för tidigt och var allt från födelsen svag och rädd, men det blev i alla fall han som kom att härska över de andra av Perseus' hjälteätt. Alkmene fick kort efter Eurystheus' födelse tvillingar, Herakles och Iphikles, och redan som barn visade Herakles sitt gudomliga ursprung genom kraft och sinnesnärvaro.

En gång då två ormar ringlat sig upp i tvillingarnas vagga, skrek Iphikles förtvivlat och alla stod skräckslagna. När Alkmene skyndade till vaggan, hade Herakles redan dödat ormarna. Han hade kramat dem till döds med sina båda händer, och alla häpnade över hans mod och styrka. Hera, som skickat ormarna, fortsatte att genom svåra prov förfölja och härda Herakles under hela hans liv.

Alkmene och hennes make hade före sönernas födelse flytt från Argolis till Thebe i Boiotien. Herakles härdades där i alla manliga idrotter, och till lärare fick han en kentaur, den läkekunnige Cheiron. Kentaurerna var till hälften människor, till hälften hästar. De vistades i otillgängliga bergstrakter och kände alla naturens krafter. Hos Cheiron lärde Herakles sig att hantera vapen och att läka sår. Beväpnad endast med en klubba gick han djärvt mot bergens och skogarnas vilda djur. Furstesöner måste också lära sig musik och övas i dans, men Herakles föraktade sådant. Då citterspelaren Linos en gång tillrättavisade honom, greps han av raseri och slog cittran med så väldig kraft i lärarens huvud att denne föll ned död.

För detta våldsdåd blev Herakles förvisad från Thebe och måste valla kreatur uppe i Kithairons vilda berg, där lejon smög kring. Han dödade det farligaste av dem alla och återvände till Thebe med lejonhuden över sina axlar. Just då anfölls kungaborgen av fiender, som ville tvinga thebanerna att betala skatt. I spetsen för en skara modiga ynglingar jagade Herakles bort dem och fick som belöning kungadottern i Thebe till maka.

Herakles hade räddat Thebe och visat sig vara mer värd kungamakten i Argolis än Eurystheus, men han kom aldrig att härska där, ty inte ens Zeus förmådde rubba arvsföljdens stränga lagar. Herakles och hans maka stannade kvar i Thebe, men Hera glömde inte sitt hat. Hon sände vanvettets raseri över honom, så att han besinningslöst dödade sin maka och sina barn. Då han vaknade ur vanvettsdrömmen, flydde han förtvivlad och ångerfull till oraklet i Delphi. Efter botgöring och offer blev han av guden Apollon ålagd att i tolv år tjäna den svage kung Eurystheus och utföra

61

allt vad denne befallde honom att göra, om det än vore aldrig så svårt.

Medan Herakles ännu vaktade boskap på berget Kithairon, stod han en morgon villrådig vid en skogsväg, som delade sig åt två olika håll. Just som han undrade vilken av vägarna han skulle välja, såg han två kvinnor komma emot sig. Den ena bad honom följa sig. Hon skulle föra honom till vackra ängar med skuggande träd och lovade honom all livets glädje i glada vänners sorglösa sällskap. Arbete och möda, törst och hunger skulle han komma att leva fri från, och när han en gång dog, skulle ingen klagan höras.

Herakles såg länge på hennes fagra gestalt och frågade vad hon hette. Hon svarade att hennes vänner kallade henne Lyckan men att hon av sina ovänner för det mesta kallades Lättsinnet.

Vid den andra vägen stod en blygsam, allvarlig kvinna. Hon påminde Herakles om att gudarna aldrig skänker något åt människorna utan arbete, och arbete inte blott för egen del. De måste ordentligt göra det som blivit dem ålagt, om de skall kunna lämna ifrån sig mark, skogar, berg, källor och floder fagrare än de tog emot dem. Ansträngningar, möda och strid skulle bli hans lott, men mat och dryck skulle smaka honom bättre sedan han kämpat tappert. Om han ihärdigt och modigt aldrig tvekade att utföra det som andra fann omöjligt men som ändå måste göras, skulle hans rykte gå från släkte till släkte och hans namn aldrig bli bortglömt. Och till sist skulle han från mödor och strider bli upptagen bland de odödliga gudarna. Den kvinnans namn var Dygd.

Dygden och Lättsinnet försvann som en drömsyn, och Herakles stod ensam kvar grubblande på vad han hört. Han tänkte på sitt gudomliga ursprung, och han var från den stunden fast besluten att vandra dygdens och försakelsens väg.

*

Berättelsen om Herakles' val mellan lust och dygd, mellan njutning och arbetets mödor är ett senare tillägg till den ursprungliga sagan. Många skalder och konstnärer har under tidernas lopp skildrat Herakles vid skiljovägen och visat var på sitt sätt hur, trots alla mödor, Dygdens väg är lockande, och att den kloke väljer den.

Den svenske 1600-talsskalden Stiernhielm skildrar i sin långa dikt *Hercules* hur visdom och vett blott kan vinnas genom arbete:

> »Vett är Dygdens ljus; och Vijsdom är Dygdens öga.
> Vett hörer arbete till; vins ey utan ijdkeligt omak.»

Stiernhielm liknar arbetet vid stålet med vars hjälp flintan tändes:

> »Siälen i Menniskio-kropp som en Eld förborgat i flinto;
> Finner hon ey sitt Stål; så gnistrar hon aldrig i blysning.»

DE TOLV STORVERKEN

1. *Det nemeiska lejonet*

Herakles lydde Apollons befallning och vandrade till Mykene i Argolis. Hans släkting konung Eurystheus blev mycket rädd, när hjälten kom in i borgen. Han fruktade för sitt välde och kunde till en början inte tro, att Herakles kommit för att tjäna honom och befria landet från de vilddjur som härjade där.

Ett stort och farligt lejon hade länge ställt till skräck och förödelse i hela Argolis, och Herakles fick nu befallning att bege sig till Nemeas dalgång, där lejonet hade sin kula i ett berg i närheten. Som bevis på att han lyckats med det svåra uppdraget skulle han komma tillbaka med det nemeiska lejonets hud.

Hur man än förut skjutit på det med pilar och försökt fånga det i gropar och i fällor, hade man inte lyckats. Pilarna studsade mot den tjocka pälsen och lejonet var osårbart.

Då Herakles kommit in i Nemeas dal och lockat fram lejonet, använde han först sin båge, men pilarna gled från den glatta kroppen ner på marken, och lejonet sprang oskadat vidare. När hjälten förstod att inte heller han skulle

lyckas döda besten på det sättet, började han i stället förfölja lejonet. Till sist försvann lejonet in i sin kula, som gick tvärs igenom berget. När Herakles sprang efter ditin, rusade lejonet ut på andra sidan. Ett par tre gånger jagade Herakles lejonet genom berget, men till sist hejdade han sig och täppte till den ena öppningen med stora stenblock. Så fortsatte jakten på nytt, men när lejonet denna gång flydde in i sin kula, var utgången spärrad. Lejonet vände sig rasande mot sin förföljare, ögonen gnistrade, och det öppnade sina väldiga käftar för att sönderslita Herakles, då denne med ett fruktansvärt slag med sin klubba bedövade besten och sedan rusade fram och kvävde det med sina starka armar. Sedan släpade han ut sitt byte för att bättre kunna komma åt att dra av pälsen, men varken stenskärvor eller hans kniv bet på det ogenomträngliga glatta skinnet. Han bröt då bort en klo, och med den kunde han så småningom dra av huden.

Med sitt segerbyte vandrade han så tillbaka till Mykene. Eurystheus blev alldeles förskräckt för Herakles, ja, han vart så besinningslöst rädd att han förbjöd honom att någonsin mer komma innanför Mykenes borgmurar. — På den plats där Herakles besegrade lejonet höll de tävlingsivriga grekerna senare stora idrottsfester, de nemeiska spelen.

2. Den lerneiska hydran

Invid en långsträckt havsvik i Argolis var stranden förr i världen sumpig, och ohälsosamma träsk bredde ut sig ända in mot de avlägsna bergshöjderna. De som försökt bosätta sig på kullarna i dessa träskmarker hade blivit sjuka och flyttat därifrån. Blott fiskare och en och annan vinddriven sjöman färdades där förbi. Området kallades Lernai.

Nära stranden växte på en hög kulle ett väldigt träd, som med sina långa grenar överskuggade kullens krön. Under trädets rötter hade en hydra tagit sitt gömställe. Detta vidunder hade nio huvuden, som satt på långa vajande halsar, och det mellersta av dem var osårbart. Kroppen var slemmig och hal, och den farliga stjärten var tvekluven.

Från kullens krön hade den lerneiska hydran utsikt åt alla håll, och där låg den, dold av trädets grenar, och lurade på byte. De många ögonen spejade överallt. Om någon var oförsiktig nog att söka svalka under trädet, blev han ofelbart dödad, innan han nådde fram. Hydran utspydde nämligen ett gift, som i fina droppar föll ner över trakten och på långt håll förmådde döda en människa.

Många hade redan satt livet till, när Herakles blev ålagd att bege sig till Lernai för att döda hydran. På färden tog han med sig sin brorson Iolaos, en tapper yngling, som Herakles satte stort värde på. Uppe på kullen anföll Herakles genast hydran, då en jättestor havskrabba med sina vassa klor bet sig fast i hans ben. Han hade nätt och jämt trampat ihjäl krabban, förrän ett av hydrans huvuden väste och vaggade mot honom. Han lyckades hugga av det med sitt svärd, och vartefter de andra huvudena blev synliga, föll de blödande till marken för hans djärva hugg. Då hände det underliga att knappt var ett huvud borta, förrän det växte fram två andra i det avhuggnas ställe.

Herakles började misströsta om att kunna besegra vidundret, när han genom gudarnas ingivelse fann på råd. Han befallde Iolaos att tända på snårskogen på ena sidan av kullen. För varje huvud, som Herakles sedan högg av, stod

66

Iolaos färdig med en eldbrand och svedde den stympade halsen, så att inte något nytt huvud kunde växa ut igen. På det sättet lyckades det för dem att göra slut på hydrans åtta dödliga huvuden. Det nionde, som var odödligt, högg han av och lade ner i en djup grop, över vilken han sedan välte ett väldigt stenblock.

Herakles återvände till Tiryns, och enligt konung Eurystheus' befallning stannade han utanför borgporten. Då konungen stigit upp på murkrönet och hört Herakles' berättelse om stordådet, vägrade han att erkänna det som en hjältebragd, eftersom Herakles haft hjälp av Iolaos.

Herakles hade emellertid inte kämpat förgäves med hydran. Han hade doppat sina pilar i odjurets blod, och dessa blev därigenom så starkt förgiftade, att ett sår som någon fick av en sådan pil aldrig kunde läkas. Så ägde hjälten på detta sätt ett vapen, som han skulle komma att ha den största nytta av, men som också skulle komma att bli hans egen ofärd.

3. Den kerynitiska hinden

Gudinnan Artemis vårdade skogar, ängar och bergssluttningar och alla de djur som lever där, liksom hennes tvillingbroder Apollon beskyddar betesmarker och boskapshjordar. Hon och hennes tjänarinnor, nymferna, tar vård om djurens ungar, då de är så små, att de inte kan reda sig själva. De ser till att människorna inte i oförstånd stör dem eller låter sina hundar skada dem, och de skyddar det jagade villebrådet, som skadats av jägaren men undkommit. Om någon djurart hotar att utrota en annan, träffas den av Artemis' pilar, som alltid når sitt mål.

Tillsammans med nymferna badar Artemis under stjärnklara nätter i någon forsande bergbäck. Ingen dödlig ser dem någonsin, när de efter badet dansar på de blommande ängarna.

En gång smög sig den unge, oförvägne jägaren Aktaion med sina hundar till en glänta i skogen för att få se Artemis stiga ner i badet, men nymferna upptäckte honom och ställde sig skyddande runt om sin härskarinna. Den vredgade Artemis förvandlade då Aktaion till en hjort, som därefter sönderslets av hundarna.

I månljusa nätter färdas gudinnan med månskäran som diadem genom sitt vidsträckta rike. Hon står då på en vagn, dragen av fyra hindar med gyllene horn och kopparfötter. Den femte av gudinnans hindar springer fri omkring på berget Keryneia i det sköna Arkadien.

Det var således ett mycket svårt uppdrag Herakles fick av konung Eurystheus, då han blev befalld att hämta den kerynitiska hinden och föra den levande till kungaborgen i Mykene. Utom det att djuret var snabbt som vinden, kunde det aldrig känna någon trötthet tack vare kopparfötterna.

Herakles begav sig emellertid bort till Arkadiens svårtillgängliga dalar och berg och fick till sist syn på hinden från en klippa. Men så fort hinden varsnade att någon var i närheten, försvann den blixtsnabbt. Hur än Herakles försökte nå i fatt den, lyckades han inte. Hinden ilade före den trötte hjälten över berg och genom dalar, och slutligen kom de till okända trakter uppe i norden.

Där vistas Artemis' tvillingbroder Apollon om vintern för att om våren återvända till Grekland. Apollon, som såg Herakles' fåfänga ansträngningar, förbarmade sig över honom och lockade in hinden i en trång, snöig dal med skyhöga fjäll runt om. Genom dalen rann en flod, och när

68

Herakles nådde den, tog han sin båge och sköt hinden som var på andra stranden. Pilen träffade benet, och hinden satte av i språng, men hindrades av den djupa snön. Blodförlusten gjorde den så svag, att den slutligen sjönk ner under ett träd. När Herakles fann den, lyfte han den upp på sina axlar och började vandringen hemåt för att kunna lämna hinden levande till konung Eurystheus.

På återvägen höll han dock på att berövas sitt svårförvärvade byte. Gudinnan Artemis själv mötte honom, och hon vredgades mycket, när hon såg att Herakles vågat såra och fånga en av hennes heliga hindar. Herakles bad henne då så ödmjukt om förskoning, att hon fick medlidande med honom. Sedan han offrat åt »markernas höga gudinna», tillät hon honom att bära hinden med sig till Mykene. När konungen från borgmuren sett hinden, släppte Herakles den lös borta i Arkadien.

4. Herakles befriar Arkadien från det erymanthiska vildsvinet

Erymanthos är ett snötäckt fjäll i norra Arkadien. På våren, då snön smälter uppe på högslätterna, störtar sig skummande bäckar nerför sluttningarna genom taggiga snår av järnek och andra buskar. Längre ner slingrar bäckarna sig fram genom skogar av cembratall och lövträd för att till sist i sakta lopp vattna dalarna. Allra högst uppe på fjällkammarna växer just ingenting. Där är marken täckt av en mängd stora glasvassa kalkstensblock, och där är det mycket svårt att ta sig fram.

Nere i Mykene fick konung Eurystheus höra talas om ett ofantligt vildsvin, som dolde sig i högfjällets otillgängliga klyftor. Hur man än sökte mota bort det, kom galten i alla fall ner i dalarna, där den bökade upp fruktträden och förstörde säden på de små åkrarna. Många av de djärvaste jägarna hade råkat illa ut för vildsvinets förskräckliga betar, och alla fruktade det — inte bara för åkrarnas skull utan också för att det uppskrämda vildsvinet var nästan farligare än ett lejon. Konung Eurystheus gav då Herakles befallning att från Argolis bege sig till Arkadien och komma tillbaka med odjuret levande.

Herakles gav sig i väg genom det svårframkomliga landskapet. Han vadade genom de många iskalla bäckarna och floderna och ibland var han nära att ryckas kull av stenar, som rullade nerför med de forsande vattnen. Efter många mödor kom han äntligen så högt upp att han kunde se långt neråt dalarna. Här uppe i den djupa snön, som ännu låg kvar på skuggsidorna, gillrade han en fälla av stora stenblock, mellan vilka han tänkte lura in vildsvinet.

Därefter klättrade han ner för att ta reda på galten, där den som värst härjade i dalarna. Det hade varit lätt för Herakles att döda den med sin klubba eller skjuta ihjäl den med sina pilar, men han hade ju befallning att ta den levande. Han fann vildsvinet och gick oförfärat mot det, men ilsket grymtande gav det sig i väg ur åkern och flydde.

Så började förföljandet upp genom dalgången, och var gång galten försökte gömma sig undan i skogarna, jagade Herakles upp den på nytt och drev den allt högre. Både Herakles och galten tumlade fram genom snödrivorna. Äntligen lyckades han mota in den mellan stenblocken. Där fastnade den och kunde inte komma loss. När den utmattade hjälten vilat, band han ihop vildsvinets fötter och bar det med den största ansträngning hela den långa vägen till Mykene.

Av en händelse befann sig konung Eurystheus utanför Mykenes portar, när Herakles kom vandrande med sin börda. Den förskräckte konungen greps av fasa, då han trodde att Herakles skulle lossa odjurets band och han själv bli söndersargad av vildsvinets vassa betar. Han förlorade all besinning och rusade in i staden och upp till borggården. Där kröp han ner i ett väldigt vinfat av koppar. Herakles kom fram till gömstället och böjde sig ner över konungen med det sparkande och grymtande vildsvinet i famnen. Avvärjande sträckte den förskrämde Eurystheus upp bägge armarna ur fatet och hukade sig ner, så långt han kunde komma. Herakles, som bara ville driva med honom, gick sin väg, slaktade galten och anställde en festlig måltid för att fira sitt så lyckligt avslutade uppdrag.

5. Augeias' stall

I det flodrika Elis regerade den rike men snåle konung Augeias, som kallade sig son till solguden Helios. Han ägde väldiga boskapshjordar, de grannaste kor med snövita fötter och de starkaste purpurröda oxar betade på floden Alpheios' grönskande stränder. Dyrbarast var dock hans tolv helvita tjurar, alla vackra som himmelens stjärnor, och dem hade han helgat åt solguden.

Under den kalla årstiden drevs de otaliga djuren in i väldiga stall och inhägnader. Där hopades så småningom en massa gödsel, och till sist blev det lönlöst att försöka göra rent där. Djuren trampade ner sig i all orenligheten, som torkade till stora skovor, då de släpptes ut på vårbete i solskenet.

För att bli av med Herakles gav konung Eurystheus ho-

71

nom i uppdrag att på en enda dag göra rent i Augeias' stall. Det var långt till Elis, och Eurystheus tänkte dessutom att nu hade han väl äntligen funnit något, som kunde förödmjuka hjälten.

Herakles gav sig åstad, vandrade genom Arkadien och kom lyckligt fram till Elis. Här erbjöd han sig att hjälpa konungen med den mödosamma rengöringen av stall och inhägnader. Som villkor satte han, att han skulle få en tiondel av boskapshjorden till lön — att han fått uppdraget av konung Eurystheus nämnde han ej.

Augeias gick in på Herakles' villkor, ty boskapen for illa, och de snövita tjurarna såg bedrövliga ut. Rengöringen skulle ta lång tid, och den snåle Augeias kunde nog fundera ut något sätt för att slippa betala ut den överenskomna lönen, när den tiden kom.

Herakles gick till sitt arbete utan att ana konungens svek. Med en stor kvast tog han itu med all den packade gödseln, men han insåg ganska snart att det skulle vara omöjligt för honom att bli färdig på en enda dag. Ömsom såg han gråtande mot himlen, ömsom fortsatte han med förtvivlans kraft sitt hopplösa arbete, då han plötsligt kände hur någon rörde vid honom. När han vände sig om, stod den strålögda gudinnan Athena där.

Enligt gudinnans anvisning gjorde han en öppning på var sida om inhägnaden. Därefter dämde han upp två floder, så att vattnet i dem steg högre och högre. När vattnet nått tillräckligt högt, ledde han in det i en ny fåra genom öppningarna i inhägnaden, och det framforsande vattnet spolade fullständigt bort all gödsel där och förde den med sig ut genom den motsatta öppningen och ut över dalen. När inhägnaderna och stallen blivit ordentligt renspolade, ledde

Herakles flodernas vatten tillbaka i deras vanliga strömfåror. Och sedan hade han bara att hämta den överenskomna lönen vid dagens slut, ansåg han.

Den överraskade och häpne Augeias måste medge att arbetet var välgjort, men han försökte på alla sätt slippa från betalningen. Först förklarade han, att Herakles hade gjort arbetet alldeles för lätt för sig. Det där med att dämma upp floderna, det kunde kungen själv ha gjort, bara han kommit på det! Och för en enda dags arbete kunde väl Herakles inte begära att få tiondelen av boskapshjorden? Några oxar och kor kunde vara lagom.

Men Herakles var inte nöjd, och då den snåle Augeias var omedgörlig och inte ville stå vid sitt ord, begärde han skiljedom. Till domare valdes Augeias' egen son, som rättrådigt befallde fadern att betala ut den överenskomna lönen. Augeias blev så förbittrad över domslutet att han lät sitt folk med våld driva ut Herakles ur Elis, och sin son förvisade han ur riket.

Då Herakles med stort besvär fört sin nyförvärvade boskap hem till Argolis och visade konung Eurystheus att han lyckats, erkände kungen det inte som något stordåd, eftersom Herakles fått betalt för sitt arbete.

Romarna kallade konungen i Elis Augias, och vi talar ännu om »Augiasstall», när en byggnad är så smutsig och nersölad att den tycks omöjlig att göra ren. Numera användes Augiasstall mest i överförd mening.

6. *De stymphaliska fåglarna*

I det arkadiska berglandet finns många otillgängliga och svårodlade små dalar, och i en sådan dal, nära gränsen till

73

Argolis, ligger sjön Stymphalos. Förr hände det ofta att sjön svämmade över vid häftiga regn och förvandlade hela dalen till ett gyttjigt kärr. Sagan förtäljer att Herakles, sedan han blivit fri från tjänsten hos konung Eurystheus, borrade en kanal tvärs genom berget, så att kärrvattnet kunde rinna bort och dalen odlas.

Runt omkring i skogarna på bergsluttningarna vallade herdarna sina hjordar. Deras arbete var förenat med den allra största risk, ty i de täta ekskogarna höll en flock förfärliga, människoätande fåglar till. De var en skräck för både herdarna och boskapen. Inne mellan träden kunde de något så när freda sig för dem, men vågade herdarna driva ner sina djur till det saftiga betet vid sjön, var fåglarna genast över dem. Med sina näbbar och klor av koppar slet de stora stycken ur sina offer. Även deras vingar var delvis av metall, och när de skakade på fjäderskruden, ramlade vassa vingpennor med oerhörd hastighet till marken och på så sätt kunde de även fälla sitt byte. När de slitit sönder sina offer, flög de åter till sina gömställen i skogarnas dunkel.

Herakles fick i uppdrag att döda eller jaga bort rovfåglarna, och åtog sig detta med stor tillfredsställelse, därför att han gärna ville hjälpa herdarna ur deras svårigheter. Gudinnan Athena, som Zeus sänt till hans hjälp i det farliga företaget, övergav honom ej.

Herakles kunde inte komma åt fåglarna på annat sätt än med pilbågen, men inne under lövvalven i skogarna kunde han inte få möjlighet att sikta ordentligt. Trots att hans pilar alltid träffade sitt mål, tycktes han den här gången ha liten glädje av sin skicklighet. Gudinnan Athena skänkte honom då en kopparskramla, med vilken han ställde till ett

74

så öronbedövande buller, att fåglarna skrämdes ut från sina gömslen. När de så i vida ringar sökte sig upp mot bergstopparna, träffades de under flykten av Herakles' mördande pilar. Många föll döda till marken, men alla kom han inte åt att skjuta ner. Sagan berättar att många av de uppskrämda fåglarna till försvar skakade av sig hela sin kopparskrud och under hesa skrän flög alla mot norr till Svarta havets stränder.

75

Sydost om Grekland långt ute i Medelhavet ligger den stora ön Kreta med sina snöhöljda fjällkammar. Ön var under forntiden rik och mäktig, »fagert och frodigt, med böljesång runtom, otaliga skaror av människor bo där, och städernas tal kan räknas till hundra» (Odyssén). Århundraden förgick innan Grekland blev så mäktigt att det kunde mäta sig med Kreta. När den svage Eurystheus var konung i Mykene, härskade Minos över Kreta. Han härstammade från Zeus och styrde de många olika folkslagen i sitt rike med rättvisa och klokhet. Väldiga boskapshjordar betade på bergsluttningarnas ängar, åkrar och vingårdar gav rika skördar. Kungens flottor seglade över haven och förde hem rikedomar, och stormar drev ofta in vrakgods mot stränderna.

Det hände under denna tid att Nordanvinden, som länge hållits bunden, slapp lös. Den störtade sig ner från bergspassen, for tjutande över Egeiska havets öar ner mot Kreta och välte bränningarna skyhögt. De sjöfarande slungades kring i sina bräckliga båtar, och på flera dygn såg man varken sol eller stjärnor. Många drunknade i de vreda vågorna, och skeppslasterna vräktes hit och dit i det grönskummande vattnet. Konung Minos lovade då högtidligt att det första som flöt i land skulle han offra åt Poseidon. Havet stillnade så småningom, sedan Nordanvinden åter fängslats av Aiolos, vindarnas gud.

I gryningen kom en snövit tjur simmande på vågorna och tog sig utmattad i land på en strandäng. Alla beundrade det uthålliga, kraftiga djuret, och konungen nändes inte offra det utan släppte det på bete bland sina hjordar. I den stora offerprocessionen leddes en av konungens egna tjurar, men den kunde inte jämföras med den havet skänkt honom.

Häröver vredgades den bistre Poseidon och straffade löftesbrottet med att ge tjuren en vild och förstörande styrka. Ingen vågade sig till sist ut i markerna, tjuren sparkade upp heliga träd och trampade sönder pelare och altaren. Inom kort hade han anställt den förfärligaste förödelse på Kreta. Ingen kunde nå honom med pilar eller kastspjut, så snabb var han, och så väl dolde han sig bland bergens klyftor.

Konung Eurystheus, som av sjömän fick höra talas om den vackra, snövita tjuren, befallde Herakles att hämta den levande åt honom. Det var ett svårt företag att som främling fara till det mäktiga Kreta, men konung Minos själv visade honom var han troligen skulle finna tjuren. Herakles lyckades verkligen få tag på den, och med outtröttligt tålamod och skicklighet förde han den ner mot havet. Då var den så spak att den villigt lydde Herakles och förde honom på sin rygg till Argolis.

8. Diomedes' hästar

Allt längre bort skickades Herakles för att utföra de storverk, som konung Eurystheus befallde honom att göra. Efter att ha hemfört Poseidons snövita tjur från Kreta, blev han skickad norrut till Thrakien för att infånga kung Diomedes' fyra vilda hästar.

Thrakien var ett ogästvänligt land nära Svarta havets okända stränder. Om vintrarna snöade det till och med nere i dalarna, dimmor och stormar hemsökte landet, och farvattnen vid kusterna var fruktade av alla sjöfarande. I landet bodde ett vilt och grymt folk, och värst var deras konung, Diomedes, som var son till krigsguden Ares.

77

Ofta strandade fartyg vid Thrakiens stränder, men i stället för att hjälpa de stackars skeppsbrutna plundrade barbarerna fartygen, och obarmhärtigast av alla var den girige konungen. Sällan kom någon levande därifrån för att berätta om illgärningarna, ty så fort ett fartyg strandat, släppte konungen sina fyra vilda hästar lösa. Dessa störtade uthungrade ner till stranden, där de först sparkade och trampade på de försvarslösa sjömännen och sedan åt upp dem.

I en bräcklig båt färdades Herakles från Argolis över det djupa Egeiska havet, där stormar kom bränningarna att slå högt upp mot de hundratals branta klippöarna. Ensam vågade han inte försöket utan tog med sig sin tappre och trofaste vän Abderos, som var son till guden Hermes, och båda anförtrodde sig i gudens vård, liksom alla sjöfarande brukade göra.

När de efter tusen farligheter äntligen landade i Thrakien, var de så medtagna att de blev övermannade och fängslade. Eftersom konung Diomedes hade hört talas om Herakles' bragder, skonade han till en början deras liv.

Herakles fann sig inte länge i fångenskapen. Då han vilat sig och sovit ut, slet han sönder kopparlänkarna, som han var fängslad med, befriade sin vän, och när de båda brutit sig ut ur fängelsevalvet dödade de sina vakter. Därefter smög de sig i mörkret bort till beteshagen. Herakles betslade Diomedes' hästar, och sådan säker hand hade han med dem att de utan missöden kom ner till stranden.

Just som de skulle leda hästarna ombord, kom Diomedes rusande i spetsen för sina krigare, och en vild strid började. Konungen stupade för Herakles' klubba, men Abderos, som under tiden tagit hand om hästarna, låg sondertrampad, när allt var över. Herakles räddade under tårar vännens lik, medan de vilda hästarna i stället kastade sig över konungens andra hästar och försvann i en djup dalgång. Barbarerna hade flytt, när deras konung stupade, och Herakles kunde ostörd kasta upp en gravkulle över Abderos, varefter han med tungt hjärta begav sig i väg för att leta reda på de fyra vilda hästarna.

När han äntligen fann dem, »vita till färgen som snö och snabba som vinden», lydde de honom och han kom utan större äventyr hem till Argolis med dem. Konung Eurystheus vågade emellertid inte behålla dem utan lät dem löpa. De försvann i susande fart och stannade först i Arkadiens otillgängliga skogar. Där blev de slutligen dödade. Zeus sände nämligen sina vargar, och i kampen mot dessa dukade hästarna under.

Vid Abderos' gravkulle byggdes senare staden Abdera till minne av Herakles' vän och vapenbroder. — Invånarna beskylldes — troligen orättvist — för att göra allting bakvänt och blev därför en visa över hela landet. När någon är riktigt dum och oefterrättlig, säger man än i dag att han är »abderitisk».

9. *Hippolytes gördel*

Konung Eurystheus hade en dotter, och henne nekade han inte gärna något. Hon fick en gång stor lust att äga amazondrottningen Hippolytes gördel, som var av idel dyrbart arbetat guld och skänkte mod och kraft åt sin bärarinna. Gördeln var en gåva av krigsguden Ares, som satte det högsta värde på de stridbara amazonerna, därför att de värnade sitt land mot fiender lika bra som de tappraste kämpar.

79

Amazonerna styrde och ställde ensamma i sitt land vid Svarta havets södra strand, och de tålde inte att någon man blandade sig i deras rådslag. Männen fick nöja sig med sysslor, som i alla andra länder kommer på kvinnornas lott att sköta.

Till detta kvinnorike fick Herakles befallning att resa, för att åt den mykenska prinsessan hämta den dyrbara gördeln. Han hade i Thrakien fått höra, hur ogästvänliga Svarta havets stränder var, och därför tog han med sig några av Greklands förnämsta hjältar. Mest satte han värde på den sköne och tappre konung Theseus från Athen.

De kom lyckligt över Egeiska havets svåra farvatten, seglade in i Hellesponten och nådde efter en lång färd välbehållna amazonernas förnämsta stad. Ner mot stränderna kom amazonerna ridande beredda att hindra landstigningen. De höll bågarna färdiga för att skicka ett regn av pilar mot Herakles och hans män.

När skeppen var tillräckligt nära, sträckte grekerna fram sina händer till fredlig hälsning, och amazonerna tyckte sig aldrig ha sett skönare män med en stoltare och friare hållning. Herakles och hans kamrater fick ostörda stiga i land. Då Herakles inför drottning Hippolyte redogjort för sitt uppdrag, var hon genast villig att för hjältarnas skull avstå den gyllene gördeln och bjöd honom och hans vapenbröder till en festmåltid i sitt palats.

Himladrottningen Hera blickade i samma stund ner från sina salar i det höga Olympos och harmades över att Herakles så lättvindigt skulle komma ifrån sitt farofyllda äventyr. Hon förklädde sig hastigt till amazon och smög sig in i kvinnoskaran utanför palatset. Hon frågade försiktigt om någon av dem kände till främlingarna förut, och därefter undrade hon, om gästerna verkligen var så välsinnade, som de ville ge sig sken av att vara.

Amazonerna blev oroliga, och den ena efter den andra tyckte det var besynnerligt att främlingarna trotsat så många faror bara för att hämta gördeln. Hur de talade och undrade blev de ganska snart övertygade om att Herakles tagit med sig så många män endast för att röva bort deras drottning. Det dröjde inte länge förrän de i största upphetsning grep sina vapen och rusade in i palatset.

Det blev en våldsam strid. Herakles hade så när slagits omkull av en vildsint amazon, och det var med yttersta möda han och hans kamrater klarade sig från de uppretade kvinnorna. Då hade många av dessa stupat och andra flytt. Under tårar betraktade Hippolyte sina döda systrar och lät med sorg i hjärtat gravlägga dem.

Hon ville inte längre stanna i landet utan följde Theseus till Athen, där hon blev hans drottning. Herakles fortsatte med de övriga hjältarna till Argolis, där prinsessan fick den underbara gördeln av sin fader, som måste medge, att Herakles lyckats med sitt företag.

10. Geryones och solgudens hjordar

I väster där solen går ned i oceanen låg ön Erytheia. Där härskade den fruktansvärde jätten Geryones. Han hade inte mindre än tre huvuden, sex armar och sex ben. På ön betade solguden Helios' präktiga kor och bredpannade, kraftiga oxar. De vaktades av en herde, som till hjälp hade en hund med två huvuden. När den hunden skällde, mullrade det genom dalarna.

Konung Eurystheus hörde med avund talet om solgudens oxar och befallde Herakles att hämta dem åt honom. Denna gång begav sig hjälten i väg ensam, beväpnad med sin båge och sin klubba. Han vandrade genom brännande öknar utefter Medelhavets södra strand och stod till sist vid världshavet. Här gick den kända världens yttersta gräns; bortom den oändliga oceanen fanns öar och land som ännu ingen sett.

Herakles vände blicken mot norr, där det bakom ett smalt sund skymtade ett bergigt land. Som ett vägmärke satte han på båda sidor om sundet ett par stora klippor, som under forntiden kallades Herakles' stoder.

Erytheia låg för långt borta för att han skulle kunna se ön, och han blickade villrådig ut över det väldiga havet, då han inte hade någon farkost, som kunde föra honom vidare. Han stod på stranden sorgsen och missmodig och såg hur solgudens vagn, dragen av fyra snabba hästar, sakta närmade sig vattenranden. Om några ögonblick skulle solvagnen försvinna, och Helios färdas under oceanen till morgonrodnadens land i öster. I sista stund siktade Herakles då på solguden, och Helios blev så skrämd att han lånade honom sitt gyllene skepp. Herakles steg i det och stötte ut från land.

Solens skepp fördes av vågorna längre och längre bort, och i gryningen steg Herakles äntligen i land på Erytheia. Han gick oförskräckt uppför ett högt berg och såg därifrån en grönskande dal, där boskapen vadade i gräs och släckte sin törst i floderna. Utan tvekan gick han nerför sluttningen. Den tvehövdade hunden gav då till ett skall, som kom bergen att darra. Herden kom rusande, men både hund och herde föll för Herakles' väldiga klubba. Därefter samlade han ihop boskapen och drev den framför sig ner till stranden.

Av oväsendet vaknade den förfärlige Geryones. Jätten kom störtande ut ur sin grotta, svängde hotande sina sex starka armar, och hans sex ögon rullade vilt. Herakles miste inte heller nu besinningen. Han tog ur sitt koger fram en välvässad pil, siktade noga, och träffad föll jätten med brak till marken. Utan vidare faror motade Herakles ner boskapen till stranden, och färden gick lyckligt över havet till kända trakter.

På återvägen gick han norr om Medelhavet, och länge hade han intet annat att göra än hålla ihop hjorden. Men när han kom upp ibland höga berg, mötte han en massa vildar som angrep honom. Han kämpade förtvivlat för att rädda sitt byte och höll på att duka under, då Zeus räddade honom genom att låta ett stenregn krossa motståndarna.

Efter många mödor kom han äntligen ner i ett soligt, vänligt land. Där odlades jorden, där bodde människorna fredligt sida vid sida, men även här lurade faror. Ännu fanns där elaka jättar, som hade sin lust i att plåga folk och sprida skräck runt omkring sig.

Där Rom nu ligger fanns vid denna tid bara sju kullar på stranden av floden Tibern. På en av kullarna, Palatinen, hade en av de värsta jättarna sitt tillhåll. Jätten Cacus hörde i sin mörka grotta pinglet från solgudens hjordar, då Herakles drev dem förbi, och han fick en häftig längtan att äga några av oxarna. Han smög sig efter och passade på, när Herakles lagt sig till vila. Osedd lyckades han få med sig ett par granna oxar och gömde dem innerst i sin grotta. För säkerhets skull var han så listig att han drog djuren vid svansen baklänges in i grottan.

När den förgrymmade Herakles tagit reda på jättens gömställe för att ta igen de stulna oxarna, kunde Cacus visa att inga spår ledde inåt grottan. Han hade visst inte stulit några oxar, och han försäkrade det så ivrigt att Herakles nästan trodde honom.

Jätten kände sig redan säker för upptäckt, då Herakles missmodig vandrade i väg med hjorden förbi Palatinen. Boskapen råmade, och plötsligt hördes inifrån grottan hur Helios' oxar längtansfullt bölade till svar. Då dröjde inte Herakles. Han släpade fram Cacus, dödade honom med sin klubba och letade i grottans mörker reda på oxarna.

Överallt där han gick fram blev människorna glada, ty han befriade dem från de jättar och vidunder, som ännu gjorde dessa sköna trakter osäkra. Utan vidare äventyr kom Herakles äntligen till Mykene med solgudens oxar, som offrades åt Hera.

11. *Hesperidernas gyllene äpplen*

Guden Apollon, som ålagt Herakles att i tolv år tjäna konung Eurystheus, hade blidkats, då hjälten tåligt fullgjorde de svåraste uppdrag. Straffdomens år var förbi, och Herakles skulle nu ha varit fri, om den svage och girige konung Eurystheus stått vid sitt ord. Han underkände emellertid ett par av Herakles' svåraste storverk, och fordrade att han också skulle skaffa honom hesperidernas gyllene äpplen, som skänker evig ungdom.

När Zeus och himladrottningen Hera firade sitt bröllop på Gargaros, och »under dem heliga jorden sköt upp nyspirande örter, lothos med daggiga blad, hyacinter och prunkande saffran» (Iliaden), skänkte gudar och gudinnor dem dyrbara gåvor. Av Gaia, jordens gudinna, fick Hera ett träd med gyllene frukter. Det växte långt borta i ett avlägset land och vaktades av de fyra hesperiderna, döttrar till jätten Atlas. Dessutom låg vid ingången till trädgården en drake, som aldrig sov.

Var det landet fanns, visste ingen i Argolis, och Herakles måste själv ta reda på det. Han tog vägen åt norr, vandrade över väldiga högslätter och nådde det vilda Kaukasus. Där låg sedan urminnes tider Prometheus fängslad, till straff för att han trotsat Zeus och givit människorna elden. Herakles dödade nu den örn som varje dag hackade Prometheus' lever. Därefter bröt han sönder kopparkedjorna, som guden Hephaistos en gång smitt på Zeus' befallning. Prometheus var fri och återvände till Olympens salar som en gud bland de andra gudarna.

Herakles fortsatte sitt sökande och vandrade genom underbart blommande dalar och över höga, snöiga fjäll. Nere vid havets stränder fann han de härligaste trädgårdar, men ingenstädes växte något träd med gyllene frukter. Då rådde havsnymferna, nereiderna, honom att kalla på deras spådomskunnige fader Nereus och fråga honom om vägen till den välbevakade trädgården. Herakles gjorde så, och efter en stund kom havsguden ridande på en svallvåg in mot stranden. Herakles sträckte sig fram och grep hastigt tag i honom för att få veta hemligheten med trädgården, men då förvandlade Nereus sig undan för undan först till en väsande orm, så till en sparkande häst och sist till en hisklig fisk. Herakles släppte inte sitt tag om honom. Nereus blev då åter den vördnadsvärde, gode gubben i havet och visade nu, sedan han prövat hjältens styrka, åt vilket håll trädgården fanns.

Herakles fick också hjälp att komma över havet och vandrade sedan mot väster och solnedgången. Han gick genom öknar, törst och trötthet plågade honom, men han fortsatte tålmodigt.

Poseidon, havets härskare, och jordens gudinna Gaia hade en son, jätten Antaios, som utmanade alla han såg till tvekamp. Herakles mötte honom i Libyens öknar och jätten var genast färdig att slåss. Herakles antog utmaningen och gick till angrepp. Det blev väldiga krafttag och han lyckades flera gånger kasta jätten till marken, men för var gång reste sig Antaios igen lika stark och ivrig att fortsätta.

Till sist förstod Herakles att Antaios fick nya krafter var gång han rörde vid moder jorden. Nästa gång jätten reste sig, tog Herakles honom om livet, lyfte honom högt upp och kvävde honom.

Nära oceanens strand träffade Herakles titanen Atlas, som bär himlavalvet på sina skuldror. Atlas hade fått detta till straff för att han kämpat mot Zeus, och Herakles fann honom dignande under sin väldiga börda. Titanen erbjöd sig att hämta hesperidernas äpplen, om Herakles under tiden tog hans plats. Så blev då himlavalvet flyttat över på hjältens axlar, och Atlas gick för att hämta äpplena.

Vid trädgårdens ingång låg draken, men Atlas sövde odjuret med besvärjelser och dödade det sedan. Han kunde därefter utan hinder gå in i trädgården och plocka med sig de gyllene äpplena.

På återvägen gick han allt långsammare, och när han fick syn på Herakles, hade han bestämt sig för att själv lämna fram äpplena och för alltid slippa undan sitt straff. Herakles kunde inte låta himlavalvet falla, och inte kunde han tvinga Atlas, så länge han bar på bördan. Herakles låtsade då att han måste skaffa sig en bärkudde, för att han skulle kunna härda ut — bördan skavde hårt på hans axlar och

86

han bad Atlas att för ett ögonblick överta bördan. Denne lät bedraga sig, Herakles blev fri och vandrade därifrån med äpplena.

När konung Eurystheus fick de gyllene äpplena, som förlänar evig ungdom, i sin hand, övervägde han länge, om han skulle ta emot de ödesdigra frukterna. Till sist segrade klokheten, och han skänkte dem åt Herakles, som offrade dem till gudinnan Athena. Hon skickade dem åter till hesperidernas trädgård, det enda ställe där den eviga ungdomens äpplen kan förvaras.

12. Kerberos

I underjorden härskade Zeus' broder, den dystre Hades. Hans ansikte lystes aldrig upp av ett leende. Underjorden var rik på strömmar och floder. Där rann klagoströmmen, där vindlade Acheron, jämmerfloden, med sitt gråa vatten, och skuggad av mörka cypresser vällde Lethes källa fram, ur vilken alla, som måste leva där likt skuggor, drack glömska av sitt jordeliv.

Hades' drottning, Persephone, var dotter till gudinnan Demeter, som gav lantmannen säd på hans åkrar. Då den unga Persephone ännu bodde hos sin moder, gick hon en afton för att leta efter blommor på ängen. Hon försökte också plocka den skärvita dödsliljan, men hon kunde inte bryta av den, hela växten följde med, och det blev ett djupt hål i marken efter den. Hålet blev allt större, och plötsligt rusade ur underjorden fyra nattsvarta hästar med en vagn efter sig. I vagnen satt den mörke Hades, han räckte ut handen och drog den skräckslagna flickan upp till sig, vagnen försvann, och marken slöt sig efter dem.

Medan Demeter klagande sökte sin dotter förändrades allt i naturen. Säden mognade till skörd och bärgades, men åkrarna stod sedan tomma, blommorna slokade på sina stjälkar, träden tynade bort, fåglarna sjöng inte mer, och uppe i bergen snöade det. Människornas klagan steg mot himlen. Den förtvivlade Demeter fick till sist av solguden Helios, som ser allt, veta var hennes dotter fanns.

Sorgsen satt Persephone vid sidan av den dystre Hades, och ville inte äta någonting. Hades band henne då vid sig genom att tvinga henne att smaka på kärnan av ett granatäpple. Hon skulle varit tvungen att för alltid stanna hos honom, om inte Zeus förbarmat sig över henne och lyssnat till Demeters och människornas böner om hjälp. Han befallde Hades att låta Persephone återvända till dagsljuset under åtta månvarv — bara fyra skulle hon härska med honom i skuggornas rike.

Demeter slöt med glädje sin dotter i sin famn, allt i naturen redde sig att ta emot dem, och när de åter stod på fälten, svepte Sunnanvinden genom dalarna. Människorna hoppades åter, sädeskornen spirade, och livgivande regn föll från himlen. Efter några månvarv stod säden på åkrarna tyngd av ax. Oliver och druvor mognade, och man firade skördefester och tackade för Demeters rika gåvor. Kort därefter var tiden kommen för Persephone att återvända till underjorden, till de klagande skuggornas rike.

Det var till underjordens förskräckande djup, som Eurystheus befallde Herakles att gå för att hämta upp Kerberos, »Hades glupske och glupande hund med stämma som koppar» (Hesiodos). Detta var det svåraste uppdraget som Herakles fick. Innan han anträdde färden till underjorden, begav han sig till Eleusis i Attika, där Demeter främst

88

dyrkades. Särskilt högtidliga var de stora mysteriespelen för de invigda. Efter det att Herakles försakat föda och renat sig, deltog han i den stora processionen från Athen. Under den långa vandringen till gudinnans tempel sjöng deltagarna heliga, uråldriga sånger och roade sig med muntra upptåg. Vid fackelsken kom vandrarna nattetid fram till helgedomen och fick skåda de heliga tingen efter att på nytt ha renats. Var och en bar fram sina önskningar till Demeter och Persephone, markernas och underjordens milda härskarinnor. I deras närhet bad Herakles om kraft att utan fruktan möta döden.

Zeus sände nu gudarnas budbärare, själaföraren Hermes till Herakles' hjälp. Hermes visade honom med sin gyllene stav vägen ner till underjorden. Vid havets yttersta rand fanns en djup grotta, som ledde ner till de dödas rike. Hermes tog honom i hand, och Herakles steg utan rädsla ner i de dunkla djupen. Dimgestalter, tysta som skuggor, svävade under nerfärden förbi dem. En större klyfta öppnade sig, och i halvskymningen fick Herakles se Theseus och en annan av sina vänner. Utan tvekan grep han den orörliga skuggestalten och förde Theseus åter till de levandes värld. Då han kom tillbaka för att rädda även den andre stridskamraten, darrade marken, det dånade fruktansvärt ur mörkret, och skuggan försvann ur hans livtag.

Färjemannen Charon,

»han som ur prasslande säven far med det mörknade skeppet
hän emot Hades' natt fraktande skuggornas folk»
(Vilhelm Ekelund: Grekisk bukett)

förde guden och hjälten över floden Styx' svarta vatten, och Herakles nalkades med bävan dödsrikets port. Där skällde

89

hunden Kerberos med trekäftat dån, och likt skarpa åsk-
knallar rullade ekot från klyfta till klyfta genom de öde
rummen. Kring hundens käftar stod en giftig fradga, hans
ögon rullade vilt, och i stället för svans ringlade sig en drake
utefter hans sidor. Herakles blev inte rädd utan grep odju-
ret om halsen och klämde till så länge, att han blev herre
över det. Drakens tänder bet sig in i hans sida, men han
släppte inte taget. Han drog Kerberos med sig på den far-
liga vägen i mörkret och fick upp honom i dagsljuset.

Eurystheus blev likblek, då Herakles äntligen nådde My-
kene och visade honom den förfärliga hunden. Darrande be-
fallde han hjälten att genast bära vidundret tillbaka dit
varifrån det kommit.

Vid den synen ångrade Eurystheus nästan att han av-
stått från att behålla ett enda av hesperidernas gyllene
äpplen. Han kunde genom att ha smakat på ett av dem
fått evig ungdom och undgått det förskräckande dödsriket.
Men när han besinnade att han då i oändliga tider oupp-
hörligen skulle komma att ängslas över att mista sin kunga-
härlighet och sin makt fogade han sig suckande i alla död-
ligas lott.

HERAKLES SÄLJES SOM SLAV

Genom att till sist ha hämtat hesperidernas gyllene äpplen
och fört med sig ur underjorden den fruktansvärda hunden
Kerberos hade Herakles fullgjort sin botgöring och blivit
fri från tjänsten hos konung Eurystheus. Han återvände till
Thebe, och hans välsignelsebringande bragder till män-
niskornas hjälp var så många att man i nästan varje grekisk

stad hade något att berätta om dem. Men liksom elden, som kan vara till både nytta och fördärv, så bar Herakles inom sig »den hårda kraften, som för till bragder — eller till fördärv» (Fröding). Efter ett våldsdåd ådrog han sig ännu en gång gudarnas vrede och sökte befrielse från sin skuld i Delphis heliga tempel.

Apollon fordrade, att var och en som nalkades Delphis helgedom skulle ha ett rent och uppriktigt hjärta. Herakles kom försjunken i mörka tankar, och Apollon vägrade att lyssna till hans böner. Hjälten blev ursinnig, förgrep sig mot helgedomen och började brottas med Apollon, och de slutade inte förrän Zeus slungade sin blixt och skilde sina båda söner åt.

Zeus befallde att Herakles som straff skulle vara slav under tre år, och gudarnas budbärare Hermes fick i uppdrag att sälja honom. På andra sidan Egeiska havet låg det mäktiga Lydien med sina fruktbara dalar och guldrika berg. Hermes, som också var köpenskapens gud, sålde där Herakles till lydiernas sköna drottning Omphale. Hjälten gjorde henne stora tjänster genom att besegra landets fiender och freda de lydiska köpmännen för sjörövare, vilka förut härjat och bränt på kusterna och fört bort skepp.

När Herakles underkuvat landets fiender, och återvände till den praktfulla huvudstaden Sardes, ställde drottning Omphale till med de överdådigaste festligheter. Musikanter spelade, och utklädda, yra och glada människor dansade. Drottning Omphale roade sig med att klä Herakles i kvinnokläder och linda guldkedjor om halsen på honom. Kring hans starka armar satte hon dyrbara, konstrikt arbetade armband, och på fingrarna trädde hon guldringar. Så utstyrd fick hjälten sitta och hålla garnhärvan åt Omphale, som hade klätt på sig hans lejonhud. Hon försökte också lära honom spinna ull på en slända och göra andra kvinnliga sysslor. — När de tre slavåren emellertid var till ända, fick han sin frihet tillbaka och lämnade det rika Lydien för att småningom återvända till Thebe.

HERAKLES ÅTERFÖR ALKESTIS TILL LIVET

Apollon hade en gång haft djärvheten att med sina sjukdomspilar döda de cykloper, som smidde Zeus' blixtar. Den vredgade Zeus dömde då Apollon att under ett år tjäna en människa. Guden valde att gå i tjänst hos den fromme konung Admetos i det flodrika och bördiga Thessalien.

»Här på kullarnas sluttning gick
den vallande gud och kvad herdars
kärleksvisor på pipan.
Lodjur, milt till toner lyssnande, gingo i flock med fåren,
och brandgula lejonens tjusta skaror stego
ned från Othrys' klyftor.
På lätta klövar dansade fram
vid ditt spel, o Phoibos,
unga hjortar med fläckig hud
ur skogarnas sal den högt välvda,
mäktigt dragna av sången.»

(Euripides: Alkestis)

Konungens boskapshjordar trivdes och frodades under gudens beskydd, och när Admetos såg detta bad han guden om hjälp att vinna den unga och sköna prinsessan Alkestis till gemål. Hennes fader hade lovat henne åt den friare som kom i en vagn dragen av lejon och vildsvin, och det hade ingen hittills kunnat göra. Apollon spände då två lejon och två vildsvin för Admetos' praktfulla vagn, och denne kunde hemföra Alkestis som sin brud.

När Apollons strafftid var slut, anropade han de tre ödesgudinnorna, som bestämmer över människornas livslängd och levnadsöden, och bad dem att hans skyddsling Admetos skulle befrias från döden, om en annan frivilligt valde den i hans ställe. Apollon återvände därefter till Olympen.

Kort därefter sjuknade Admetos livsfarligt, men ingen ville offra sig för honom. Inte ens hans åldrige fader eller hans grånade moder kunde bevekas att lämna livet i förtid. Då skar hans maka, den unga Alkestis, en lock av sitt hår och invigde sig därmed till döden. Dödsrikets drottning, den tysta Persephone, tog emot Alkestis, och Admetos blev frisk. Alla sörjde bittert Alkestis, och Admetos lovade att aldrig taga sig någon annan drottning.

Admetos och Herakles var emellertid gamla gästvänner, och efter slavtidens slut hos drottning Omphale i Lydien begav Herakles sig till Thessalien. I kungaborgen ställdes det till med ett överdådigt gästabud, och Herakles, som var trött, hungrig och törstig efter sin långa vandring, åt och drack av all den goda välfägnaden. Under tiden satt Admetos tyst och dyster, och till sist berättade en tjänare att konungen aldrig haft en glad stund, sedan hans älskade Alkestis offrat sig själv för att han skulle få leva.

Herakles kunde inte stå ut med att se sin gästvän så sorgsen eller uthärda tanken på att den unga och sköna Alkestis för alltid skulle vara i dödens våld. Han gick till drottningens grav och lade där ner ett rikt offer åt Döden, Thanatos, sömnens och drömmarnas broder. När Thanatos i nattmörkret steg upp ur gravvalvet, grep Herakles honom och efter en fruktansvärd kamp besegrade han Döden. Thanatos vände sin fackla uppåt till tecken att han återgav Alkestis livet, och hon skred vid facklans sken sakta ur graven. Herakles tog henne vid handen och förde henne varsamt till kungaborgen, där saknaden och smärtan byttes i stor glädje.

DEIANEIRA OCH NESSOS

På gränsen till Aitolien rinner Acheloos, Greklands vattenrikaste flod, som i virvlande forsar kastar sig utför höga fjäll, innan den kommer ner till havet. Flodguden Acheloos försökte förgäves vinna den sköna prinsessan Deianeira, konung Oineus' dotter, till sin maka. Han skrämde henne genom att komma till borgen i olika gestalter, och hennes gamle fader vågade inte visa bort honom, ty den farlige flodguden hade makt att fördärva hans rike genom svåra översvämningar. Prinsessan var så gott som värnlös. Hennes broder, den ljuse och tappre Meleagros hade dött, och hennes moder drottning Althaia hade dödat sig själv, då hon varit den yttersta orsaken till sonens död. (Se s. 58.)

Då Herakles besökte underjorden för att hämta Kerberos, träffade han Meleagros. Denne bad honom rädda Deianeira och föra bort henne från den efterhängsne och farlige friaren, och åt ingen ville han hellre lämna henne än åt Herakles.

Herakles begav sig då över bergen ner till Aitolien för att kämpa med Acheloos. Som alla vattengudomligheter kunde denne konsten att förvandla sig. Herakles kämpade med honom och kastade honom under striden till marken. Acheloos förvandlade sig då till en bölande tjur och störtade i raseri mot hjälten. Ögonblicket därefter var han en

94

ringlande orm, och väsande försökte den slå sina ringlar kring Herakles, som var nära att strypa honom, när Acheloos återtog sin tjurgestalt och fnysande av ilska gick till anfall. Men den gången hann Herakles fatta tjuren vid hornen, och hur än besten bände för att komma loss, höll Herakles så säkert fast att han bröt av ena hornet.

Acheloos var besegrad och försvann med ett mullrande i det forsande djupet, och Herakles fick prinsessan till sin maka. De stannade länge kvar hos den gamle kungen, men till sist beslöt de att återvända till Herakles' borg vid berget Oite. Under färden kom de till en strid flod, där kentauren Nessos hjälpte vägfarande över. Deianeira fick sätta sig upp på kentaurens rygg, och Herakles vadade före genom floden.

Då han kom upp på stranden, fick han se hur Nessos vände och tänkte föra bort hans gemål. Herakles tog då ur sitt koger en av de förgiftade pilar, som han en gång doppat i hydrans blod. Pilen träffade kentauren i ryggen, och blodet vällde fram ur såret.

Nessos förstod att han skulle dö och tänkte nu blott på att hämnas. Han viskade till Deianeira att hon skulle ta vara på hans blod och förvara det väl. Om hon blev rädd att mista sin makes kärlek, skulle hon bara doppa hans klädnad i blodet, och han skulle aldrig mer älska någon annan än henne.

När de kommit upp på stranden, var kentaurens krafter slut, och han föll död ner. Deianeira skyndade sig att göra som han sagt, innan Herakles hann fram. Utan att han märkte något, lyckades hon samla upp blodet i en koppardosa, och gömde den väl för Herakles, som inte anade något om Nessos' olycksbringande råd.

Efter några år drog Herakles med en krigshär ut på ett
hämndetåg. Han stormade fiendens kungaborg och tog
många fångar. Bland dem var kungadottern Iole. Hennes
fader och bröder hade stupat, och hennes lott blev att värn-
lös tjäna som slavinna. Herakles skickade hem sitt byte i
förväg, men då Deianeira fick se den sköna prinsessan, miss-
tänkte hon, att slavinnan kanske redan tagit hennes makes
kärlek från henne.

Ju mer Deianeira betraktade Iole, desto häftigare tärdes
hon av ångest, och den följdes snabbt av tanken på vad
kentauren Nessos sagt henne. Hennes tärnor hämtade åt
henne Herakles' mantel, som hon själv förfärdigat med de-
ras hjälp. Den konstrikt vävda manteln beströk hon på in-
sidan med Nessos' blod, viss om att genom detta för alltid
få behålla Herakles. Därpå skickade hon manteln som en
välkomstgåva med budbäraren och befallde honom att
skyndsamt återvända till sin herre.

När Herakles tog emot detta bevis på sin drottnings kär-
lek och trohet, klädde han sig i den farliga manteln för att
med sina kämpar fira segern. Men knappt var de bänkade
kring gästabudsborden, förrän Herakles genomilades av en
brännande smärta. Manteln klibbade fast vid hans kropp,
och i olidliga kval grep han den oskyldige budbäraren och
slungade honom nerför en brant klippa, där han krossades.

Förgäves försökte Herakles befria sig från den ödesdigra
dräkten, och för sent förstod han vilken förfärlig hämnd
Nessos hade tagit i sina sista stunder. Deianeiras och He-
rakles' unge son, som var vittne till faderns ohyggliga plå-
gor, skyndade hem till sin moder och berättade vad som

hänt. Deianeira hade utan att veta det verkställt Nessos'
hämnd och i sin besinningslösa sorg dödade hon sig genom
att stöta en dolk i bröstet.

När Herakles inte fann någon lindring i sina plågor, bad
han sina stridskamrater att bli förd till berget Oite, där han
ville möta döden. Hans vänner bar honom gråtande under
den långa vandringen. Oites högsta topp reser sig himmels-
högt över slätten, och uppe på krönet staplade kämparna
ett väldigt bål av sönderkluvna ekar och doftande lagerträ,
som de släpat med sig.

Gudasonens livsverk var fullbordat, och en av hans tapp-
raste stridskamrater tände gravbålet. Hans kropp lyftes upp
på bålet, och medan elden flammade, och veden falnade till

aska, ledsagade Hermes hjälten till det strålande Olympos, där han blev gudarnas like.

*

Herakles, »hjälten av djärvaste mod och med lejonets hjärta», dyrkades över hela Grekland och särskilt i Sparta som en halvgud, en heros, och därifrån ha vi ännu uttrycket heroisk om den som är modig och inte ger upp inför svårigheter.

Sagorna kring Thebe

KADMOS GRUNDAR THEBE

Långt borta i Fenikien vid Medelhavets östra kust levde för länge sedan en mäktig konung, som ägde tre söner och en enda dotter, den sköna Europa. Zeus fängslades av prinsessans strålande skönhet och i en tjurs gestalt förde han henne mot hennes vilja över havet till Kreta, där hon blev stammoder åt rättsinniga och kloka konungar över den rika och fredliga ön.

Konungen och drottningen sörjde sin dotter djupt, och ingen kunde heller berätta för dem om orsaken till hennes obegripliga försvinnande. De tre kungasönerna gav sig då ut på vandring för att söka efter sin förlorade syster. De strövade genom Mindre Asiens dalar och över de vilda bergen där, de sökte vid flodstränderna och vid havet, men ingenstädes fann de ett spår av den älskade systern. Två av dem tröttnade till sist och ansåg det lönlöst att fortsätta. Eftersom deras fader förbjudit dem att komma hem utan systern, slog de sig ner vid Medelhavets strand och grundade nya riken.

Endast den yngste av dem, Kadmos, fortsatte oförtröttad sökandet tillsammans med sina män och kom slutligen fram till Bosporen. Han tog sig över sundet och vandrade länge västerut mot solnedgångens land, men då vägen tycktes

99

honom lång, vände han söderut och kom efter otaliga mödor till guden Apollons helgedom i Delphi. Där frågade han oraklet till råds och fick till svar att det inte alls lönade sig att söka efter Europa. Hon var utvald av Zeus, och hennes namn skulle för alltid leva på människors läppar. Själv skulle han på sin fortsatta vandring finna en kviga, som aldrig känt ett ok tynga sin nacke och aldrig varit spänd för en plog. Där hon lade sig ner, skulle han bygga en stad, och den skulle han kalla Thebe, och han och hans ättlingar skulle underlägga sig landet runt omkring.

Kadmos begav sig så bort från Delphi och bland boskapsflockarna utefter vägen fann han efter något sökande en kviga med de rätta kännetecknen. Han motade ut henne ur flocken och förlorade henne aldrig ur sikte, hur mödosamt det än var att följa henne. Det dröjde länge innan kvigan lade sig ner, men på en av de låga höjderna nere på slätten stannade hon till sist och vägrade att gå vidare. Här stannade också Kadmos, och han och hans följeslagare undersökte trakten noga.

Då Kadmos av alla tecken tyckte sig förstå att detta var det bördiga rike gudarna lovat honom, beredde han sig att ägna dem ett offer. Han skickade några av sina följeslagare att leta efter en källa helgad åt krigsguden Ares, men då de dröjde borta väl länge, gick han själv för att söka den. Han fann den till sist djupt inne i skogens dunkel. På marken invid källan låg hans män döda, och innan han hunnit sansa sig, ringlade sig en hisklig drake väsande ut ur en håla i berget. Draken öppnade sitt väldiga gap fullt med tredubbla rader vassa tänder och gled rasslande fram mot Kadmos, som var nära att mista andan av drakens giftiga etter. I sista stund sprang han upp på grottans tak och

slungade därifrån med väldig kraft ett stort stenblock mot odjuret. Medan draken vred sig i smärta för att bli kvitt stenblocket, rusade Kadmos ner till källan och stötte sitt vassa spjut i odjurets sida. Ursinnig störtade sig draken i dödsraseri mot Kadmos, som då rände sin långa lans in i hans gap och det med en sådan kraft att lansen gick tvärs genom halsen och in i en tjock ekstam.

Medan den fastnaglade draken ännu vred sig i dödsryckningarna, hörde Kadmos plötsligt uppifrån berget en röst, som uppmanade honom att så fort han kunde, bryta loss vidundrets tänder. När Kadmos hörde den hemlighetsfulla rösten, visste han knappast om han skulle kunna rå med att utföra befallningen, och han darrade av skräck inför det okända.

Som han stod där villrådig och modlös var plötsligt gudinnan Athena vid hans sida och rådde honom att lyda uppmaningen. Då han brutit loss draktänderna, sade gudinnan till honom att lägga ok på kvigan, plöja en fåra i den grönskande marken och så ut tänderna i den. Kadmos gjorde så, men knappt var tänderna nermyllade, förrän fullrustade män växte upp ur marken och rusade mot honom svängande sina lansar. På gudinnans uppmaning kastade han en sten mot dem, och de vände sig då i stället mot varandra. Den ene efter den andre stupade utom fem. Kadmos upptog dem som sina män, och de lovade att i allt lyda och följa honom.

På höjden byggde Kadmos och hans män borgen Kadmeia, och erövrade hela den bördiga slätten runt omkring. Sagan kallar honom »gudarnas älskling» och han fick av dem ett gudabarn till gemål, den undersköna Harmonia, som var dotter till Ares och Aphrodite. Alla gudar och gudinnor kom till bröllopet och medförde dyrbara skänker. Aphrodite gav sin dotter ett praktfullt halsband, som smidesguden, den halte Hephaistos, länge arbetat på, och som var ett under av konstskicklighet. Draktandsmännen blev stamfäder för Thebes förnämsta släkter.

Kadmos och hans drottning Harmonia levde länge och lyckligt tillsammans. Han styrde sitt rike väl, och på sin ålderdom blev han vald till konung i ett fjärran nordligt rike efter att ha befriat detta från främmande inkräktare. Som gåva av gudarna fick Harmonia och Kadmos lyckan att dö i samma stund. De fördes till de Elyseiska fälten, där Kadmos blev en av dem som dömer de avlidnas skuggor.

Kring borgen Kadmeia växte det upp en stad, som efter Apollons befallning kallades Thebe och blev vida berömd. En av kungarna i Thebe hade en mycket vacker och klok dotter, som Zeus älskade. Hennes fader jagade då bort henne och hon flydde upp i bergen. När han dog hämtade hans broder ner prinsessan till Thebe, men hans gemål behandlade henne med grym obarmhärtighet. När hon födde tvillingar, tog en herde genast hand om dem, och i hans vård växte de upp till ett par raska ynglingar, Zethos och Amphion. Så småningom lärde de känna sin moders kungliga börd och begav sig till Thebe och tog hand om makten. Zethos var en ivrig jägare och lät sin broder Amphion sköta riket, men båda var eniga om att staden borde befästas med kraftiga murar och försvarstorn.

Sagan berättar att ofantliga stenblock släpades ner till Thebe från bergen runt omkring. Zethos, som var ovanligt stark, försökte förgäves lyfta de väldiga stenarna och bygga muren. Företaget tycktes hopplöst, då Amphion, som älskade sång och musik, började spela så underbart på sin lyra och sjunga till dess toner att stenblocken sakta rörde sig och sedan av sig själva staplades upp till murar och torn.

Amphion styrde riket med kraft och tog till gemål den rika prinsessan Niobe från Lydien, där hennes fader Tantalos var konung. Hon var mycket stolt över sin börd och sina rikedomar, och när hennes sju söner och sju döttrar överglänste alla i skick och hållning, kände hennes högmod inga gränser.

Gudinnan Leto var särskilt dyrkad i Thebe, och där firades stora tempelfester, då stadens förnäma kvinnor offrade rika gåvor på hennes altare. Detta harmade drottning Niobe, som övermodigt ansåg att hon själv med sina fjorton barn borde vara mer värd dyrkan än gudinnan Leto, som blott hade två barn — Apollon och Artemis. Kvinnorna i staden darrade, då de hörde drottningen tala ringaktande om Leto och gudlöst jämföra sina barn med gudinnans. Gudarna straffar hårt och straffet kommer snabbt. Leto bönföll Apollon och Artemis om att hämnas hennes kränkta ära. Vid en kappritt utanför staden träffades alla Niobes söner och döttrar av Apollons och Artemis' pilar.

Amphion tog sitt liv i sorg över förlusten av sina barn och otröstligt sörjande sina kära satt Niobe stum och förtvivlad. Så satt hon dag efter dag orörlig och grät, ända tills hon förstenades till en klippa. En storm slungade klippan till Niobes hemland, och där strömmar alltjämt hennes tårar ur den hårda stenen.

KONUNG OIDIPUS

Labdakidernas ätt, som sedan kom att härska i Thebe, fick på många sätt känna hur lycka och olycka hastigt kan växla. Konung Laios hade en gång i sin tidiga ungdom rövat bort konung Pelops' son, och Pelops bad då gudarna, att Laios en gång skulle komma att mista livet genom sin egen son.

Laios och hans drottning Iokaste fick emellertid inga barn, och de sörjde mycket över detta. Till sist vände de sig till oraklet i Delphi, där Apollons präster tydde orakelsvaret i hotfulla ordalag som Zeus bestämt. En tid därefter födde Iokaste en son.

Konung Laios ängslades över den förbannelse som vilade över honom och sonen och som bekräftats av oraklet. En sådan ogärning som att döda sin egen son kunde han inte göra sig skyldig till. I stället stack man hål i den lilles fötter, och en slav fick befallning att sätta ut honom i skogen långt borta på ett berg. I närheten hade konungen i Korinth sina betesmarker. En av hans herdar fann barnet och bar gossen till Korinth, där kungaparet tog upp honom som sitt eget barn. De gav honom namnet Oidipus.

På borgen i Korinth växte Oidipus upp till en stark och ståtlig yngling. Han härdades i alla slags idrotter och fick lära sig allt vad en furste behöver kunna.

Oidipus visste inte av annat än att kungaparet var hans föräldrar, men så hände sig att någon började tala om att han skulle vara ett hittebarn. Oidipus blev förtvivlad och försökte få reda på sanningen, men varken konungen eller drottningen ville säga något om ryktet han hört. De svarade undvikande, och för att få visshet begav sig Oidipus till oraklet i Delphi. Där fick han ett dunkelt svar. Han varnades för att bli sin faders mördare och sin moders gemål. Något svar på frågan om vem som var hans far och mor fick han inte, och han antog då att ryktet var osant. Han beslöt emellertid att aldrig mer återvända till Korinth.

Oidipus flydde norrut och kom efter en lång vandring till en trång plats, där vägen grenade sig åt tre håll. Där mötte han en vagn, och då han inte kom undan fort nog, slog körsvennen till honom. Oidipus slog igen, den åldrige resenären i vagnen blandade sig i striden och under tumultet blev han och de andra utom en dödade av Oidipus, som fortsatte sin vandring. Han visste inte alls vilka det var han hade mött, och den ende överlevande flydde. Utan att ana det hade Oidipus dödat sin egen fader, ty främlingen var ingen annan än konung Laios.

Hela Thebe levde vid denna tid i skräck för Sphinxen, som plötsligt kommit upp ur underjorden och höll till i bergen omkring staden. Odjuret hade kvinnoansikte och lejonkropp. Det sprang fortare än ett lejon och flög med hjälp av ett par väldiga vingar. Eftersom Sphinxen hade kvinnohuvud kunde den också tala, och den var klokare än någon människa. Sphinxen brukade slå sig ner på ett klipp-utsprång och befalla de vandrare som gick förbi att gissa en gåta. Antingen nu landets inbyggare var dumma eller de blev så skräckslagna att de inte förmådde svara — alltid slutade det med att Sphinxen sönderslet sitt offer.

Vid dagningen fortsatte Oidipus sin vandring, grubblande på sitt eget dunkla öde. Just som solen gick upp, fick han syn på Sphinxen, och han stannade förvånad. På sin ensamma vandring hade han inte träffat någon, som kunnat berätta för honom om odjuret.

Så fick också han försöka gissa gåtan: Vad är det som först stöder sig på fyra ben, sedan på två och allra sist på tre? Oidipus blev inte skräckslagen som invånarna i landet, och efter en stunds besinning svarade han att det var människan. I barndomen kryper hon värnlös på alla fyra, som vuxen går hon upprätt på sina två ben, och när hon blir gammal måste hon ha en stav att stödja sig på. Knappt hade Oidipus sagt detta, förrän Sphinxen störtade ner från klippan och låg där stendöd. Oidipus gick då ner till staden på slätten.

I Thebes kungaborg sörjde konung Laios' maka och släkt hans död. Man hade funnit honom och många av hans följe döda, men ingen visste hur de bragts om livet. Drottning

Iokastes broder Kreon styrde riket, och han hade lovat att den som dödade Sphinxen skulle få drottningen till gemål.

Det dröjde inte länge förrän Oidipus fick reda på löftet om belöning åt den som kunde döda Sphinxen. Han gick upp till kungaborgen, berättade om sitt möte med Sphinxen och visade thebanerna vägen till berget, där man fann den döda lejonjungfrun, som gjort dem så mycket ont. Oidipus hyllades som räddaren från landsplågan, och på detta sätt vann han drottning Iokaste till gemål och med henne riket, utan att veta att hon var hans moder.

*

Med vishet och kraft styrde Oidipus riket under många och lyckliga år. Kungaparet fick två ståtliga söner, Polyneikes och Eteokles, och deras döttrar, Antigone och Ismene, var allmänt älskade för sin godhet och fägring.

Men gudarna, som vakar över lag och rätt, kunde inte låta Oidipus' kränkningar av det mänskliga livets lagar förbli ostraffade, fast han själv varit ovetande om vad han gjort. Apollon sköt sina pestbärande pilar in i staden, och de som inte dog blev till sist vanmäktiga av hunger, när ingen längre orkade så eller skörda. Oidipus sände då sin svåger Kreon till Delphi för att bönfalla Apollon om barmhärtighet och för att av oraklet få veta hur man skulle blidka den gudomliga vreden.

Oraklet svarade att pesten var straffet för att ingen ännu hade hämnats konung Laios' död. När Oidipus hörde detta, lät han genast göra efterforskningar, men då så många år gått sedan dess, föreföll det omöjligt att spåra upp mördaren.

I landet fanns vid den här tiden en from gammal siare, den blinde Teiresias. På konungens befallning fördes han mot sin vilja till Thebe. När Oidipus utfrågade honom, svarade han undvikande eller teg, och konungen trodde då att siaren dolde hemligheten med mordet för honom. Till sist beskyllde han Teiresias för att vara mördaren. Siaren, som velat gå sin väg, vände sig då mot konungen och sade att Oidipus själv var gärningsmannen. Alla stod till en början förstummade av den oerhörda anklagelsen, men när kungen hämtat sig, kallade han Teiresias en narr, och misstänkte att han var i förbund med hans hemliga fiender. Kanske talade Teiresias på uppdrag av Kreon, för att denne skulle kunna återfå makten i Thebe?

Då drottning Iokaste såg hans vrede, försökte hon lugna honom. Man kan inte alltid lita på siare, sade hon. Hemligheter kan vara dolda även för dem. Därefter berättade hon, hur till och med oraklet i Delphi tagit fel. Det hade förut-sagt att kung Laios skulle dödas av sin egen son, och hon själv få sonen till gemål. När Oidipus hörde det, började han häftigt fråga Iokaste om Laios och om dödsfärden, och till sist anade han att han själv troligen var den som dödat Laios och att Teiresias hade rätt.

Emellertid fortsatte efterforskningarna, och under dessa kom en budbärare från Korinth. Konungen där var död, och Oidipus hade, som den rättmätige arvtagaren, blivit vald till konung efter honom. All Oidipus' ängslan försvann, och han kände sig lugn. Hans far hade dött en naturlig död, och inför den samlade skaran talade han om hur orimligt det verkligen var, att han skulle kunnat äkta sin mor, drottningen i Korinth.

Budbäraren ville bekräfta vad Oidipus sagt och berättade, att Oidipus inte alls var son till kungaparet. Budbäraren hade själv tagit emot honom som ett litet barn av en herde och fört honom till kungaborgen. Båda hade de hitintills varit bundna av tysthetslöfte.

Drottning Iokaste bleknade under berättelsen allt mer och mer; hon såg en sista gång på Oidipus, och stödd av sina tärnor gick hon bort och tog sitt liv.

Under tiden hade man funnit herden som satt ut Oidipus i vildmarken, och genom hans vittnesmål blev Oidipus övertygad att han efter oraklets spådom dödat sin fader och äktat sin moder. Han gick då in i borgen, medan folket utanför påminde sig allt vad den olycklige konungen gjort för dem, och hur fort lycka och välgång kan bytas i förhärjande sorger. När Oidipus fann Iokaste död, berövade han sig själv i sin förtvivlan synen.

Lik den blinde siaren begav han sig på vandring och lämnade för alltid Thebe. Hans döttrar följde honom, och den

milda Antigone stödde hans steg och tröstade honom. Till sist förbarmade sig Apollon över den olycklige konungen och lät honom finna en fristad hos athenarna. Oidipus och hans döttrar fick stanna på kullen Kolonos utanför Athen, där han senare dog.

Athenarna höll hans grav helig och de ärade honom som en av sina skyddsgudar, och deras skalder skildrade hans olycksöde i odödliga skådespel.

DE SJU MOT THEBE

Sedan konung Oidipus gått i landsflykt, härskade hans svåger Kreon i Thebe, ty sönerna Eteokles och Polyneikes var ännu för unga att styra staden. De var hårda och misstänksamma, de unnade aldrig varandra någonting, och de kivades ständigt. Ingen av dem hade heller tagit Oidipus i försvar, då han så hårt drabbades av gudarnas straff och folkets dom. Deras kärlekslöshet gick den olycklige gamle fadern så djupt till sinnes, att han i sin sorg förutspådde hur illa det skulle gå dem, om de inte ändrade sig. De hånade honom till svar och fortsatte som förut i hat och tvedräkt. När de blev myndiga, kunde de inte samsas om makten, utan det ordnades så att de skulle regera vartannat år.

Eteokles regerade först av dem, men när hans år slutade, ville han inte lämna makten ifrån sig utan fördrev sin broder. Polyneikes svor att hämnas och begav sig söderut för att skaffa sig bundsförvanter.

Utanför kungaborgen i Argos råkade Polyneikes i gräl med en annan landsflyktig furste, den unge Tydeus från Kalydon. Det ena ordet gav det andra, och det dröjde inte länge, förrän deras häftiga träta slutade med att de drog sina vapen. Konung Adrastos, som hört de båda främlingarnas ordskifte, skyndade då till för att taga reda på vilka de var, och varför de så vågade trotsa gästvänskapens lagar. Till sin förundran fann han att de unga furstarnas sköldemärken stämde med ett orakelsvar han fått i Delphi. Oraklet hade uppmanat honom att gifta bort sina båda döttrar med ett lejon och ett vildsvin, och han hade sedan förgäves grubblat över det dunkla svaret. Nu förde Polyneikes i sin sköld ett lejon och Tydeus ett vildsvin, och med ens stod oraklets mening klar för honom.

Adrastos förlikte de båda kämparna och mottog dem hjärtligt. De hedrades med rika gåvor som det anstår furstar, och inom kort firades dubbelbröllop i palatset. Därefter började man rådslå om hur de landsflyktiga skulle återvinna

III

sina förlorade riken. Först skulle Thebe besegras. Vapen smiddes och krigsfolk övades. Till alla furstar runt omkring skickades sändebud för att mana till härfärd, och bland dessa var många av Greklands mest berömda hjältar.

Konung Adrastos var särskilt ivrig att vinna sin egen svåger den djärve och tappre Amphiaraos för krigståget. Denne hade siargåva och ville inte följa med, eftersom han kunde förutse att krigståget skulle sluta illa för angriparna. Han dolde sig uppe i bergen och endast hans gemål, konung Adrastos' syster, kände till gömstället. Hur de samman-svurna än letade, kunde de inte finna honom.

När inga efterspaningar hjälpte, försökte Polyneikes med en list. Han tog med sig det halssmycke, som hans stammo-der, Harmonia, en gång fått i bröllopsgåva av gudinnan Aphrodite, och Amphiaraos' gemål kunde inte motstå fres-telsen utan röjde sin makes gömställe. Det glittrande och konstfärdiga halsbandet blev hennes.

Amphiaraos blev på detta sätt tvungen att delta i krigs-tåget, fast han själv förutsade, att knappast någon av de övermodiga furstarna och med säkerhet inte han själv skulle återvända från det. Innan han lämnade sin borg, tog Am-phiaraos i förbittring över sin gemåls svek ett löfte av sina två söner att de skulle hämnas hans död och inte glömma bort genom vilket förräderi deras far tvingats med i striden mot Thebe.

De välrustade skarorna samlades i Argos, och i spetsen för hären stod sju av Greklands förnämsta kämpar.

När de sju förbundna furstarna med sitt krigsfolk gått över näset vid Korinth och närmade sig Attika, begav sig Polyneikes till Kolonos för att vinna Oidipus för sin sak. Den olycklige gamle fadern hade inte glömt sönernas kärlekslösa hårdhet, och Polyneikes vädjade förgäves till att allfader Zeus förlåter, när den brottslige ödmjukt vill försona vad han brutit. Oidipus upprepade den förbannelse han nedkallat över sina onaturliga söner och förutsade än en gång, att båda sönerna tillsammans skulle slukas av det hemska urtidsmörkret i Dödens rike.

Polyneikes' syster Antigone bad bevekande sin broder att avstå från brödrastriden, men hur tyngd av onda förebud han än var, kunde Polyneikes inte återvända till sina bundsförvanter med ett sådant beslut, och inte kunde han heller bära skymfen av att irra omkring som en landsflyktig resten av livet. Innan han lämnade Kolonos bad han sina systrar om kärlekstjänsten att sörja för hans lik och begrava honom.

Vida kring flög ryktet om de tappra furstarnas härfärd mot Thebe. Thebanerna var beredda att slå tillbaka angreppet och hade förstärkt de förut väl befästa murarna. In till staden ledde sju portar, och konung Adrastos ordnade sina skaror så, att alla sju portarna skulle stormas på en och samma gång. Eteokles fick snart reda på hans anfallsplan, och välrustade krigare stod färdiga vid var och en av portarna att slå tillbaka fienden.

Innan striden började hade Eteokles skymfligt avvisat Tydeus, som erbjudit förlikning. Då nu striden böljade fram och tillbaka, och Tydeus redan nedlagt många av thebanernas förnämsta kämpar, lät Eteokles en härold blåsa till uppehåll i drabbningen. Stridslarmet tystnade, och Eteokles trädde upp på muren. Han föreslog att han och Polyneikes i envig skulle kämpa om riket, ty redan hade alltför många och oumbärliga män gått till skuggornas rike. Efter en kort rådplägning biföll Adrastos hans förslag. De båda bröderna offrade till gudarna och klädde sig sedan i nya vapenrustningar.

Först slungade de i vild förbittring spjuten mot varandra, men sköldarna skyddade dem länge. Till sist träffades dock Eteokles i låret och Polyneikes i skuldran. De kastade då spjuten och rusade mot varandra med svärden. Det dröjde inte länge förrän Eteokles genom en snabb och skicklig vändning stötte sitt svärd i broderns kropp, så att denne föll till marken. Segraren böjde sig ner för att spänna av sin blodsköljde broder bröstharnesket till tecken att han segrat, då Polyneikes samlade sina sista krafter och rände svärdet rakt upp mot hans hals. Där låg de döende, oförsonade sida vid sida, och så straffade gudarna den hårda likgiltigheten inför faderns olycksöde.

När Eteokles stupat tog Kreon åter makten i Thebe. För att känna sig säkrare lät han sända efter den gamle siaren Teiresias, som kunde förutse hur striden skulle sluta. Thebanerna var församlade på torget, när siaren kom smyckad med en gyllene krans som till ett gästabud. Detta tydde alla som ett gott tecken, men Kreon blev besviken, när Teiresias vägrade att tala. Först efter enträgna uppmaningar förkunnade siaren att Thebe kunde räddas bara på det villkoret att Kreons son Menoikeus frivilligt gick i döden för staden. Den förtvivlade kungen uppmanade sonen att fly men denne vägrade. Under tiden hade Adrastos på nytt ordnat sin här till anfall. Hjältarna lät sina skaror rusa fram under vilda härskrin. Två gånger var de alldeles under murarna, och två gånger slogs de tillbaka. Till sist lyckades en av furstarna, som berömde sig av att vara son till krigsguden Ares och den sköna jägarinnan Atalante, att klättra upp på muren. Han svängde en väldig eldbrand i den vänstra handen och skulle just kasta över den, då en slungsten träffade hans huvud med en sådan kraft att han döende föll ner från muren. Vid en av portarna restes stormstegar, och skrytande över att inte ens Zeus skulle kunna hindra honom, klättrade en av argiverna upp på muren. Han var nära att lyckas, men den vredgade Zeus slungade sin blixt mot hädaren. Slutligen trängde dock de argiviska furstarna segrande fram, och thebanerna såg sin stad så gott som förlorad. När det var som mest hopplöst för försvararna, steg Kreons son upp på muren och genomborrade sig med sitt svärd. Han störtade utför den höga branten, och i samma ögonblick vände sig krigslyckan.

Efter hårdnackade strider strömmade thebanerna ut ur staden, och angriparna flydde i vild förvirring. Framför Amphiaraos, som så nödtvunget deltagit i krigståget, öppnade sig plötsligt marken, och han försvann med krigsvagn och körsven i djupet. Ingen av de sju hjältarna kom levande från Thebe utom konung Adrastos, som lyckades fly till Argos tack vare sin snabbfotade häst Areion. Thebe var räddat, och Kreon fortsatte att styra riket.

ANTIGONE

Kvinnorna i Thebe hade med ängslan och oro följt striderna, och nu, när angriparna jagats bort i nattens mörker, blev det deras lott att ta hand om de döende och dödade, samt försöka rädda och förbinda sårade fränder och vänner.

Konung Kreon höll hårt på statens rätt att straffa var och en som reste sig upp mot härskaren och fädernestaden. Han lät begrava Eteokles med stora ärebetygelser men befallde att Polyneikes' lik skulle tillsammans med de fallna argivernas ligga till föda för korpar och hundar. Den lands-

flyktige Polyneikes hade kommit med en fiendehär för att härja Thebe med eld och svärd och låta argiverna släpa bort thebanerna som trälar. Om någon nu trotsade konungens vilja, skulle han straffas med döden, och beväpnade vakter sörjde för att ingen kom nära liket.

Antigone ensam kunde inte lyda Kreon, och hon trotsade hans maktspråk. För henne var släkt- och ättekänslan levande, och Polyneikes var brodern som hon växt upp tillsammans med och som hon vid deras sista möte lovat att begrava. För henne som för grekerna var dessutom konungens befallning en gudlöshet utan like, ty de trodde, att om en död inte jordades måste han i hundra år irra omkring vid floden Styx' strand. Först därefter kom färjemannen Charon och hämtade honom till underjordens glömska av de levande och av alla kvalfulla minnen.

Antigone försökte först övertala sin syster att med henne trotsa förbudet, men Ismene blev rädd och svarade att de som värnlösa kvinnor inte kunde sätta sig upp mot Kreon och mot de styrande i Thebe. Hon återvände darrande in i palatset, medan Antigone ensam smög sig ut ur borgen och osedd kom förbi vakten ut på slagfältet. Det lyckades henne att i mörkret finna Polyneikes' lik, och under bön till gudarna strödde hon sedan jord över honom. När hon nästa natt återvände, blev hon överraskad av väktarna och förd inför konungen. Kreon stod orubbligt fast vid sitt beslut och frågade henne om hon inte kände till hans förbud och det straff som väntade henne. Antigone svarade honom utan rädsla:

»... Döden är min lott, det visste jag,
om också du ej pålyst det. Och om jag nu
skall dö i förtid, räknar jag det blott som vinst,
ty den som lever under mycken sorg som jag,
hur skulle han i döden ej en vinning se?»

(Sophokles: Antigone)

Mot konungens fortsatta försök att överbevisa henne om att hon hedrade en förrädare satte hon sin ofördärvade rättskänsla och sin broderskärlek. Och när Kreon frågade henne: »Men icke skall väl ond och god få lika lott?» svarade Antigone: »Mitt väsen är att dela kärlek, icke hat».

Kreon var dock oböjlig, och den gråtande Ismene blev anklagad även hon för att vara upprorsstifterska. Antigone fritog systern, hon ensam hade trotsat härskaren, ensam ville hon lida straffet.

Även Kreons son Haimon sökte beveka sin far. Han var trolovad med Antigone, men han måste maktlös se hur vakten släpade bort henne. Då sviktade hennes mod för en stund. Hon klagade att hon så ung skulle lämna livet och aldrig få känna glädje av att hålla ett barn i sina armar. Thebes förnäma kvinnor såg på henne med tårar i ögonen, men när de höll fast vid att straffet var rättvist, försvarade Antigone sig med att hon led blott för att hon hållit det heliga heligt och gjort vad hon lovat sin broder. Kreon gjorde ett bryskt slut på allt tal, och utan förbarmande murades Antigone in i ett gravvalv; i mörkret där väntade hungersdöden henne.

Siaren Teiresias, som skyndat till Thebe, förebrådde konungen strängt hans omänsklighet och påminde honom om att gudarna inte skulle lämna sådant ostraffat. Kreon var lika omedgörlig och grym som förut, ända tills Teiresias förkunnade, att kungens son skulle komma att följa Antigone i döden. Först då, när det gällde honom själv, blev inte längre staten det förnämsta, och han lät skyndsamt bryta upp gravvalvet. Det var för sent, Antigone hade hängt sig i sin slöja, och när hennes trolovade såg sin älskade död, stötte han dolken i sitt bröst, innan någon hann hindra honom.

Olyckorna, som alltid följer med hatets och maktlystnadens övermod, kom slag i slag. När Kreon återvände till kungaborgen, möttes han av budet att hans drottning inte uthärdat det hopade hatet utan i sorgen över sina barn tagit sitt liv. Likt ett träd, som berövats sina grenar framlevde konung Kreon sina återstående dagar inom kungaborgens dystra murar.

THEBE ERÖVRAS

När sönerna till de hjältar, som fallit framför Thebe, vuxit upp, eggade dem den gamle konung Adrastos i Argos att hämnas fädernas död. Adrastos själv hade dessutom starka skäl för ett anfall mot staden, då han givit Polyneikes sin dotter till gemål och för dottersonens räkning gjorde anspråk på det mäktiga Thebe. Härnadståget har blivit kallat »epigonernas», det vill säga »de efterkommandes» krig. Återigen rustade sig sju hjältar till anfall mot Thebe, och i spetsen för hären stod Alkmaion, son till den frejdade Amphiaraos. Krigståget förbereddes med ännu större omsorg än det tidigare.

Väldiga krigarskaror samlades under de sju furstarnas befäl. Vapenövningar med långskuggande lansar, dubbeleggade svärd och vassa spjut avlöste idrottstävlingar och offerfester. Furstarna överglänste varandra med snabba hästar, praktfulla stridsvagnar och dyrbara rustningar. Till sist var Alkmaion och den gamle konung Adrastos övertygade om att företaget skulle lyckas. Härskarorna bröt upp, gick över till fastlandet vid Isthmos, och efter långa och besvärliga dagsmarscher stod de förbundna utanför Thebes murar.

I Thebe härskade nu en son till Eteokles, och han drog ut i striden. Hjältarna stod ömsom på stridsvagnarna, ömsom kämpade de man mot man på slagfältet utanför staden. Eteokles' son föll för Alkmaions svärd, och det välbefästa Thebe erövrades efter en kort men blodig strid, där gudarna deltagit på båda sidor. Eld och svärd härjade i det underkuvade Thebe, och argiverna satte tillsvidare en av sina egna furstar till herre där. Adrastos, som på grund av sin ålder inte deltagit i striden, byggde som segerminne ett tempel åt Nemesis, den straffande rättvisans gudinna, och hon kallades efter honom också Adrasteia.

Liksom fadern hade Alkmaion motvilligt följt med på härnadståget. Han ansåg nämligen som sin förnämsta uppgift att utföra det uppdrag han fått av fadern, då denne drog bort i kriget. När Thebe var erövrat, rådfrågade han oraklet i Delphi, hur han skulle hämnas sin fader. Oraklet svarade i dunkla ordalag, men Alkmaion trodde sig i svaret få bekräftelse på beslutet att straffa modern för hennes svek. Alkmaion dödade sin trolösa moder, men gudarnas rättvisa vakade. Modermordets hämnarinnor, de fruktansvärda erinyerna, lämnade sitt tillhåll utanför dödsrikets portar och förföljde honom överallt. Han fick ingen ro för dem och plågad av sina samvetskval sökte han sig åter till Apollons helgedom i Delphi. Guden förbarmade sig över honom och lyssnade till hans böner. Om han kunde finna ett land, som solen ännu inte lyst på, när han dödade sin mor, skulle han återfå sin själsfrid.

Efter mycket sökande fann Alkmaion till sist ett sådant land. Långt uppe i det västra Grekland rinner floden Acheloos upp på berget Pindos' sluttningar. Däruppifrån river strömmen med sig grus och sten efter de häftiga regnen och för dem i sitt stormande lopp ner mot Joniska havet. Där möts floden av havsströmmarna, och det söndermalda gruset och stenarna bildar öar i mynningen.

En av dessa öar var vid Alkmaions sökande nätt och jämnt möjlig att vistas på. Han tvådde sig i flodens vatten och renade sig under offer och bön från sin blodsskuld.

På ön byggde han sedan en borg och blev så småningom konung över öarna och landet innanför. Flodguden Acheloos gav honom sin dotter till drottning, och de levde länge lyckliga, ända tills han berättade för henne om Harmonias halsband. Drottningen greps av en förtärande längtan att äga det olycksbringande smycket. Hon talade ständigt om det, och på hennes ivriga böner gav Alkmaion efter och lovade skaffa henne det. Han begav sig till Arkadien för att hämta halsbandet men stupade där i en strid.

Argonautertåget

DET GYLLENE SKINNET

I en av Boiotiens urgamla städer, det rika och mäktiga Orchomenos, härskade över minyernas folk fordom konung Athamas, som härstammade från vindarnas gud, Aiolos. Hans drottning Nephele var dotter till solguden Helios. De hade två barn, Phrixos och Helle. Medan de ännu var små tog konungen sig en annan hustru, den sköna men elaka prinsessan Ino, och försköt barnens mor, som tyst försvann från staden. Med Ino fick Athamas två söner.

Ino styrde nu ensam i kvinnosalarna, och hon försökte på alla sätt skada styvbarnen. Listig som hon var, fann hon till sist på, hur hon skulle bli av med dem. Hon intalade kvinnorna på de bördiga slätterna runt omkring staden att man kunde få ännu rikare skördar, ifall man rostade säden, innan man sådde. Kvinnorna förstod inte att man därigenom skulle förstöra sädeskornen, utan de lydde hennes råd.

Solen värmde och regnet föll, men åkrarna stod ändå svartgrå, och när sommarens brännande hetta kom, virvlade vindarna kring kvävande jordstoft runt slätterna, där annars om åren sädesaxen tungt lutat sig mot jorden. Det fanns ingenting att äta annat än vilda örter och frön, som många blev sjuka av.

Då kungen såg, hur hungersnöden härjade bland folket, skickade han sändebud till oraklet i Delphi för att få råd. Drottning Ino mutade sändebuden så de lämnade det svaret att den äldste kungasonen skulle offras för att blidka Zeus.

121

Vid detta sorgebud försökte kungen i det längsta att slippa undan, men folket svalt, och nöden blev värre och värre. Till sist gav han efter, och drottning Ino gladdes, ty nu skulle hennes egna söner en gång bli härskare i Orchomenos.

De förskrämda barnen väntade sig det värsta, men under det högtidliga offret sände deras moder Nephele dem en vädur (bagge) med gyllene ull. Utan att tveka satte sig barnen upp på hans rygg och höll sig stadigt fast i ullen. Väduren hade vingar och kastade sig med ett språng upp i luften. Snart flög barnen fram högt över slätter, berg och hav mot soluppgångens land Aia, där deras morbroder Aietes var konung. Helle blev rädd, då hon såg de gungande vågorna under sig. Hon släppte taget och störtade ner i det sund, som ännu i denna dag kallas Hellesponten efter den lilla olyckliga prinsessan.

Phrixos höll sig dock säkert kvar på baggens rygg och kom lyckligt till Svarta havets innersta sydöstra vik, där landet Aia låg vid foten av de vilda kaukasiska fjällen. Han växte så upp i Aia eller, som det senare hette, Kolchis och blev en stark och ståtlig ung prins, och konung Aietes gav honom sin dotter till gemål.

Väduren offrades till Zeus som ett tack för den underbara räddningen och gudarna satte den som en stjärnbild högt på himmelen. Det gyllene skinnet hängdes upp i krigsguden Ares' heliga eklund. En fruktansvärd drake ringlade sig ständigt runt kring lunden och vaktade skatten.

Den elaka drottning Ino träffades av gudarnas straff. Konungen, som till sist fick klart för sig hur svekfullt hon handlat, blev av Hera slagen med vansinne och han dödade sin äldste son med Ino. Hon måste i hast fly till Korinth, men den vansinnige följde efter henne, och i sin förtvivlan kastade hon sig med sin andre lille son i armarna ner för en hög klippa vid stranden. Konungen i Korinth fann gossens döda kropp där — en delfin hade på sin rygg räddat den ur havet. Den lille prinsen blev gravlagd och dyrkad som en havsgud. Till hans ära firades vartannat år stora idrottsfester.

Drottning Ino, som älskat sina söner så högt att hon för deras skull begått svåra ogärningar, väckte medlidande hos havets gudomligheter. Hennes stora olycka hade försonat vad hon brutit, och hon blev själv en havsgudinna, som beskyddade sjöfarande och kallades Leukothea, den vita gudinnan.

IASON OCH PELIAS

I Iolkos i Thessalien härskade konung Aison. Hans far hade erövrat landet i spetsen för minyerna från Orchomenos och grundat Iolkos.

Aisons halvbroder, den trotsige och fräcke Pelias lyckades störta honom, erövra kungaborgen och ta staden. Aison flydde med sin drottning till en undangömd dal och där föddes deras son Iason. Eftersom den härsklystne Pelias troligen skulle få reda på detta, låtsades föräldrarna som om barnet varit dödfött och höll likvaka över det. Därefter vågade de inte behålla gossen hos sig utan förde honom i hemlighet till den vise och läkekunnige kentauren Cheiron, som bodde i en grotta vid berget Pelion.

Hos honom växte Iason upp till en härdad, rask och ståtlig yngling, lika klok och kvicktänkt som han var äventyrslysten och modig. När han fyllt tjugo år, beslöt han att återvinna sin fader Aisons förlorade rike. Han kände väl till passen och stigarna i bergen och begav sig åstad.

Då Iason gick längs stranden av en strid älv för att finna ett lämpligt vadställe, fick han syn på en gammal gumma, som såg hjälplös och orolig ut. Han skyndade sig fram till henne, och hon bad honom då att han skulle bära henne över till den andra stranden. Iason ville inte lämna den stackars gamla utan lyfte upp henne på sin rygg.

Vattnet var djupt och strömmen stark, och Iason var många gånger nära att halka omkull på den hala flodbottnen. Ett tag fick han ner ena foten mellan ett par stenar och kunde bli fri blott med ett kraftigt ryck, men sandalen stannade kvar på flodens botten. Hans börda blev också allt

tyngre och tyngre, och han måste ta till all sin viljekraft för att äntligen nå stranden.

Då han till sist lät sin börda glida ned på marken, fick han till sin förvåning se hur den gamla gumman rätade på sig. På den vördnadsvärda hållningen förstod Iason, att han burit himladrottningen Hera på sina axlar. Hon försvann och Iason fortsatte glad och trygg sin vandring, ty nu visste han att han stod under Heras särskilda beskydd.

I staden Iolkos firades just en stor fest, och när Iason kom, samlades alla kring främlingen. Han var inte klädd som någon av dem. Över sin mantel bar han en panterhud till skydd mot regnen i bergen, och hans ljusa, lockiga hår föll långt ner på ryggen. Han bar ett spjut i varje hand och såg sig oförskräckt omkring. Bäst folket undrade och mumlade, kom konung Pelias körande sin vagn förspänd med snabbfotade mulåsnor. Folkhopen vek åt sidan, men Iason stod lugnt kvar. Kungen såg förundrad på främlingen, men när han fick se att denne hade ena foten bar, blev han rädd. Oraklet i Delphi hade nämligen uppmanat honom att ta sig i akt för en man med endast en sandal. Denne skulle störta honom från tronen.

När Pelias hämtat sig från sin förskräckelse, började han fråga Iason om hans namn och härkomst. Brorsonen svarade honom frimodigt och förklarade att han nu kommit för att återtaga sin bortjagade faders borg och kungamakt. Åkrar och boskap brydde han sig inte mycket om, men han ville ha sin rätt, och han var viss om att den saken kunde avgöras utan vapen.

Den ondskefulle Pelias, som inte vågade annat än tro på oraklet, försökte då vinna tid. Under ett gästabud i kungaborgen började han tala om det gyllene skinnet långt borta i soluppgångens land. Han hade själv en gång blivit ålagd att blidka de underjordiskas vrede. Den döde Phrixos' ande hade nämligen uppmanat honom i en dröm att hämta skinnet, där det hängde i Ares' heliga lund. Företaget var både farligt och mödosamt, och nu kände han sig alltför gammal att färdas så långt bort. Ju mer Iason hörde om farorna, desto mer lockades han av dem, och till sist lovade han att hämta det gyllene skinnet. Som lön skulle han enligt Pelias' löfte få sin faders rike.

FÖRBEREDELSER OCH AVFÄRD

Vid denna tid fanns det i Iolkos en skeppsbyggare, som hette Argos. Han var en avlägsen släkting till Iason och hade lärt sig bygga skepp av Pallas Athena. Han valde ut de bästa träden på berget Pelion, och det skepp, som timmermännen sedan byggde på stranden, hade man aldrig sett maken till. När det låg färdigt i sin stapelbädd, var det det största fartyg som byggts i Grekland och kunde drivas fram med både segel och åror. I framstammen var infogat ett stycke trä, som Athena skänkt Argos. Det var hugget ur Zeus' spådomsek i Dodonas heliga lund och kunde både tala och spå.

Medan Argos och hans timmermän arbetade på skeppet, begav sig Iason ut på vandring för att värva deltagare till den vågsamma färden. Han lyckades få med sig femtio av de djärvaste och modigaste hjältarna i hela Grekland. Där var först och främst Herakles och dennes unge vapendragare Hylas. Från Sparta kom dioskurerna Kastor och Polydeukes. Den kämpastarke Ankaios kom från Arkadien, Theseus lämnade sin borg i Athen, och Meleagros, som då ännu var en yngling, längtade bort från Kalydon och gav sig ingen ro, förrän han blev antagen. Många andra berömda kämpar slöt sig också till äventyrarna. Lynkeus, den loögde, som kunde se tvärs genom allting, följde med Iason, och vidare vann han för äventyret en storsimmare och en trollkarl. Sångaren Orpheus, som med sin sång kunde få floderna att ändra sitt lopp, kom också med.

När deltagarna samlats, var skeppet färdigt och beundrades av alla. Efter skeppsbyggaren fick det namnet Argo. Skeppet var så väldigt att när det skulle sjösättas, var det omöjligt att rubba det ur stapelbädden, trots att Ankaios slet av all sin kraft tillsammans med de andra. Minyernas sjövanaste män deltog också i färden, men hur skickliga de än var lyckades man inte få skeppet i sjön. Alla hjältarna satte sig då vid årorna, och sångaren Orpheus började spela på sin lyra. Under musiken och sången fördubblades männens krafter, och det mörkblåstammiga skeppet gled sakta ner i vattnet.

Iason valdes till ledare av företaget, och vars och ens plats på roddarbänkarna avgjordes genom lottkastning, utom platsen på mittbänken där Herakles och Ankaios, som var de starkaste, skulle ro tillsammans. Till styrman satte Iason minyern Tiphys, som sedan ungdomen färdats på det Thrakiska havet och kände väl till hur farligt det kunde vara. Lynkeus, som hade de skarpaste ögonen av dem alla, blev utkik och lots. Till sist lyckades Iason få med sig Nordanvinden Boreas' bevingade söner Zetes och Kalais. Med dem ombord kunde hjältarna känna sig någorlunda trygga, ty Nordanvinden är den farligaste på dessa hav.

Efter högtidliga offer och lyckobådande järtecken lossades förtöjningarna. Seglen hissades, och för gynnsamma vindar lade Tiphys kursen utåt havs, och Argo lydde villigt det kraftiga rodret.

Efter skeppets namn kallades deltagarna *argonauter*.

FÄRDEN TILL DET OKÄNDA LANDET

Argonauterna färdades till en början utan motigheter i välkända farvatten, men ute på det Thrakiska havet mötte de kastvindar och oväder. Det dröjde därför innan de på ön Lemnos fann en lugn vik, där de kunde kasta ankar och få vila. Den vackra och välodlade ön hade dåligt rykte bland grekerna, och därför stannade Herakles och Hylas kvar på skeppet för att hålla vakt. De lemniska männen var rövare, som härjade var de kom åt, och grekerna föraktade dem för deras barbariska tal och deras vilda stridsvrål. Det var inte rådligt för argonauterna att gå i land utan vapen.

Men inga människor syntes till, hur de än gick och gick. Plötsligt såg de dock en skara kvinnor komma ner från bergen och gå emot dem. Kvinnorna berättade, att deras män dragit ut i strid, och att de nu var tvungna att reda sig utan dem.

I själva verket hade kvinnorna dödat männen, då dessa kommit hem med vackra slavinnor, som de föredrog framför sina egna hustrur. Den sköna prinsessan Hypsipyle hade dock skonat sin fader och höll honom gömd undan de andra kvinnorna, som var fruktansvärda i sin sårade stolthet. Eftersom de inte anade att kungen levde, valdes prinsessan till deras drottning, och sedan tog de modigt itu med alla manliga arbeten, som de redan förut var ganska förtrogna med. Till en början redde de sig mycket bra, men

128

när verktygen gick sönder kunde de inte smida sig nya, åkrarna blev svårskötta och boskapshjordarna svåra att hålla i styr. Kvinnorna turades om att hålla vakt från Lemnos' högsta klippor, för att varsna fiender i tid och fly till säkra gömställen, ty försvara sin ö kunde de inte.

När de nu fått syn på Argo, hade de skyndat att gömma sig, men när de såg hur männen helt fredligt tvättade sig vid en källa med varmt vatten, beslöt de att försöka få dem att stanna på ön. Drottningen hälsade argonauterna utan fruktan och bjöd dem välkomna till kungaborgen, där kvinnorna snart var i färd med att reda till gästabud. Argonauterna trivdes väl, och den ena dagen gick efter den andra under arbete, glada samtal, sång och musik.

Herakles, som hade ansvaret för skeppet, blev till sist orolig och var rädd att någon olycka hänt skeppskamraterna. Med stor tvekan skickade han Hylas att leta efter dem, men när inte heller han hördes av, måste Herakles själv gå i land. Då han fann kamraterna, frågade han dem uppretad, om de alldeles glömt, varför de farit hemifrån, och förmådde dem att äntligen fortsätta färden.

När argonauterna åter satt på roddarbänkarna, gladdes de åt äventyrets spänning. De förde Argo lyckligt genom den trånga, klippkantade Hellesponten och rodde förbi vackra öar in i Propontis, som nu kallas Marmarasjön. Här måste de fortfarande färdas försiktigt, strömsättningen var hård, och fiender kunde hota dem från land. De färdades utefter södra kusten, men när förråden höll på att ta slut, gick de i land på ön Kyzikos. Där bodde dolionerna, som tog emot dem gästfritt och visade dem stor heder, ty de hade av ett orakel fått veta att främmande hjältar skulle befria dem från deras fiender.

Uppe i bergen härjade nämligen elaka jättar med sex armar. Dolionerna var aldrig säkra för dem, ty rätt som det var kom jättarna ner från sina gömställen, dödade många och försvann igen med sitt byte. När Iason lät Argo lägga ut från land slungades plötsligt väldiga stenblock ner över viken och hade så när sänkt skeppet i svallvågorna. Jättarna lutade sig ner över branterna för att se på Argos undergång, men då grep Herakles sin båge, och för hans pilar föll den vilda skaran.

Hjältarna färdades vidare, men på natten vände vinden sig, och de drev utan att ana det tillbaka mot land. När dolionerna i nattens mörker hörde vapenskrammel, trodde de att rövare landstigit på ön. Striden blev fruktansvärd, man såg inte vän eller fiende i mörkret, och först när det blev dager, fick man misstaget klart för sig. Dolionernas konung hade stupat, och argonauterna lämnade inte den gästvänliga ön, förrän de med stora gravoffer hade hedrat de döda.

VIDARE ÄVENTYR

Nästa gång landsteg argonauterna i Mysien, då Herakles' åra gått sönder och han måste skaffa sig en ny. Hans vapendragare, den unge Hylas, sökte under tiden en källa för att hämta vatten. Han fann vad han sökte, men då han böjde sig djupt ner för att hämta upp vattnet i sin kruka, fick najaden, källans nymf, syn på den vackre gossen och greps av kärlek till honom. Hon sträckte längtande upp sina armar och motståndslöst drog hon ner honom i djupet till sig. En av argonauterna hörde honom ropa, men hur han än letade kunde han inte finna honom. När Herakles fällt en tall för den nya åran och kom ner till stranden, blev han alldeles otröstlig. Förtvivlad gick han från de andra för att i månskenet leta efter Hylas. Han irrade omkring i skogen hela natten, och när morgonen grydde, och vinden var gynnsam, kunde kamraterna inte vänta på honom längre. Argo seglade bort, och Herakles återvände sörjande till Argolis för att fortsätta sin tjänst hos konung Eurystheus.

Innan Herakles lämnade landet, bad han att invånarna skulle fortsätta sökandet efter Hylas. I långa tider därefter firades till den förolyckades minne årliga sorgefester, då man gråtande och klagande tre gånger ropade Hylas' namn.

Argonauterna färdades vidare hela dagen och natten och landsteg först i gryningen på Bithyniens kust. Där bodde de vilda bebrykerna, och deras konung var en arg slagskämpe, som med knytnävarna dödade sina motståndare och skröt med att ingen kunnat besegra honom. Nu utmanade han argonauterna att skicka fram en kämpe att mäta sig med honom.

Den ljuse Polydeukes sprang då upp, två par blyfodrade handskar kastades mellan de båda, och när kämparna dragit dem på sig och fått dem ordentligt fastbundna vid handlederna, gick de lös på varandra. Konungen var kanske den starkare, men Polydeukes var smidigare och vigare. Han vek undan och måttade sedan in sina slag med en sådan kraft att hans storskrytande motståndare till sist föll död till marken. Bebrykerna kastade sig då mot alla regler över segraren, men argonauterna skyndade till Polydeukes' hjälp, och efter en blodig strid blev motståndarna drivna upp i bergen.

Ur konungens boskapshjord, som betade på de bördiga ängarna, valde segrarna ut de bästa djuren och firade Polydeukes' bragd med en stor offerfest.

När argonauterna sett om skeppet, och de sårade hämtat sig, lades kursen mot norr, och så småningom närmade sig Argo Thrakiens kust. Närmast låg en ö, där landets olycklige konung Phineus hade sin borg. Apollon hade givit honom siaregåvan, men denna hade han missbrukat genom att avslöja för mycket av de hemligheter som framtiden döljer. Då människorna har nog av de bekymmer som dagen ger, slog gudarna honom med blindhet och därtill skickade de över honom ett ännu svårare straff. Gudarna befallde nämligen de två harpyiorna Stormvinden och den Snabbflygande, att plåga honom. De hade fagra kvinnoansikten, men deras fågelkroppar hade otäcka, vassa klor, och de var oerhört glupska.

När konungen skulle äta kom de susande, och den föda som de inte slukade smutsade de ner på det avskyvärdaste. Det blev en ryslig stank efter dem, och av den otillräckliga födan blev konungen alldeles utmärglad. När nu argonauterna landsteg på ön, gick han emot dem med glädje, ty han visste på grund av sin siaregåva att det var hans räddare som kom. Hur härdade hjältarna än var, tyckte de sig aldrig ha sett något så beklagansvärt. Gubbens hår och skägg var toviga, och hans avmagrade gestalt så smutsig, att de endast med den största självövervinnelse kunde stanna i hans närhet.

Konungen berättade gråtande om sina olyckor, bad dem om hjälp och talade om att han var släkt med Nordanvinden. Hjältarna greps av medlidande, när de hörde hur svårt han hade det och beslöt att hjälpa honom. De inbjöd honom att dela deras måltid, men knappt hade konungen börjat äta, förrän harpyiorna slog sig ner på stranden och rev till sig hans mat, och de vek inte undan för hugg eller slag.

Då rusade Nordanvindens söner, Zetes och Kalais upp, tog sina lansar och i flygande fart anföll de harpyiorna, som måste fly. De förföljdes ut över havet, och harpyiorna hade säkert blivit dödade, om inte Heras budbärarinna, den vindfotade Iris befallt de båda kämparna att återvända till skeppet. Harpyiorna skulle aldrig mer plåga den stackars konungen eller hans land.

När gudarna upphävt straffet, kunde alla i lugn och ro avsluta måltiden. Konungen förutsade vilka faror Argo skulle möta och anvisade även medlen att undvika dem. Argonauterna tog farväl av konungen, sedan de hjälpt honom att återvända till borgen.

SYMPLEGADERNA

Än så länge hade argonauterna färdats i trakter som de kände genom andra sjöfarares berättelser, men när de lämnade ön, var de inte långt från Symplegadernas klippor, och mellan dessa hade ännu inga greker lyckats taga sig fram. Klipporna var inte fastvuxna i havsdjupet som andra klippor utan kunde slå tillsammans med väldigt dån, och då krossades allt och alla, som vågat sig in i det smala sundet Bosporen.

Argonauterna måste igenom det farliga sundet för att komma in i Svarta havet, och nu prövade de det första av de råd, som konung Phineus givit dem. De lät nämligen en duva först flyga igenom, och med spänning följde de hennes flykt. Duvan flög fort, men klipporna närmade sig varandra hotfullt, och, när de slagit samman, fruktade hjältarna det värsta, ty konungen hade sagt att om hon var oskadad, skulle Argo utan fara kunna färdas genom sundet.

När klipporna åter skildes, kom duvan flygande, utan någon annan skada än att hon mist ett par stjärtfjädrar. Med gott mod vågade argonauterna så försöket. Orpheus spelade på sin lyra, roddarna ansträngde sig så mycket de förmådde, och skeppet sköt fram som en pil. Argo var nästan igenom, när klippväggarna hotande närmade sig varandra. Den skarpögde Lynkeus såg då hur Pallas Athena svävade ner från himlen och med ena handen höll mot den farligaste klippan och med den andra hjälpte skeppet framåt. Roddarna fick nya krafter, och skeppet kom lyckligt igenom, bara en del av den högt uppskjutande akterdelen hade skadats, så att en del träflisor ryckts bort.

Sedan klipporna strax därefter skilts åt igen, slog de aldrig mer ihop. Fasta och orörliga som andra klippor vaktar de alltjämt infarten till Svarta havet.

Argonauterna hade undgått döden, men för att pröva sina skeppskamrater började Iason beklaga sig över att färden oupphörligt skulle komma Hellas' yppersta kämpar att våga livet. De svarade honom att något annat hade de inte tänkt sig, och tacksamma för sin räddning började männen åter syssla med segel och åror.

GENOM SVARTA HAVET

Väl inne i Svarta havet hade Argo en långfärd framför sig. Motströmmen var till en början stark, vinden blåste envist från nordost, och seglen kunde inte hissas. Iason beslöt att följa den södra klippiga kusten, då styrmannen Tiphys ansåg det alltför farligt att bege sig ut på de väldiga vattenvidderna. Roddarna slet vid årorna dag efter dag. Ofta skymdes solen av skräckinjagande dimmor, då de i dimmornas böljande halvmörker tyckte sig se gestalter, som troligen ville locka dem i fördärvet. Inga grönskande öar var av en vänlig gudom utströdda i detta villande hav. Argonauterna, som på Egeiska havet för det mesta färdats från ö till ö, sade till varandra att de aldrig kunnat tänka sig ett ogästvänligare farvatten.

Under långa timmar i oviss väntan på att dimmorna skulle skingras, fick de nytt mod av att Orpheus spelade för dem, och när solen bröt fram igen, fortsatte de ihärdigt, fast strömmen ofta fört dem ur kursen. Då och då måste de lägga till vid någon strand, där de kunde känna sig säkra för överfall, vila ut från sjöhävningen och jaga villebråd. Här och var fann de gästvänligt folk, hos vilka de bytte till sig frukter, bröd, honung, dricksvatten och vin.

135

Vid en landstigning dödades Tiphys av en fruktansvärd vildsvinsgalt, och en annan av skeppskamraterna angreps av en okänd sjukdom och dog. Argonauterna reste en väldig gravhög på stranden och offrade till gudarna.

Stora flyttfågelflockar drog mot norr förbi högt uppe i luften, när männen äntligen efter många dagars slit fick syn på den ö, som konung Phineus beskrivit och befallt dem att landa vid. Den såg fredlig ut, men snart fick de syn på en ilsken fågel, som kom susande från bergen ner mot stranden. Det rasslade när den flög, och när den kom rätt över Argo, skakade den sina vingar, så att kopparfjädrar, vassa som pilar, yrde kring skeppet. Argonauterna förstod att de råkat ut för de stymphaliska fåglarna, som Herakles skrämt så långt bort från deras tillhåll i Arkadien. De skyndade sig att sätta på sig hjälmarna, slog på sköldarna och välvde dem sedan som tak över sig. De hörde rasslet, när den uppskrämda flocken var mitt över dem, men sköldarna höll för störtregnet av de dödsbringande pilarna, och ingen av männen sviktade. Flocken drog förbi, och faran var över.

Det berättas att de farliga fåglarna vid överfallet ödslade bort alla kopparfjädrarna, och när nya vingpennor växte ut, var dessa som alla andra fåglars.

Sedan de kastat ankar vid ön, gick Iason och några till inåt land. De hade inte gått långt, förrän de mötte fyra ynglingar, som fast de var klädda i trasor ändå såg ut som greker. De berättade att de var söner till Phrixos och att deras morfader Aietes i Aia givit dem ett skepp för att söka upp landet varifrån deras döde fader kommit.

Ynglingarna fördes ner till stranden och argonauterna hörde med förvåning om deras skeppsbrott och deras lidanden på ön. Under berättelsen om allt detta, tänkte Iason på vilken fördel det kunde bli för argonauterna att ha med sig några, som kände till Aia.

Sedan de ätit, talade Iason om för ynglingarna att han var deras släkting, och att han och hans kamrater kommit för att hämta det gyllene skinnet i Aia. När de stackars skeppsbrutna verkligen förstått argonauternas avsikter, avrådde de dem bestämt från att ge sig in i sådana faror. Kung Aietes var både mäktig och grym, och själva ville de hellre stanna på ön än fara till morfadern, och allra helst borde argonauterna vända om och föra dem med sig till Thessalien.

Hjältarna var inte alls hågade att uppge sina planer, de skrämdes varken av kung Aietes' grymhet och makt eller av berättelsen om den fruktansvärda drake, som vaktade skinnet. De tog ynglingarna med sig ombord och fortsatte färden. Snart såg de Kaukasus' väldiga snöfjäll resa sig i fjärran.

FRAMKOMSTEN

Ju närmare Iason kom sitt mål, desto försiktigare blev han. Argo styrdes nära kusten, skeppskamraterna rodde sakta och vilade sällan. Då de var nära Kaukasus fick de syn på en väldig örn, som på utbredda vingar störtade sig ner mot ett fjällstup. Ögonblicket därefter såg hjältarna med skräck hur örnen sargade Prometheus, som låg fastnaglad där. De visste ju väl att han blivit straffad av Zeus för att han givit människorna elden, men de vågade inte och kunde inte heller göra något för att befria honom, och hans lidanden varade ännu under långa tidsåldrar.

Efter ännu några dagars försiktig färd, märkte argonauterna av strömsättningen att de kommit nära mynningen av en flod. Phrixos' fyra söner visade Iason på farliga grund, och välbehållna förtöjde argonauterna sitt makalösa skepp vid flodstranden.

Argonauterna tände en eld på stranden och offrade sedan till gudarna och främst till kärlekens gudinna, Aphrodite, som en gång kommit från havet. Även himladrottningen Hera bad henne hjälpa Iason, och rörd av hennes böner skickade Aphrodite sin son Eros till kungaborgen i Aia, där han med sin kärlekspil träffade prinsessan Medeas hjärta. Osynlig för alla försvann Eros, men prinsessan tog sig häftigt åt hjärtat och genomströmmades av en smärtsam glädje.

I samma stund som Eros spände sin gyllene båge och siktade mot Medeas hjärta, kom Iason vandrande till kungaborgen åtföljd av Phrixos' söner och några skeppskamrater. När den förvirrade prinsessan slog upp ögonen, var därför Iason den förste hon såg, och hon greps av en oemotståndlig kärlek till den unge hjälten. Hennes fader, konung Aietes, märkte ingenting av hennes oro, när han gick att med de förnämsta ädlingarna i landet ta emot främlingarna. Och strax därefter kunde Phrixos' maka omfamna sina söner, som hon bittert saknat.

Kungapalatset i solens stad, det heliga Aia, var praktfullt med stora borggårdar omgärdade av höga murar. Inom den innersta låg kungagemaken och prinsarnas och prinsessornas flyglar. Kring de yttre borggårdarna bodde de talrika furstar, som bildade konungens hov, och där fanns också väl bevakade murtorn för konungens livvakt. I den första borggården fanns fyra springbrunnar. Ur dem flöt i sommarhettan iskalla drycker, ur den ena mjölk, ur den andra vin och ur den tredje vatten men ur den fjärde het olja, så man lätt kunde laga till fisk eller kött. Om vintern var vattnet och mjölken varma, och borgens invånare kunde hela året runt välja vad som bäst smakade dem.

På konung Aietes' befallning skyndade nu talrika slavar och slavinnor att reda till välkomstgästabud. Salarna smyckades med dyrbara vävnader, bord bars in och fint arbetade guldbägare och fat sattes fram.

DET SVÅRA PROVET

På morgonen kallade konung Aietes till sig sina fyra dottersöner och frågade dem bistert, om de visste varför främlingarna trotsat så många faror för att komma till Aia. Då han hörde att de ämnade hämta det gyllene skinnet, trodde han inte att det var deras rätta ärende utan misstänkte att de kommit för att ta riket ifrån honom.

Kungaborgens yppersta kämpar kallades under vapen, och när Iason inträdde i mannasalen, glimmade spjutspetsar mot honom vart han såg. Aietes anklagade honom häftigt för att ha kränkt gästvänskapens lagar och befallde honom vredgad och under vilda hotelser att genast rusta sig för hemfärd. Ingen enda av grekerna ville han tåla inom sitt rike, och om de inte rättade sig efter vad han sagt, skulle han låta lemlästa dem så, att de endast med största svårighet kunde ta sig gående hem till sitt land. Eftersom de varit gäster vid hans bord, ville han ändå inte neka dem att genast och oskadda färdas hem på skeppet.

Iason svarade bestämt att argonauterna verkligen kommit blott för att hämta det gyllene skinnet och erbjöd sig att stanna en tid och kämpa mot landets fiender. Han talade så klokt och oförskräckt att den illistige Aietes fann det klokast att dölja sin vrede. I stället för att hota med våld föreslog han att Iason först måste gå igenom ett svårt prov för att bevisa sin härstamning från vindarnas gud Aiolos. Det gyllene skinnet kunde inte lämnas till vilken lågättad äventyrare som helst, men var Iason verkligen av Aiolos' gudaätt, skulle det dyrbara skinnet vara hans.

Utanför staden på krigsguden Ares' fält betade två fruktansvärda tjurar. De hade kopparklövar och sprutade eld ur näsborrarna. Aietes föreslog Iason att han skulle spänna dem för plogen, plöja upp fältet och därefter så i fårorna. Utsädet skulle hämtas åt honom ur konungens skattkammare, och sådden skulle genast mogna till skörd. Den skörden skulle nog komma att förskräcka vilken sjöfarande hjälte som helst.

Under det Iason och hans två kamrater gick ner till skeppet, hade de god tid att tänka på de hårda villkoren för att få skinnet. På Argo väntade skeppskamraterna på dem med otålighet, och så fort de bänkat sig, började en lång rådplägning. Ingen kunde ge Iason ett säkert råd om hur han skulle bära sig åt för att få bukt med tjurarna. Argos förklarade att det helt enkelt var omöjligt, list måste mötas med list. Iason borde på ett eller annat sätt försöka få hjälp av den trolldomskunniga prinsessan Medea, annars skulle han aldrig lyckas med provet. I samma ögonblick flög en duva mot skeppet och sökte skydd hos Iason undan den förföljande höken. När höken i ursinnig fart slog huvudet mot masten och föll död ner på däcket, tog alla det för ett gott tecken. Duvan är Aphrodites fågel, och kärleksgudinnan skulle säkert hjälpa Iason att besegra alla svårigheter. Argos begav sig till kungaborgen, för att i hemlighet vinna prinsessan Medea över på deras sida.

Alla i staden visste redan att berätta om provet, som konungen förelagt Iason, och ryktet växte. På natten drömde Medea att Iason efter provet förde bort henne som sin maka. Hon såg sig själv flyende med främlingen, i fjärran såg hon sitt barndomshem försvinna, och hon vaknade häftigt med tårar i ögonen. Argos' medsammansvurna behövde knappast övertala henne. Medea var som förryckt och blind för faran och blev ännu fastare besluten att hjälpa främlingarna.

Medea var prästinna i Hekates tempel och hade av gudinnan lärt sig trolldom och läkekonst. Långt borta i Kaukasus' vilda bergsklyftor hade hon samlat skyddande örter, som spirat upp ur blodet från Prometheus' blödande lever. Av dem hade hon kokat en sällsam undergörande trollsalva och hon ämnade lära Iason, hur han skulle använda den. Argos skickades tillbaka till skeppet med löfte att Iason förklädd och i hemlighet skulle få möta henne i Hekates tempel.

Iason kom på utsatt tid till templet men inte alls förklädd. Han trädde in i full vapenrustning, hans ljusa lockiga hår föll ner över hans axlar, och hans ögon lyste av mod och tillförsikt. Medeas hjärta fylldes av en ännu häftigare kärlek till honom, då hon tänkte på att han inte låtit skrämma sig och därmed även vunnit gudinnan Hekates gunst. Viskande lärde Medea Iason vad han borde göra. Natten före provet skulle han fly till Hekate i sin nöd och bringa henne ett offer, ty

»... den som hon hyllar och älskar,
skänker i nåder hon seger och bringar hon heder och ära.
Trofast är hon och god, då männen kämpa i tävling.»

(Hesiodos)

141

Medea tog fram en urna med den undergörande salvan och lärde honom att gnida in sig själv med den. Då skulle varken tjurarnas horn eller klövar kunna skada honom. I hennes faders skattkammare förvarades draktänder, som konungen fått av krigsguden Ares. Det var den sådd han skulle så, när han plöjt fältet färdigt. Av draktänderna skulle det genast växa upp krigare, som skulle rusa mot Iason. Då måste han kvickt kasta in ett stenblock bland dem, och då skulle de börja slåss mot varandra i stället.

Iason skulle bestå provet, hennes fader skulle efter det inte kunna neka honom det gyllene skinnet, och argonauterna skulle kunna återvända hem. Han tackade henne, men då han märkte att hon grät över det förräderi hon gjorde sig skyldig till, väcktes i hans hjärta kärleken till henne, som så modigt vågade så mycket för hans skull. Iason lovade med en helig ed, att han, om han lyckades, skulle föra henne med sig till Thessalien. Där skulle hon bli hans drottning, och intet annat än döden skulle kunna skilja dem åt.

Nästa natt gick Iason ensam till Hekates helgedom för att bringa gudinnan de offer, som Medea rått honom att frambära. När gryningen kom, gned han in sig med trollsalvan och kände till sin förvåning hur hans krafter fördubblades och fylld av mod och tillförsikt gick han till krigsgudens fält.

IASON LYCKAS MED PROVET

Så fort solen rann upp körde konung Aietes i full vapenrustning in på fältet omgiven av tungt beväpnade krigare. Argonauterna var redan där för att hälsa honom. Iason gick fram över fältet, och plötsligt störtade tjurarna upp ur en håla i jorden. De sparkade upp marken med sina klövar, och ur deras fnysande näsborrar slog det ut eldslågor och bedövande rök. När de med sänkta huvuden rusade fram mot Iason, grep han dem vid hornen, och tvang dem ner mot jorden. Han satte ett ok på tjurarnas nackar, och så spände han hastigt tjurarna för plogen och plöjde fåra efter fåra. Han manade på tjurarna med sitt vassa spjut, och när solguden Helios i sin lysande vagn vände på himlen och körde ner mot västerns portar vid världshavets rand, var fältet färdigplöjt.

Konung Aietes, som aldrig trott att någon människa kunde få makt med de vilda djuren, kände sig djupt missmodig, när han räckte Iason sin hjälm fylld till randen med draktänderna. Iason tog hjälmen och började så ut draksådden. Efter hand rördes jordkokorna, en hjälm stack fram än här och än där, och inför de häpna argonauternas blickar arbetade sig fruktansvärda krigare en efter en upp ur

marken. De växte medan de rusade mot Iason, men i rätta stunden kastade han in en sten mitt i hopen, och krigarna vände sig i raseri mot varandra. Iason kämpade sig fram genom stridstumultet, dödade många, och när mörkret kom, låg alla slagna. Han hade fullgjort provet, och följd av de stolta argonauterna gick han till vila på skeppet.

I kungaborgen sov ingen den natten. Den illistige Aietes, som full av förbittring sett hur hans beräkning misslyckats, samlade sina rådgivare för att med deras hjälp tänka ut ännu någon list eller överväga, om inte Iason och hans följeslagare skulle kunna överraskas och fängslas.

Livvakten hölls beredd, borggårdarna genljöd av vapenskrammel, och i stor ängslan lyssnade Medea i sitt sovgemak till förberedelserna. I varje ögonblick var hon rädd att få höra sin faders vredgade stämma döma henne till en förräderskas död. Hon ängslades för vad hon gjort och smög sig förklädd ut ur borgen med sin lille bror vid handen.

Då Medea i skydd av mörkret äntligen kom ner till ankarplatsen, bad hon argonauterna om beskydd. När som helst kunde krigare från borgen anfalla dem, ty hennes fader konungen var fast besluten att inte hålla sitt löfte till Iason. De måste handla ögonblickligen, och om de lovade att föra henne med sig i säkerhet, skulle hon hjälpa dem att få med sig det gyllene skinnet, hur förfärlig draken än var.

Iason lugnade henne och svor nu i skeppskamraternas närvaro, att hon skulle bli hans drottning; varken han eller hans kamrater skulle överge henne, nu när faran hotade dem alla. Tysta och beslutsamma rodde de skeppet uppför floden nära krigsguden Ares' skräckinjagande lund. Iason och Medea smög sig i land och utan att någon hindrade dem, kom de fram till eken, där det gyllene skinnet hängde.

Kring ekens stam ringlade sig en väldig drake, och när han hörde att någon kom, sträckte han ut sin långa taggiga hals. Hans fruktansvärda väsande hördes långt utanför lunden, och ur hans gräsliga gap strömmade hans bedövande andedräkt. Iason och Medea var nära att förlamas, men Medea sjöng sina sövande trollsånger och anropade sömnens gud, Hypnos, om hjälp. Ur en flaska stänkte hon en sömndryck mot draken, och äntligen slaknade hans ringlande kropp, huvudet sjönk ner och odjuret sov.

Iason klättrade upp i eken, lossade skinnet och bar det oskadat ut ur krigsgudens lund, tack vare att nattens gudinna Hekate höljde stjärnhimlen i moln. Det gyllene skinnet var mycket tungt, men det spred ett svagt sken, så att de kunde vägleda sig i det djupa mörkret.

När Iason och Medea kom med skinnet, satt argonauterna färdiga. Skyndsamt steg de ombord, Argo lade ut och roddes snabbt så gott som ljudlöst med flodströmmen ner till havet.

ARGONAUTERNAS HEMFÄRD

När argonauterna i den tidiga morgongryningen väl kommit ut på Svarta havets väldiga vattenvidder, var de osäkra om vilken väg de borde välja för flykten. Plötsligt visade sig då på den norra himlen en lysande stråle: himladrottningen Hera hade inte glömt Iason, och efter hennes vägvisning styrdes skeppet utefter norra kusten.

Det dröjde inte länge, förrän argonauterna märkte att de var förföljda. Argo var tungt lastat, och efter hand började kung Aietes' snabbseglande små fartyg vinna på dem. Inom kort var de så nära, att Lynkeus med sina skarpa ögon tydligt kunde se kungen själv. Medea beslöt då att hejda förföljarna genom att offra sin lille broder, som hon lockat med sig. Otröstlig av sorg for Aietes hit och dit med skeppen utefter stränderna för att leta efter sonen, som dödats så grymt, och under tiden hann argonauterna undan.

Dag och natt rodde och seglade argonauterna och gjorde allt för att förvilla sina fiender, tills de äntligen kunde vila ut i en undangömd vik. Som de kände sig tämligen säkra på att deras förföljare nu letade efter dem på den södra kusten, beslöt de att undvika Bosporens besvärliga strömsättningar och trånga farvatten.

Argonauterna fortsatte färden utmed norra kusten och kom slutligen till mynningen av en stor flod och seglade in i den. De vågade inte dricka av det grågula vattnet och stränderna var ogästvänliga. Floden vindlade än åt norr, än åt söder. Ibland möttes de av kringflytande bråtar eller var nära att fastna på farliga grund. Till sist blev de rädda för att komma alldeles för långt från hemlandet och halade med mycken möda upp Argo på land. Över berg och dalar rullades sedan skeppet tills de nådde en annan flod och med den fördes de ned till Medelhavet.

Under en storm susade det i förstävens heliga trä, som Athena själv hade brutit ur Dodonas talande ek. Alla lyssnade ivrigt, och då hördes tydligt framme från fören en röst, som befallde Iason och Medea att först av allt rena sig från blodskulden hos gudinnan Kirke.

Det stormiga havet vräkte skeppet kring på vågorna, och många gånger rodde argonauterna med ångest för döden, innan de äntligen landade i en lugn vik på Kirkes klippiga ö, Aiaie. Argonauterna gick dröjande uppåt ön, »... där

146

den morgontidiga Eos äger sin boning och tråder sin dans, och där Helios uppgår» (Odyssén XII).

Vägen till Kirkes palats var hemsk att vandra. På båda sidor om den gläfste, grymtade och klagade djur, som en gång varit människor.

Eftersom Medea liksom Kirke härstammade från guden Helios blev de emellertid väl mottagna. När de uttröttade hjältarna vilat ut, offrade Kirke åt gudarna försoningsoffer för mordet på Medeas broder och gav dem vid avresan dyrbara vävnader och andra skänker. Kirke var även sierska och förutsade också att de efter ytterligare några äventyr äntligen skulle komma till Iolkos.

Efter att länge ha sökt sig fram i okända farvatten kom argonauterna till phaiakernas ö och steg i land där. Konung Aietes' utsända krigare hade emellertid under sitt långa och fruktlösa letande efter Iason och hans skeppskamrater också hamnat på ön och missmodiga stannat där. När de nu såg Argo lägga till, grep de sina vapen, och de överraskade argonauterna gjorde sig också färdiga till strid.

Just då kom öns vise och gode konung med livvakt ner till stranden. Han lyckades genom sitt kloka tal hejda kämparna och förmå argonauternas förföljare att lägga ner vapnen, då de var underlägsna Greklands djärvaste kämpar och aldrig skulle lyckas med att släpa dem fångna till Aia. Utan argonauterna kunde de inte tänka på att återvända till sitt avlägsna hemland och utsätta sig för den grymme konung Aietes' rasande vrede. Efter en kort rådplägning beslöt männen att ta emot konungens erbjudande om fredligt samarbete. De lämnade ön och bosatte sig på kusten mitt emot.

Nu var hjältarna inte långt från välkända trakter, men när de lämnat phaiakernas gästfria ö, drevs de ända ner mot

Kreta. Där kunde ingen ostraffat landa eller söka nödhamn, ty den mäktige konung Minos hade för att freda sitt rike till väktare valt en jätte av koppar, som hette Talos. Denne sprang tre gånger om dygnet runt Kreta, beväpnad med en väldig klubba. Såg han från sitt vakttorn ett skepp närma sig ön, rullade han ner ofantliga klippblock, så att det sänktes av svallvågorna. I kopparmannens kropp fanns en enda åder, och den var tillstängd med en rigel i hälen. Genom Medeas trollkonster lossade Talos själv rigeln och förblödde. Argonauterna kunde obehindrat gå i land och skaffa sig livsmedel och vatten.

Från Kreta seglade de med god vind rakt norrut och kom snart till sina egna borgar och riken. Himladrottningen Hera hade beskyddat dem, och hjältarna kunde inte nog berömma Argo. Ett så präktigt skepp hade aldrig någonsin förut plöjt havets vidder.

IASONS HEMKOMST

När Iason och de övriga hjältarna sett om skeppet, begav de sig till kungaborgen i Iolkos. Medan de varit borta på sin långfärd, hade den härsklystne kung Pelias gjort allt för att stärka sitt rikes försvar. Han var inte alls villig att efter överenskommelsen med Iason lämna ifrån sig makten. Pelias förnekade trotsigt och fräckt vad han lovat, men tog dock först det gyllene skinnet av Iason.

På återvägen till skeppet fick argonauterna reda på att Iasons fader och moder svekfullt blivit dödade, och att endast några få trogna lyckats fly till bergen undan den grymme Pelias. Iasons skeppskamrater, som så trofast delat

alla faror med honom, blev oroliga för sina egna riken och
for var och en hem till sitt. Endast Orpheus stannade kvar
hos Iason, som kände sig övergiven av gudar och människor.
Medea ensam fällde inte modet inför alla svikna förhopp-
ningar. Hon vann Pelias' döttrar för sig, och därefter bör-
jade hon med stor försiktighet sätta sina listiga planer i
verket.

Hon talade med deltagande om hur gammal, grå och dys-
ter deras fader var. Så småningom lät hon dem hemlighets-
fullt förstå att hon ägde makt att föryngra levande varelser,
och det dröjde inte länge, förrän Pelias' döttrar var utom
sig av iver att få se prov på hennes underbara konst.

Under tysthetslöfte lovade Medea dem till sist, att de
skulle få se hur föryngringen gick till. En mörk natt smög
prinsessorna sig till Medea, som stämt möte med dem. Hon
hade gjort upp en eld, och bredvid henne stod en gammal
bagge bunden. Då Pelias' döttrar kom, började Medea sjunga
trollsånger och anropa gudinnan Hekate om hjälp. I de
drivande molnen tyckte prinsessorna att de såg den mäktiga
gudinnan i spetsen för en andehär sänka sig ner mot dem,
vattenångor från den kokande kitteln omslöt dem, och de
bedövades av de trolldomsörter, som Medea sedan besvär-
jande kastade i kitteln.

Med en vass kniv slaktade Medea baggen och kastade
hans styckade kropp i en kittel med kokande vatten. Efter
en stund hoppade ur kitteln ett litet bräkande lamm, och
nu blev prinsessorna fullständigt övertygade om Medeas
underbara makt. De började genast försöka få henne att
på samma sätt föryngra deras åldrige fader, men Medea tve-
kade och låtsades inte vilja vara med om något så farligt.
Konung Pelias var mäktig, och hans talrika livvakt skulle

149

alldeles säkert hindra att något så ovisst företogs med deras herre. Prinsessorna försäkrade då, att den svårigheten skulle de övervinna. När de ständigt talade om föryngringen, var Medea till sist med om deras eget förslag att de skulle döda konungen under sömnen.

Så skedde. Medea sjöng sina onda trollsånger, då konungens sargade kropp sänktes i kitteln, men inga trolldomsörter fanns den gången i vattnet. Förgäves väntade prinsessorna på att deras fader skulle uppstå föryngrad ur vattenångorna. Det dröjde, innan de gråtande fattade att han var och förblev död, och att de själva nu svävade i den dödligaste fara. För sent genomskådade de Medeas ondskefulla planer, när de flyende försökte komma undan sitt straff för fadermordet.

I nattens mörker smög Medea sig ner till skeppet. Iason väntade otåligt för att med sina vänner bland folket ta borgen i besittning, när nu hans föräldrar blivit hämnade.

Överfallet lyckades, och Iason blev konung i Iolkos. Men hur rättmätiga hans anspråk på riket än var, kunde han och Medea inte längre värja sig för folkets dom. Iolkos' invånare blev upprörda över sveket och grymheten, när de fick klart för sig hur Iason kommit till makten och jagade bort honom och hans drottning ur landet.

IASON OCH MEDEA I KORINTH

Iason och Medea kom under sin flykt till Korinth och där levde hjälten och hans drottning länge lyckliga med varandra. De fick två söner, men folket i staden kunde inte riktigt tåla den främmande furstinnan, och ryktet om hennes dunkla avgrundskonster nådde även dit.

Iason kunde i längden inte glömma att han förlorat sitt rike genom Pelias' skamliga död för Medeas trolldomskonst, och hans hjärta vändes mer och mer från henne. När så konungen i Korinth hade en fager och klok dotter, som skulle ärva hans rike, började Iason tänka på att han genom giftermål med henne kunde komma till makten i en stad, dit han hörde genom gammal släktskap. Konung Kreon, som satte stort värde på den tappre hjälten, gav med glädje sitt bifall till giftermålet.

Iason övergav således trolöst Medea, och först när bröllopsdagen var bestämd, fick hon reda på hans svek. Hon var ensam i en fientlig stad, värnlös och utan vänner. För Iasons skull hade hon lämnat sitt hem, hon hade ingen av de sina att fly till, och hon greps av den vildaste förtvivlan.

Medea gick till kungaborgen och nedkallade i sin sorg allt ont över konung Kreon och hans dotter. Kreon blev rädd för hennes ursinniga förtvivlan, och för att bli fri hennes makt och hämnd, befallde han henne att genast med sina söner lämna Korinth. Medea låtsades då finna sig i sitt öde och bad blott att få stanna ännu en dag, vilket Kreon lovade henne.

När Iason efter konungens domslut träffade Medea och förebrådde henne att hon inte ville foga sig, svarade hon med att påminna honom om allt vad hon gjort och lidit för hans skull. Iason försäkrade henne då att ingen människa beskyddat hans färd, utan det var Aphrodite som genom Eros' kärlekspil tvingat Medea att hjälpa honom. Han ville inte neka till att Medea hjälpt honom på många sätt, men han hade också tackat henne tillräckligt genom att föra henne till Hellas, där rätt och lag rådde och inte makt och våld.

Medea låtsades medge det, och föreföll lugn, när hon förmådde Iason lova att barnen skulle få stanna kvar i Korinth, där hon hoppades att hans brud skulle bli en god styvmor för dem. Medeas behärskning gjorde att Iason kände sig säker, han lovade att fostra deras söner värdigt, och trodde att han och Medea nu skildes som vänner.

På bröllopsdagen skickade Medea deras båda söner till kungaborgen med en praktfull klädnad och en gyllene krans. Prinsessan tackade barnen, och blev djupt rörd över Medeas försonliga sinnelag. Men när tärnorna klätt henne i dräkten och satt kransen på hennes huvud slog den ut i lågor. Den förgiftade klädnaden klibbade fast vid den stackars prinsessans kropp, och då hennes fader sökte befria henne från kransen, fattade hans mantel eld, och så förbrändes de båda.

När Medea fick bud om deras död, var tiden inne för

152

henne att hämnas på den trolöse Iason. Hon dödade sina små söner, fast hon älskade dem. När Iason utom sig av sorg rusade mot henne, svingade hon sig upp i en eldvagn dragen av drakar, vilka hastigt förde bort henne, och hon försvann i skyarna.

Medea bad om beskydd hos athenarna, och blev väl mottagen. Konung Aigeus tog henne till sin drottning, men när Medea försökte döda hans son Theseus, försköt han henne, och hon flydde från Athen till sin släkt i soluppgångens land.

Iason levde länge ensam och olycklig. Skeppet Argo skänkte han till havsguden Poseidons tempel, som han byggt vid Korinthiska viken. En gång begav han sig till templet och uttröttad av vandringen lade han sig att sova i skuggan av skeppet. Då lossnade ett stycke av skrovet och krossade honom.

De övriga deltagarna gick även de efter växlande öden till skuggornas värld. Men deras djärva färd efter det gyllene skinnet lever i skaldernas sånger.

Sagan om Theseus

Över halvön Attika, där ionernas stam fördrivit urinvånarna, härskade en gång den av jorden födde konung Kekrops. Han var till hälften människa, till hälften orm och var mycket klok. På en brant stupande klippa ej långt från havet byggde han en borg med tjocka murar. På klippans sluttningar och på slätterna runt omkring lärde Kekrops ionerna att bygga städer. Han lärde dem också att begrava sina döda, och under hans tid rådde lugn och ordning i landet.

Kekrops' tre döttrar, de ljuva daggsystrarna, vårdade sig om växterna, så att de kunde härda ut i den brännande sommarhettan, och man dyrkade dem som gudinnor. Vederkvickta av daggen blommade konvaljer, violer, gullvivor och narcisser på ängarna, och murgrönan klängde i furustammarna. Trädet framför andra var det grågröna lummiga olivträdet, som den strålögda Pallas Athena skänkt sin stad Athen. Poseidon skänkte athenarna en källa genom att slå på Akropolis' klippa med sin treudd. Ur havet steg hästar, som de lärde sig att tygla, och Athena visade invånarna hur de skulle bygga skepp. Ur gruvor hämtade ionerna silver, och av lera drejade krukmakare vackra skålar, urnor och fat, som de athenska konstnärerna prydde med bilder av gudar, gudinnor och hjältar. Av den vita marmorn på berget Pentelikon byggde athenarna praktfulla tempel till gudarnas ära. Främst dyrkade de Pallas Athena.

En av Kekrops' efterträdare hette Aigeus. Han styrde sitt rike väl, allting trivdes under hans regering, men han var själv djupt sorgsen, därför att han var barnlös. Till sist begav han sig till oraklet i Delphi för att få råd, men orakelsvaret på hans oroliga frågor var så dunkelt att han inte kunde tyda det. På hemvägen tog han därför en lång omväg ner till Argolis, där han visste att konungen i Troizen var känd för stor visdom. Denne tydde det dunkla orakelsvaret så, att Aigeus skulle få en son, som skulle bli en stor härskare och vida berömd. Konungen i Troizen beslöt att även hans ätt skulle bli delaktig av den goda spådomen och gifte i hemlighet bort sin sköna dotter Aithra med Aigeus. Denne stannade i Troizen, och där födde Aithra honom en son, som han kallade Theseus.

Till sist måste dock Aigeus bege sig hem till Athen, ty han var rädd att hans vilda brorsöner skulle ta riket från honom. Av fruktan för dem vågade han inte heller ta sin unga gemål och sin lille son med sig hem till kungaborgen. Innan han skildes från Aithra, grävde han ner sitt svärd och sina sandaler och välvde ett stort klippblock över gömstället. Därefter befallde han Aithra bevara hemligheten om sonens börd så väl, att gossen inte skulle få en aning om vem som var hans far, förrän han vuxit upp. Då han blivit så stor och stark att han kunde välta undan stenen och ta svärdet, skulle hon berätta för honom om Aigeus och hans kungliga börd.

Så fort svärdet var hans, skulle Aithra uppmana sonen att bege sig till Athen, där Aigeus hoppades att under tiden ha kunnat besegra sina övermodiga brorsöner och tryggat riket åt sin egen son.

Vårdad av sin mor och av sin morfader och härdad i alla slags vapenlekar och idrotter växte Theseus upp till en klok och stark yngling. Han undrade ibland över sin härkomst, men modern ville aldrig tala om för honom vem som var hans far. Själv var han fast besluten att försöka likna sin släkting Herakles i mod och styrka och att använda sina krafter lika väl som han gjort. Aithra följde med stolthet hans ihärdiga ansträngningar, och när han fyllde sexton år, ansåg hon, att han var värdig att äga konung Aigeus' svärd. Hon förde Theseus till gömstället och bad honom välta undan klippblocket, vilket han gjorde. Då han fann det praktfulla vapnet och undrande stod och såg på det, berättade Aithra äntligen för honom att konung Aigeus i Athen var hans far och att denne nu väntade på honom.

Theseus blev ivrig att lära känna sin far, men först ville han genom mandomsprov visa sig värd sin höga börd och det kungarike som väntade honom. Han tog avsked av sin mor och morfader och begav sig i väg till Athen. Så länge han gick genom Argolis förbi borgar och städer hände honom ingenting värt att berätta. Först när han kommit närmare det bergiga näs, som förenar Argolis med fastlandet, råkade han ut för de faror och äventyr han längtat efter. Först besegrade han en otäck jätte, som brukade ligga på lur för att i rätta ögonblicket smyga sig fram och bakifrån klubba ihjäl den ensamme vandraren. Just som jätten skulle slå till, böjde Theseus sig undan, och därefter dödade han jätten med sitt svärd och tog den väldiga klubban med sig.

I skogarna på näset höll en rövare alla vandrare i skräck,

och sällan lyckades någon undgå honom. Han kallades Furu-
böjaren, därför att han brukade binda de olyckliga mellan
två nerböjda tallar, och sen det var gjort, släppte han trä-
den, som hastigt reste sig och slet itu offren. Theseus över-
listade Furuböjaren och lät honom själv få pröva på samma
slut som han berett andra.

I skogarna fanns det också vilda djur. Lejonets rytande
ekade mellan klipporna, och Theseus dödade liksom Herak-
les ett farligt vildsvin. Trots alla faror lyckades Theseus
oskadad komma fram till ett ställe, där många förut mött
döden. Vägen var knappast mer än en smal stig utmed klip-
pan, som stupade brant ner i havet. Vandraren måste akta
sig noga för att inte falla utför stupet. Stigen vaktades av
den elake Skiron, som tvingade den som kom förbi att
tvätta hans fötter. Därefter sparkade Skiron ner honom

utför branten. Sedan lutade han sig ner för att se hur i bränningarna nedanför en glupsk havssköldpadda sönderslet den olycklige.

Skiron låg också på lur efter Theseus, men denne var honom för snabb och för slug. Han låtsades falla, och när jätten rusade fram, grep han honom i benet och slungade honom själv med all kraft nerför branten.

Ännu en ogärningsman lyckades Theseus befria skogarna från. I en koja vid stigen bodde Prokrustes, som med stor vänlighet bjöd alla att vila i kojan. När de väl kommit in, plundrade han dem och behandlade dem grymt. Han bjöd dem lägga sig i en säng — om gästen var för lång, högg han av honom fötterna, var han för kort, drog och slet han i honom, så att han skulle passa i sängen. Då Prokrustes trodde att Theseus somnat och tyst smög sig fram för att binda honom, reste Theseus sig hastigt upp. Han lyckades få livtag på skurken, och efter en våldsam kamp fick Prokrustes undergå samma öde, som han berett så många uttröttade vandrare.

Theseus hade föresatt sig att slå ner ogärningsmän och befria fredliga vandrare från stigmän och vilda djur. Han lyckades med gudarnas hjälp utföra många sådana bedrifter, innan han äntligen närmade sig kungaborgen på kullen ovanför Athen.

THESEUS I ATHEN OCH FÄRDEN TILL KRETA

Theseus hade hemma i Troizen hört vilka faror och strider som säkert väntade honom i Athen. Hans farbroder och dennes femtio vilda söner skulle inte utan motstånd se honom komma som arvtagare till kungadömet. När han trädde in i kungaborgen, gömde han därför svärdet under sin mantel, men ingen kunde misstaga sig på att han var en furste, och han inbjöds till konung Aigeus' bord. Under sin vandring genom Attika hade Theseus hört folk tala om den undersköna och trollkunniga drottning Medea, som kommit söderifrån genom luften till Athen. Det dröjde inte länge förrän drottningen fick klart för sig vem den okände gästen i själva verket var. Hon blev rädd för att bli bortjagad och inbillade därför den gamle Aigeus, att främlingen kommit för att döda honom.

Vid ett gästabud övertalade hon konungen att göra sig av med den okände genom att sätta framför honom en bägare med förgiftat vin. När Theseus tog bägaren för att dricka, föll manteln åt sidan, och Aigeus fick syn på svärdet, som han genast kände igen. Hastigt slog han bägaren ur sonens hand och räddade honom från döden. Svärdet bevisade klart vem han var, och Aigeus omfamnade honom under tårar. Medea, som så svekfullt bedragit sin gemål, flydde till sitt hem i det fjärran belägna soluppgångens land.

Fast Theseus blivit erkänd av sin fader som arvtagare, väntade honom ännu många faror. Hans maktlystna kusiner anföll honom, och först efter långa och blodiga strider lyckades Theseus besegra dem och vinna riket. Han dödade också den tjur, som Herakles fört från Kreta till konung Eurystheus. Den gången hade tjuren släppts lös igen och hade länge härjat och förstört åkrar och ängar i Attika innan Theseus fick bukt med honom och befriade landet från besten.

Nu tycktes det som om frid och glädje äntligen skulle få råda i landet, men utifrån hotade nya svårigheter. Konung Minos på det mäktiga Kreta fordrade stora skatter vart nionde år och begärde dessutom att sju ynglingar och sju unga flickor från Athen skulle sändas till Kreta att offras som bot för Minos' son, vilken en gång hade blivit svekfullt bragt om livet vid en idrottsfest i Athen.

När Minos genom sina sändebud fått visshet om sonens öde, drog han själv med en väldig flotta mot Athen för att hämnas prinsens död. Athenarna var inte rustade utan måste underkasta sig Minos' hårda villkor. Allt detta hade hänt långt innan Theseus anlänt, och han erbjöd sig genast att följa de olycksvalda till Kreta och trotsa kung Minos. Den gamle fadern bönföll honom att avstå från den farliga färden, men Theseus stod fast vid sitt beslut.

Ett skepp utrustades och vid avresan gav konung Aigeus rorsmannen ett vitt och ett svart segel. Skulle tvärt emot konungens dystra aningar skeppet återvända med hans son och de andra athenarna oskadade, måste rorsmannen lova att hissa det vita seglet, så att konungen och alla i staden fortast möjligt kunde befrias från sin olidliga oro.

Före avresan offrade Theseus på oraklets befallning till kärleksgudinnan Aphrodite. I högtidligt tåg gick Theseus i spetsen för de unga dödsinvigda ner till hamnen. Det svarta seglet svällde för vinden, skaran gick ombord, och snart rundade skeppet udden och var ute på havet. Efter en lång och stormig färd kastade sjömännen äntligen ankar i en hamn på Kreta, där de unga genast fördes upp till Minos' palats.

Kretas konungar hade under århundraden byggt till och förskönat palatsen. Sedan länge låg dessa öppna för solen och omgavs av de underbaraste trädgårdar i stället för tjocka murar och väldiga vakttorn. Det mäktiga och rika

Kreta behövde sedan länge inte frukta någon fiende, ingen vågade trotsa Kretas välbeväpnade flottor. Havet gav trygghet liksom det skänkte Kreta rikedomar utan like. Ur olivskogarna hämtade man dyrbar olja, som i stora krukor förvarades i palatsens förrådsrum och såldes till länderna runt omkring. Kretas rymliga slätter vid kusten bar säd i överflöd, och vinrankan trivdes på bergens sluttningar.

MINOTAUROS OCH LABYRINTEN

När Theseus och hans följeslagare fördes fram inför konung Minos, visste de endast genom hörsägner vad som väntade dem. Det sades att konungens gemål fött ett missfoster och att fadern till det inte var någon annan än Poseidons snövita tjur, som Herakles en gång fört från Kreta och som dödats av Theseus själv i Attika. Man berättade i Athen att den skräckinjagande tjursonen, som kallades Minotauros, hade tjurhuvud men i övrigt var av mänsklig gestalt, och att han ägde havstjurens våldsamma styrka och samtidigt en ond människas hela list och grymhet. Två gånger hade Athen redan skickat ungdom som offer till detta missfoster, och ingen hade kommit tillbaka för att berätta vad som verkligen hade hänt dem.

På Kreta fanns många skickliga konstnärer och hantverkare i konungarnas tjänst. Den främste av dem alla var athenaren Daidalos. När Minotauros växte upp och blev allt våldsammare, måste konung Minos på något sätt hindra honom från att göra skada. Daidalos fick befallning att bygga ett fängelse, men det skulle inte ändå vara som ett fängelse. Ett ofantligt hus byggdes med så många irrgångar, rum och trappor att ingen kunde hitta därinne. Huset kallades labyrinten och dit fördes Minotauros.

Det var till den hemska labyrinten, som de athenska ynglingarna och flickorna förts, och där hade de blivit slukade av det glupande vilda odjuret. Denna grymma död väntade nu Theseus och hans olyckliga följeslagare.

Vart nionde år hölls på Kreta stora idrottstävlingar och offerfester under nio dygn. De athenska ungdomarna som därvid skulle offras leddes fram inför kung Minos och hela hans hov. Theseus begärde att han ensam skulle släppas in i labyrinten, och han litade inte bara på sin egen styrka och tapperhet utan också på Aphrodites hjälp. Kärleksgudinnan svek honom inte. Bland alla Kretas prinsessor var ingen skönare än Ariadne. Då hon hörde hur oförskräckt Theseus talade inför hennes mäktige fader, greps hon av en häftig kärlek till den unge hjälten. Följande natt gav hon honom i hemlighet ett bronssvärd och ett garnnystan. Tråden skulle han fästa vid ingången, och med nystanet i handen kunde han sedan finna vägen ut igen ur de villsamma gångarna. Ännu i dag kallar man en hjälp till lösning av svårigheter för en »ledtråd», en »ariadnetråd».

När Theseus släppts in i labyrinten gick han försiktigt framåt med nystanet i handen, beredd att när som helst råka ut för vilddjurets raseri. Han vandrade ur den ena gången in i den andra och hörde länge bara ekot av sina egna steg. Han trängde djupare och djupare in i labyrinten och fann till sist längst inne Minotauros, som ilsket bölande störtade emot honom. Theseus drog sitt svärd. När han kände odjurets andedräkt alldeles inpå sig, ränte han svärdet i sidan på besten. Minotauros föll och rörde sig

162

aldrig mer. Theseus skyndade sig att nysta in tråden och med dess hjälp stod han snart ute i det fria.

Minotauros' skräckvälde var slut, och Theseus hade räddat sina olyckskamrater. Dessutom hade han för alltid befriat Athen från Kretas herravälde, ty enligt överenskommelsen skulle kung Minos inte längre kunna fordra någon skatt av staden.

Med glädje gick athenarna ombord för att fara hem, och till dem slöt sig i hemlighet Ariadne och hennes yngre syster Phaidra. Under hemfärden lade skeppet till vid ön Naxos, där man gick i land för att vila. Theseus oroades under sömnen av en dröm och rusade upp, väckte skeppskamraterna och befallde att seglen skulle hissas. I sin förvirring glömde han att väcka Ariadne, som ensam blev kvar på ön.

När Ariadne vaknade på morgonen sökte hon sina kamrater överallt, men då hon fick syn på skeppet långt ute till havs, förstod hon med vilken trolöshet Theseus hade lönat henne, som räddat hans och athenarnas liv. »Övergiven, tärd av sitt hjärtas plågor», såg hon bortåt de ändlöst böljande vågorna och tänkte kasta sig ner i deras djup, så att de skulle föra hennes lik till Attikas stränder. Men guden Dionysos, som tröstar sorgsna hjärtan, hade följt athenarnas skepp för att rädda henne, och i en farkost med masten lindad av vinrankor färdades guden med de ilande vågornas hjälp över havet och landade på Naxos.

Just när Ariadne en sista gång förtvivlad såg ut över havet för att störta sig utför, kom Dionysos upp på den höga klippan, där hon stod, och räddade henne. Ariadne blev hans gemål och upptogs av Zeus i Olympens gudaskara.

Theseus undgick inte straffet för sin otacksamhet. Ko-

163

nung Aigeus hade varje dag spejat ut mot havet från en bergsudde. När han äntligen såg det välbekanta skeppet långt borta byttes hans ängslan i förtvivlans smärta. Skeppet förde ett svart segel, ty vid den hastiga avfärden från Naxos hade rorsmannen glömt att ersätta det med det vita. Aigeus ville inte överleva sin ende son. Han kastade sig utför klippan ner i havet, som än i dag efter honom kallas det Egeiska havet.

Det för tusentals år sedan så mäktiga Kreta tvingades efter hand att rusta även till lands, men anfölls och plundrades gång på gång av grekiska stammar och föll i glömska. I de brända palatsen och templen kilade ödlor ut och in, och snart grodde gräset över de återstående murarna. Handeln och makten övertogs av de grekiska rikena, vilkas konungar och furstar låg ute i ständiga härnadståg.

THESEUS BLIR KONUNG I ATHEN

Efter sin faders död blev Theseus konung i Athen och erövrade hela Attika. Fred och välstånd rådde under hans tid, och han började snart längta efter äventyr och bragder. Han var med om att jaga det kalydoniska vildsvinet, deltog i argonautertåget och i striden mot amazonerna. Från detta nordliga krigståg hemförde han deras drottning som gemål. Hon dog dock snart ifrån honom och en liten son, som han kallade Hippolytos. Konungen drog ut på nya härnadståg, och sonen lämnade han att uppfostras hos sin gamle morfader, konungen i Troizen. Hippolytos växte där upp till en ståtlig yngling och blev en skicklig jägare.

Senare gifte Theseus om sig med Ariadnes syster Phaidra,

som han fört med sig från Kreta. Under makens ständiga krigståg var drottningen för det mesta ensam i kungaborgen med sin styvson. Han dyrkade Artemis, jaktens gudinna, och han föraktade varje band som kunde hindra honom från att stolt och fri ströva kring i skogarna på bergen. Därigenom ådrog han sig kärleksgudinnans vrede, och hon beslöt hans undergång. Aphrodite sänkte kärlekens vanvett över Phaidra, och hon tvingades genom gudinnans makt att älska Hippolytos. När han häftigt avvisade henne, hängde sig den olyckliga drottningen.

Aphrodite hade vänt hennes kärlek i hat, och innan hon sökte döden, ristade hon på en vaxtavla kränkande beskyllningar mot Hippolytos. När Theseus återkom till Athen och i ursinne jagade bort sin son och nedkallade Poseidons vrede över honom, träffades både fadern och sonen av olyckor.

Havets gud hade en gång lovat Theseus att bifalla hans önskningar, och det dröjde inte länge förrän Theseus fick budskap om sonens hemska död. När Hippolytos i sin vagn färdades utmed havet, hade ett odjur vräkt sig upp ur djupet och skrämt hästarna i sken. Vagnen välte, och Hippolytos trasslades in i tömmarna och släpades till döds mot klipporna. Artemis uppenbarade för Theseus hur skuldlös Hippolytos varit till Phaidras anklagelser. Ingen ånger kunde befria fadern från samvetskvalen, som han själv dragit över sig genom sin dåraktiga och brottsliga önskan.

Phaidra hade hämnats efter döden, och kärleksgudinnan hade gripit sina båda offer. Den otröstlige konung Theseus lade med rika gravoffer och under bittra tårar sin son i kungagraven. Därefter hade han ännu mindre ro på sin borg och i sitt rike. Han gav sig ut på nya härfärder och äventyr och skaffade sig många fiender. Slutligen gick dessa i förbund med en furste, som länge traktat efter Theseus' liv och rike. Athenarna, som tröttnat på Theseus' många äventyrsfärder, gjorde knappast något motstånd. De önskade i fred få ägna sig åt handel och sjöfart. Theseus hade till sist inga vänner i staden och hade ingen möjlighet att återta sitt förlorade land.

Från alla håll hotades han till livet, och han flydde till ön Skyros, som till största delen var hans. Men även där hade fiender tagit hand om hans besittningar och var inte alls hågade att avstå från dem. Theseus blev emellertid mottagen med stora hedersbetygelser och anade intet svek. Där kände han sig säker för sitt liv, men något senare blev han under en vandring runt ön svekfullt störtad ner från en brant klippa och fick sin död i vågorna. De grekiska sångarna glömde dock aldrig att vid gästabuden i kungaborgarna sjunga om Theseus, Athens hjälte framför andra.

Iliaden

Havsguden Nereus hade många sköna döttrar men ingen av dem var mer berömd än Thetis. Hon var så lätt och smidig att hon under stormen dansade på vågornas vita skum. En gång då Hera, Athena och Poseidon hotade att fängsla Zeus, kallade Thetis en hundraarmad jätte till Allfaders hjälp.

>»Han hos Kronion då satte sig ner i sin prålande styrka,
> fruktan de saliga gudarna grep, och de glömde sitt anslag.»
>
> *(Iliaden I)*

Jordens gudinna Gaia bestämde henne till maka åt en av argonauterna, den unge Peleus, konung i Thessalien. Till bröllopet, som firades på berget Pelion, kom gudar och gudinnor med dyrbara gåvor för att hedra Thetis. Mitt under festen, då gudar och människor gladdes tillsammans, rullade ett guldäpple in i salen och ett gäckande skratt hördes. Tvedräktens gudinna Eris hade inte blivit bjuden och i harmen över det hade hon från hesperidernas trädgård hämtat ett äpple, på vilket hon skadeglatt ristat orden: Åt den skönaste!

Sorlet i salen tystnade och glädjen flydde, ty Hera, Athena och Aphrodite ville alla tre anses som den skönaste. Då ingen av dem gav vika, vädjade de till Zeus att slita tvisten mellan dem. Han vågade inte föredra någon av dem och gav därför äpplet åt den förslagne Hermes. Denne förde de tre gudinnorna över havet till berget Ida, där han lämnade äpplet till herden Paris och bad denne avgöra tvisten. Paris såg tvekande från den ena till den andra. Hera lovade honom att bli en mäktig konung, om han valde henne, Athena skulle ge honom visdom och krigsära, och Aphrodite ville skänka honom den skönaste av alla kvinnor. Paris tvekade inte längre utan gav guldäpplet åt Aphrodite, men från den stunden fick han Hera och Athena till bittra fiender.

Den unge herden var son till konung Priamos i det mäktiga Troja på slätten nere vid havet, men kände själv inte till sin börd. Priamos' drottning hade drömt en natt, att hon födde en eldbrand, och då hon kort därefter fick en son, vågade inte kung Priamos låta honom leva, emedan dottern, den spådomskunniga prinsessan Kassandra, tytt drömmen om eldbranden så att den nyfödde skulle komma att bereda Trojas undergång. Den lille blev buren till berget Ida för att dö bland de vilda djuren, men en björninna tog sig an den gråtande gossen ända tills en herde fann honom. I de källvattnade skogarna fulla av villebråd växte Paris upp och blev en herde som sin fosterfar. Han blev vig och stark och vallade konung Priamos' boskapshjordar så väl att inga rovdjur vågade sig fram efter byte, och Paris fick fördenskull tillnamnet »försvararen».

Kort efter det att Paris givit Aphrodite guldäpplet, skulle man i Troja tävla i vapenlekar och idrott på slätten nedanför staden. Priamos sände då bud till sin herde, att han ville skänka den vackraste tjuren ur sin hjord till segraren. Paris ville inte skiljas från det ståtliga djuret utan ledde det själv ner till staden. På slätten var lekarna i full gång, och Paris såg med förvåning att han väl kunde mäta sig med de

168

unga furstarna i vighet och styrka. Han nöjde sig inte länge med att stå och se på utan ställde upp i kampen, vann och fick behålla tjuren som segerpris.

Från Trojas murar följde drottningen och prinsessorna idrottslekarna. Plötsligt såg Kassandra att den vige segraren var ingen annan än den broder, som på hennes råd blivit utsatt i bergen. Hon greps av den djupaste oro, men ingen lyssnade till hennes varningar längre. Hon hade en gång svikit guden Apollon, som givit henne siaregåvan, och han hade straffat henne med att ingen skulle tro hennes spådomar. Konung Priamos och hans drottning tog emot Paris som en länge saknad son och förde honom med glädje upp till kungaborgen.

Gudinnan Aphrodite hade inte glömt sitt löfte till Paris, och hon hade valt den sköna drottning Helena i Sparta till hans maka. Hennes bröder, de båda dioskurerna, hade stupat i en strid, och när Helena skulle giftas bort, hade hon ingen som kunde försvara henne. Det kom då så många mäktiga och tappra furstar som friare till kungaborgen, att hennes gamle far inte vågade ge henne åt någon av fruktan för de försmåddas hämnd. Den sluge konung Odysseus från Ithaka rådde honom då, att Helena själv skulle få välja sin make, och att alla friare innan dess med ed måste lova att alltid skydda den hon valde mot överfall, våld och svek. Helena valde Menelaos, den mykenske konungens yngre son, en furste som varken i vett eller skönhet stod efter för någon. Helenas syster Klytaimnestra var gift med Menelaos' äldre broder, konung Agamemnon i Mykene. Menelaos var ung och tapper och blev efter Helenas fader konung i det för sina obesegrade krigare och sköna kvinnor berömda Sparta.

På Aphrodites uppmaning bad Paris sin far om skepp och manskap för att fara till Sparta, och ingen i Troja anade, vad han hade i sinnet. Han blev väl mottagen i Spartas kungaborg, och det dröjde inte länge förrän han hade vunnit Helenas hjärta. När konung Menelaos, som inte misstrodde sin gäst, for till Kreta, flydde hans drottning med Paris till skeppet och färden gick till Troja. Där blev hon välkomnad som hans gemål inte bara för sin skönhet utan också för de rikedomar hon förde med sig.

KRIGSFÖRBEREDELSER

En sådan kränkning av gästvänskapens lagar kunde de stolta kungarna i Hellas inte tåla. När konung Agamemnon sände härbud runt landet och påminde furstarna om det högtidliga löfte de en gång givit, tvekade ingen. Endast Odysseus vägrade. Han älskade sin ö, sin unga maka Penelope och sin lille son, och för att slippa hålla sin ed ställde han sig vansinnig. När Agamemnon och Menelaos själva kom till Ithaka för att övertala honom, gick Odysseus och plöjde med en oxe och en åsna framför plogen, han strödde salt i stället för säd i fårorna och brydde sig inte om hur dragarna satte i väg. Kungabröderna var nära att låta sig luras av detta, när Palamedes, en av Menelaos' vänner, hämtade Odysseus' lille son och lade honom på marken framför den galne plöjaren. Odysseus väjde undan för att inte skada den lille men måste då ge sig och lova att följa med på hämndetåget mot Troja.

Överallt i Hellas byggdes skepp och smiddes vapen, men ännu fattades den förnämste kämpen, Thetis' och Peleus' unge son Achilles. Siaren Kalchas hade nämligen förkunnat att utan denne kunde Troja inte erövras. Achilles hade upp-fostrats av den vise kentauren Cheiron, som lärt honom krigets konst och övat honom i alla slag av idrott. Achilles blev modig, snabb och uthållig och ryktet om alla hans manliga dygder gick vida omkring, men trots detta ängslades Thetis ständigt för hans öde, ty tiderna var svåra och hårda.

Redan när han var nyfödd hade hon doppat honom i floden Styx' vatten för att göra honom osårbar. Hon höll honom därvid i ena hälen men glömde doppa ner den i vattnet. Det var således endast i den hälen han kunde såras.

När ryktet om prins Paris' brudrov nådde Thetis, ängslades hon mer än någonsin. Som gudinna kunde hon se in i framtiden, och hon tvivlade inte på att sonen i det fruktade härnadståget mot Troja skulle vinna odödlig ära för tapperhet, men hon anade också att han i striderna skulle dö en förtidig död.

För att rädda den älskade sonen åt livet sände Thetis honom, utan att nämna orsaken, till ön Skyros, vars konung var vän till Achilles' fader, Peleus. På Skyros ogillade man furstarnas krigsförberedelser, och kungen lät kläda Achilles i flickkläder och gömma honom i kvinnogemaken. Ingen visste var han var, men till sist lyckades den sluge Odysseus spåra upp gömstället och väcka hans längtan att få vara med. Achilles skyndade hem till kungaborgen i Thessalien och började ivrigt rustningar för den kommande striden.

Peleus hade som ung lämnat ön Aigina, där hans fader var konung. En gång hade pesten ryckt bort så gott som alla vapenföra män på ön. När den var över, kom den fromme konungen en gång att uppmärksamt följa, hur myror outtröttligt bär sina bördor och dödsföraktande försvarar sin stack mot fiender. Han önskade sig då suckande att han ägt män lika modiga och uthålliga som myrorna i stället för dem som han mist. Zeus bönhörde honom, och inför kungens häpna blickar växte myrorna hastigt, och inom kort stod han omgiven av en stor skara bistra krigare, som sedan kallades myrmidoner.

Då Peleus for till Thessalien följde myrmidonerna honom, och det var med dessa krigare som Achilles och hans vapenbroder Patroklos steg ombord för att fara till härens samlingsplats vid Aulis på Boiotiens kust. I viken låg redan skepp vid skepp, förråd släpades ombord och manskapet övades, medan furstarna jagade i skogarna. Under en sådan jakt träffade Agamemnon med sin pil en av Artemis' hindar och skröt sedan över sin jaktlycka. Gudinnan harmades djupt över att han så kränkt henne och bad Poseidon om hjälp. Guden befallde Aiolos att hålla vindarna instängda, men att då och då släppa motiga vindar lösa.

Dygn efter dygn var det vindstilla, som plötsligt avlöstes av tjutande stormar. Skeppen låg för ankar men for illa av den brännande solen och de välvande vågorna. Några av furstarna tröttnade under den långa väntan och ville fara hem. Då ingrep siaren Kalchas och förkunnade att gudinnan Artemis kunde blidkas endast genom att Agamemnon, som var den skyldige, offrade sin egen dotter för härens välfärd.

Odysseus åtog sig att fara till Mykene, där han inbillade drottningen att den unga Iphigeneia skulle giftas bort med Achilles, och med sorg i hjärtat lät modern prinsessan följa honom. När han kom tillbaka med den stackars dödsdömda flickan, rördes många bistra krigare av hennes öde, och Achilles ville i vredesmod varna henne. Agamemnon vågade emellertid inte trotsa siarens befallning, krigsfolket samlades kring offeraltaret, och Kalchas stod färdig med kniven, då Artemis förbarmade sig och ryckte undan Iphigeneia i ett moln och förde henne bort till ett fjärran land, där hon sedan tjänade i gudinnans tempel.

Genast blåste en gynnsam vind upp. Överallt på skeppen rådde ivrig brådska, och för svällande segel styrde snart skepp efter skepp ut genom det smala sund, som skiljer Greklands fastland från ön Euboia.

I Homeros' Iliad, sångerna om striderna omkring Troja och vid kungaborgen Ilion, berättas i andra sången om den samlade krigshärens storlek. Efter den har man beräknat antalet skepp till över tusen med antagligen omkring något över hundra man på varje skepp. Achaierna eller danaerna, som grekerna kallas i hjältedikten, hade således en väldig krigsstyrka, då de under Agamemnons befäl for för att hämnas kvinnorovet och erövra det mäktiga Troja.

ACHILLES' VREDE

»Kommande varder den dag, då varenda achaier i hären saknar Achilles.»

(Iliaden IV)

Färden till Troja gynnades av goda vindar, och hjältarna tog det som ett lyckotecken. Här och var lades flottorna för ankar vid öar, manskapet gick i land för att samla förråd och se om sina vapen. Då hände det sig vid en landstigning att Philoktetes, den skickligaste bågskytten i hären, blev biten av en orm. Såret värkte olidligt, och hans jämmer var svår att höra. Efter hand spred såret också en så förfärlig stank, att furstarna beslöt att han måste lämna dem. När Philoktetes en gång föll i vanmakt, roddes han i land och lämnades ensam på ön Lemnos vid en oländig och obebodd strand. Bågen och de förgiftade pilarna, som han fått av Herakles, då han tände dennes dödsbål, lades bredvid den olycklige. Han kom att få tillbringa tio plågsamma år på ön, bortglömd av sina vapenbröder.

I Troja var man inte okunnig om achaiernas anfallsplaner. Apollon och Poseidon hade en gång för länge sedan byggt murarna runt staden, och borgen ansågs ointaglig. Den befästes ytterligare, och vida kring gick härbud om det väntade anfallet. När fiendeflottan blev synlig, stod många tusen trojaner färdiga att hindra landstigningen med pilar och stenkastning, och främst bland dem alla stod kungasonen Hektor, trojanernas förnämste kämpe.

Sakta gled skepp efter skepp in mot stranden. Ett orakel hade spått achaierna att den som först vågade språnget i land, skulle mista livet, och det syntes dem alla hårt att dö utan hjältebragder. Då offrade sig den unge och tappre Protesilaos för de andra. Han sprang över bord med det långa askspjutet beredd till strid men träffades av ett kastspjut, som den väldige Hektor slungade mot honom.

Achaierna stod emellertid inte att hejda. Trojanerna kunde inte i längden hindra dem, i tusental efter tusental hoppade de ner från skeppen, drog upp dem på land, kastade upp jordvallar och reste sina tält, medan trojanerna för övermakten drog sig tillbaka inom borgmurarna.

Under tio år härjades landet runt staden. Det rika bytet delades mellan furstarna, och de av invånarna, som inte dödades, såldes som slavar på Lemnos. Enbart Achilles och hans

174

oövervinneliga myrmidoner erövrade tolv stora städer på sjötåg och elva i trojanernas land. Brandrök och jämmer steg mot himlen var achaierna drog fram, men trojanerna höll fortfarande stånd. Vilda strider rasade på den stora Skamandriska slätten och många tappra hjältar mötte döden, men när solen gick ner, strömmade trojanerna in genom porten i skydd av de höga murarna, som ingen achaier ännu vågat bestiga. Långa tider avstannade striderna, då angripare och försvarare måste se om sina döda och hämta krafter.

Så hände sig, att achaierna erövrade en liten stad i Mysien, brände och förstörde den. Som vanligt tog de med sig det värdefullaste och däribland den sköna Chryseis, dotter till Apollons präst. När krigsbytet delades tog Agamemnon henne för sin del. Gråtande kom hennes far till lägret och bönföll konungen om att få igen sin dotter men möttes av hån och förakt. Den gamle anropade då Phoibos Apollon om hjälp, och guden hörde hans bön.

»Denne steg ner från Olympens höjd med förbittring i hjärtat,
bågen på skuldran han bar och det dubbellockade kogret,
pilarna klingade gällt uppå skuldran av vredgade guden
under hans mäktiga steg, och han framgick, liknande natten.
Fjärran från skeppen han satte sig ner och nu skickade pilen,
och en förfärande klang ifrån silverbågen nu kringljöd.
Först han allenast på mulorna sköt och på hundarna snabba,
men därefter han skickade av på danaerna själva
pilarna vassa, och ständigt och tätt där flammade dödsbål.»

(Iliaden I)

När pesten härjat i nio dagar uppmanade gudinnan Hera Achilles att kalla achaierna till ting. Kalchas förklarade efter mycken tvekan inför de församlade furstarna att straffet kommit över dem, därför att Agamemnon så övermodigt och hänsynslöst kränkt Apollons präst, och att dennes dotter måste lämnas tillbaka för att guden skulle försonas. Då Agamemnon hörde detta, vägrade han länge och envist, och många skymfliga ord växlades mellan honom och Achilles. Till sist måste han dock ge vika, men fordrade som ersättning den fagra Briseis, Achilles' andel i bytet. Den stolte Achilles drog sitt svärd för att försvara sin ära och rätt, men Athena hejdade honom genom att gripa tag i hans lockar. Den gamle vise kung Nestor från Pylos fick möjlighet att medla fred, då Achilles lydde gudinnan. Briseis fördes till Agamemnons tält, men Achilles och Patroklos vägrade från den dagen att följa achaierna i striden. Achilles gick ner till stranden och såg gråtande ut över blånande

176

djupen och klagade högt över att Agamemnon gruvligen kränkt hans ära. Hans moder Thetis hörde då honom,

>»sittande nere i havets djup hos sin åldrige fader.
Ilande dykte hon upp som ett töcken ur skummiga havet,
och uppå stranden satte sig ner framför gråtande sonen
smekte med handen hans kind och talade kärligt...»

(Iliaden I)

När han på hennes uppmaning berättat allt, lovade hon honom att söka upp Zeus och laga så att Achilles skulle bli hämnad.

På Thetis' böner lovade Zeus att straffa Agamemnon. Han sände honom en falsk dröm, som i Nestors gestalt uppmanade honom att skyndsamt låta hären gå till storms mot Trojas murar. Agamemnon trodde drömmen, lät i hast sammankalla hären, och för att pröva stridslusten låtsades han vilja ge upp striden och återvända hem. Knappt hade han talat slut, förrän alla greps av hemlängtan, och många var redan i färd med att sätta skeppen i sjön, när Odysseus ingrep. Han hejdade rusningen ner till stranden, ryckte av Agamemnon konungaspiran och bankade med den till dem som var mest ivriga att komma hem, och genom sina kloka ord fick han de flesta att lyssna och vända om. Endast den vanskapte, alltid försmädlige Thersites skrek utmanande och hånade Agamemnon och hären för feghet, men han fick ett ordentligt slag över ryggen, så att han skrämd satte sig ner och var tyst. Därefter lyckades Odysseus och Nestor övertala männen att ge sig till tåls. Redan i Aulis hade de ju sett en orm sluka tio sparvar och det hade Kalchas tytt som ett gott järtecken — på tionde året skulle Trojas murar falla. Så vältalig var Odysseus, när han skildrade detta, att de församlade enigt beslöt att nästa morgon gå till storms mot staden.

HEKTOR

Gudar och gudinnor blandade sig i den vilda striden kring Troja. När Paris var nära döden i ett envig med Menelaos, som släpade bort honom i hjälmbusken, räddades han av Aphrodite, som lossade hakremmen i hjälmen och förde honom ut ur striden i en tät dimma. Athena ställde sig osynlig på stridsvagnen bakom achaiernas hjälte Diomedes, och hjälpte denne att med kopparlansen såra Ares, som kom framstormande i trojanernas här. Agamemnon gick fram i vimlet av kämpar förhärjande allt i sin väg och achaierna trängde fram, men krigslyckan växlade, och de kämpande härarna vältrade under kampen man mot man fram och tillbaka över slätten.

Många trojaner hade redan stupat, då Hektor gick in till staden för att bringa gudarna ett offer. När han skulle återvända till striden, mötte han sin maka, den ädla Andromache. Hennes far och hennes sju bröder hade stupat den ene efter den andre under de tio krigsåren, och hon bad Hektor att inte gå ut i striden utan i stället låta bevaka murarna. Hon och deras lille son hade ingen annan att lita sig till än honom, och stupade han skulle blott tårar och jämmer bli deras lott, då de släpades bort till träldom. Hektor svarade bekymrad att strid inte var hans lust, men han hade lärt sig att finnas bland de tappra i striden, och han kunde inte svika de sina nu heller. Sedan han gungat sin lille son på händerna och önskat honom mod och styrka, smekte han ömt Andromaches kind och sade till henne:

178

»Älskade hustru, var icke så djupt i ditt hjärta bedrövad!
Ingen ju ändå mot ödets beslut skall mig störta till Hades;
skickelsen åter har ingen, jag tror bland människor undgått,
vare sig hög eller låg, sedan född han blivit till världen.»

(Iliaden VI)

Han tog upp hjälmen, som han lagt på marken för att inte
skrämma den lille, tog avsked och gick ut till de stridande
tillsammans med Paris.

När de båda kommit ut på fältet, trängde Hektor sig
fram i främsta ledet, höjde sin lans och utmanade den av
achaierna som ville till envig. Den som segrade skulle få den
stupades rustning, men lämna den döde åt hans kära. Nio
tappra achaier anmälde sig efter en lång tvekan, ty Hek-
tors styrka och skicklighet avskräckte dem till en början.
Lotten avgjorde och föll till förmån för Aias, som väl
kunde mäta sig med Hektor i kroppskrafter.

Kampen blev långvarig. De stred med lans och med hug-
gande svärd, och till sist kastade Aias en väldig sten mot
Hektors sköld med sådan kraft, att denne föll baklänges till
marken. Apollon, som hela tiden osynlig stått vid Hektors
sida, reste upp honom. Fäktningen fortsatte, ända tills här-
older från Priamos och Agamemnon befallde dem att sluta.
Hektor gav då Aias sitt silvernaglade svärd och av honom
fick han i gengåva ett bälte, som lyste av purpur.

Nattmörkret föll över slagfältet med alla de stupade, då
Aias följd av »benskensklädda» achaier glad och stolt trädde
in i Agamemnons tält, där hjältarna sedan styckade offer-
djuret, skar köttet i skivor och stekte dem på spett över
elden. När gillet var slut, rådde den gamle Nestor till vapen-
vila, så att de kunde i frid samla de döda. Även Priamos
talade i trojanernas rådslag för detta, och en härold skicka-

des till fienden. Dessutom hade härolden ett förslag från Paris att alla skatter, som förts från Sparta, skulle återlämnas och mer därtill, men Helena ville han behålla, fast många trojaner yrkade att hon skulle skickas åter till Menelaos. När härolden förkunnade Paris' anbud satt alla achaier tigande, och han fick intet svar utom av Diomedes, som bistert avslog Paris' anbud.

»Nyss hade solen gått upp i sin glans ur Okeanos djupa
sakta rinnande ström och sköt sina strålar på jorden,
då med varandra de möttes i frid bland de döda på fältet.
Vanskligt det blev dem att känna isär från varandra de fallne,
men de med vatten då tvättade av det stelnade blodet
och uppå vagnarna lyfte dem upp under brännande tårar.»

(Iliaden VII)

Hela dagen flammade likbålen. På Nestors råd byggde achaierna en mur med tättslutande portar runt omkring skeppen och grävde därutanför en djup vallgrav, i vilken de slog ned spetsade pålar.

TROJANERNAS FRAMGÅNGAR

Nästa dag fortsatte striden, och achaier och trojaner kämpade med lika mod och lika framgång. När Zeus såg detta, mindes han sitt löfte till Thetis att Achilles skulle få upprättelse för den skymf han lidit genom Agamemnon och beslöt att ge trojanerna seger. Han kallade gudar och gudinnor inför sig och förbjöd dem att bege sig till slagfältet. Därpå spände han, klädd i skimrande guld, sina kopparhovade hästar för vagnen och for till Idaberget, varifrån han blickade ner på de stridande. Så tog han två dödslotter, en för trojanerna och en för achaierna, lade dem i vågskålen, och achaiernas sjönk ner mot jorden, medan trojanernas höjdes. Zeus slungade nu ned sin blixt mitt ibland achaierna »och den bleka förskräckelsen grep dem». Achaierna flydde och tog skydd innanför skansarna de uppfört, och följd av sina förnämsta kämpar stod Hektor på vallen och uppmanade trojanerna att tända eld på de uppdragna skeppen. Hera vågade trotsa Zeus och gav Agamemnon mod att egga sina skaror, och achaierna rusade ut genom portarna och drev trojanerna tillbaka. Dessa gav sig inte, achaierna flydde på nytt, och så växlade stridslyckan, tills natten kom och tvang de stridande att sluta. Trojanerna tände eldar på slätten och lämnade inte slagfältet, fast beslutna att när dagen kom driva fienderna tillbaka i havet.

Bekymrade och fyllda av skräck satte sig achaierna till rådslag. Agamemnon själv talade för att man borde fly medan det var tid därtill, och furstarna satt länge tysta sedan han slutat. Då reste sig konung Diomedes från Argos och sade att han och hans kämpar stannade kvar och tänkte modigt hålla ut. Det kunde stå Agamemnon fritt att vända hem igen på de hundra skepp som var hans! Då han slöt sitt tal med att påminna dem om att gudarna lett deras färd över havet, fick alla nytt mod av hans oförskräckta sinnelag och hans manliga ord. Den gamle vise Nestor steg därefter upp och föreslog att Agamemnon skulle försona sig med Achilles. Han var dock den tappraste av dem alla och hedrad av gudarna. Agamemnon hade kränkt honom, förledd av sin makt och sitt högmod, och måste därför själv besinna hur Achilles bäst skulle kunna blidkas.

Agamemnon gav vika och medgav att han varit förblindad, då han den gången i vredesmod kränkt Achilles. Han erbjöd sig nu att om Achilles ville hjälpa achaierna till seger, skulle han skicka tillbaka Briseis med sju skickliga slavinnor och därtill tolv tävlingshingstar samt guld och dyrbara husgeråd av silver och koppar och många andra gåvor. Och när Troja en gång var taget, skulle han skänka honom rikligt av bytet och ge honom sin mest älskade dotter till gemål.

Odysseus, Aias och ännu några andra åtog sig att överlämna gåvorna och förmå Achilles att glömma all den oförrätt han lidit. Hur väl än Odysseus lade sina ord var dock Achilles obeveklig, och ingen kunde förmå honom att hjälpa achaierna, så djupt kände han sin ära kränkt.

»Likt orkanen av rasande vindar» stormade trojanerna och deras bundsförvanter åter fram ända till achaiernas skyddsvärn, och många av dem försökte klättra över det men störtades döende tillbaka. Hektor lyfte då en väldig sten från marken och krossade med den hakarna och bommarna till porten, som föll med ett brak. Strax rusade skaror av trojaner in i achaiernas läger, och andra hämtade i flygande fart eldbränder från Troja. Aias ensam höll modigt stånd i framstammen på sitt skepp, ända tills Hektor kämpade sig fram till honom och högg av kopparspetsen på hans lans. Aias var nu försvarslös, och kort därefter steg en eldpelare mot skyn från hans skepp. Elden spred sig hastigt och många achaier satte livet till.

Under allt detta stod Achilles framför sitt tält och såg skadeglad på hur achaierna trängdes på alla sidor. Men då han trodde sig se att en av hans vänner sårades, rördes hans hjärta, och han skickade Patroklos att höra efter hur det gick denne. I achaiernas läger rådde förvirring och skräck, trots Agamemnons och andra hjältars tapperhet och mod.

Nestor satt sorgsen i sitt tält, när Patroklos trädde in, och med bedrövat sinne frågade Nestor om inte åtminstone Patroklos hade något hjärta, då han så likgiltigt kunde se på hur hans forna stridskamrater dödades. Den gamle vördnadsvärde konungens förebråelser lämnade från den stunden Patroklos ingen ro. Han beslöt för sin del att ge sig med i striden och hjälpa achaierna.

PATROKLOS' OCH HEKTORS DÖD

Brandlukten från skeppen svepte fram över lägret, när Patroklos återkom och med tårar i ögonen bad Achilles att ha medlidande med deras hårt ansatta landsmän och låta honom hjälpa dem. Achilles' vrede svalnade vid vännens ord, och för att skrämma trojanerna lånade han Patroklos sin rustning. Myrmidonerna, som så länge varit overksamma, var som hungriga vargar, och i spetsen för dem ryckte Patroklos ut i striden. I trojanernas skaror sjönk modet, ty de kunde inte tro annat än att det var den fruktade Achilles, som med blixtens hastighet störtade sig in bland dem och dödade många. Hektor tvekade länge, men då han såg den som han trodde vara Achilles ensam på slätten, eggades han av Apollon att anfalla. Efter en kort strid dödade Hektor med Apollons hjälp sin motståndare och drog av Patroklos Achilles' glänsande vapenrustning.

Kring Patroklos' blodiga lik rasade striden med förbittring, och redan hade trojanerna tre gånger ryckt det till sig, när Hera uppmanade Achilles att stiga upp på skyddsmuren och visa sig för dem. Han lydde gudinnan; Athena hängde sin tofsprydda egid om hans skuldror, och obeväpnad steg han upp på muren och röt i sin sorg så förskräckande att trojanerna flydde. Menelaos och Aias bar därefter Patroklos' lik in i lägret. Hela natten satt myrmidonerna sörjande och klagande hos den döde, och Achilles lovade att, innan han själv hämtades till Hades, skänka sin vän till offergärd Hektor själv och hans vapen.

Tidigt nästa morgon kom Thetis till den sörjande sonen med en konstfull rustning i stället för den han förlorat. Guden Hephaistos hade själv smitt den under natten. En sådan rustning som denna hade ännu aldrig någon sett, och särskilt var skölden ett underverk av smideskonst. Achilles stod länge och såg på den, hans ögon blixtrade, och han skyndade till achaiernas tält för att kalla dem samman. Inför sina gamla stridskamrater erkände han öppet sin oförsonlighet, som vållat så många tappras död, och Agamemnon medgav för sin del att han ångrat sitt övermod och sin dårskap.

Med nytt mod drog nu achaierna ut på slagfältet och

>som när från Zeus snöflingorna tätt nedvirvla om vintern,
kalla och piskade fram av den klara och isiga nordan,
sålunda myllrade ut i den tätaste ström ifrån skeppen
hjälmar med präktigt lysande glans och sköldar med buckla,
brynjor av starkaste plåt och stadiga glimmande askspjut.»

(Iliaden XIX)

Som en stormil var Achilles främst bland de stridande i hopp att få mäta sina vapen med Hektors. Han mötte i stället Aineias, Paris' vän, som följt med honom på brudrovet till Sparta. Helt visst skulle Achilles ha dödat honom, om inte Poseidon sänkt ett töcken över Achilles' ögon och fört Aineias ur striden.

Utan förbarmande dödade Achilles sedan alla trojaner som kom i hans väg. För att komma undan störtade sig många i floden Xanthos' böljor, men Achilles följde efter dem. Vattnet färgades rött av de döendes blod, men när Achilles inte aktade på flodgudens varning, välvdes höga vågor mot honom, och han skulle ha drunknat, om han inte i sin förtvivlan bett Hera hjälpa sig. Hon skyndade till Hephaistos, som tämjde det forsande vattnet med eld. Andra gudar och gudinnor blandade sig i stridsvimlet. Athena, som också skyndat till achaiernas hjälp, mötte sin broder, den vilde Ares, och kastade mot honom en väldig sten, så att han avdomnad föll till marken. »Då skrattade Pallas Athena.» Apollon vägrade att anfalla Poseidon, som stridde för achaierna, men Hera hade intet förbarmande med Artemis. Hon tog kogret ifrån henne och slog henne leende på båda kinderna så hårt att Artemis gråtande flydde »lik en bävande duva».

Under detta hade Achilles hämtat sig, och trojanerna störtade förfärade in i staden, när de såg honom komma.

Hektor ensam stannade kvar, fast hans fader, den åldrige Priamos, från borgmuren tiggde och bad honom att rädda sig, och hans gråtande moder försökte beveka honom att kämpa mot Achilles från muren. Hektor stod dock orubbligt kvar, men då Achilles kom, lik falken, svek honom modet och han flydde. Tre gånger sprang Hektor runt kring Trojas murar, och med ursinniga rop av raseri och hämndlust jagade Achilles efter honom.

Plötsligt stannade Hektor, hans manliga mod återvände och en vild och lång tvekamp började som slöt med Hektors död. I dödsstunden bad han Achilles att inte lämna hans lik till hundar och gamar utan sända hans kropp till Troja, men

Achilles trädde i sitt outsläckliga hat remmar genom Hektors fötter, band dem i stridsvagnen, sedan han dragit av honom rustningen, och

>piskan mot hästarna ven, och i flygande fart gick det undan. Dammet rök upp, där han släpades fram, och med lockarna svarta hängande spridda omkring, låg i stoftet hela hans huvud, som var så fagert förut, men som lämnades nu av Kronion att på hans egen fädernejord av fiender skymfas.»

(Iliaden XXII)

Patroklos var hämnad, och achaierna redde hans gravbål vid stranden. Den döde var täckt av hårlockar, som vapenbröderna offrat till honom, och Achilles själv skar av sina lockar och lade dem i hans hand. Tolv trojanska ynglingar, fyra hästar och två trogna hundar följde Patroklos till dödsriket, när Achilles själv tände gravbålet. Hektors lik lovade han den döde att kasta till hundarna. Dagen därpå tävlade achaierna i ett högtidligt kämpaspel till Patroklos' ära, och Achilles gav de segrande rika gåvor. När morgonen grydde, for han tre gånger med Hektors lik kring Patroklos' gravhög och återvände därefter till sitt tält.

Inför en sådan onaturlig hämndlystnad harmades gudarna, och Zeus beslöt att rädda Hektors lik. Han skickade Iris till konung Priamos med uppmaning att han ensam skulle om natten bege sig till Achilles' tält. Priamos lydde, rika försoningsgåvor lastades på vagnen, och guden Hermes ledsagade honom på hans tunga färd.

>Osedd trädde kung Priamos in och gick fram till Achilles och sina armar slog om hans knän och kysste hans hårda mordiska händer, som hade förgjort så många hans söner.»

(Iliaden XXIV)

Achilles rördes i sitt hjärta, han bjöd den gamle att vila, medan tärnorna tvättade Hektors lik, som han sedan själv lyfte upp på vagnen. Utanför Trojas murar stod en sörjande skara och främst den gråtande Andromache. Achilles hade lovat Priamos vapenvila i tolv dagar för att trojanerna skulle kunna värdigt ära Hektor.

I nio dagar körde de hem bränsle, och på den tionde dagen lades Hektors lik under tårar och klagan på gravbålet. Hela natten igenom flammade lågorna, och därefter släcktes glöden med vin. Bröder och stridskamrater svepte sedan hans vitnade ben i purpurfärgade slöjor, lade ner dem i ett guldskrin, och så sänktes skrinet i en grav. Graven täcktes med stora tätt hopfogade stenar.

»Högen kastades upp, medan runtom spejare sutto
för att achaierna ej skulle stormande komma i förtid.
Dock, när högen var rest, de vände tillbaka och mangrant
sutto därefter till bords vid det stora och lysande gillet
uppe i slottet hos Priamos själv, Zeusättade drotten.
Sålunda lades i grav den hästomtumlande Hektor.»

(Iliaden XXIV)

*

Med sången om Hektors gravläggning slutar Iliaden. Om Trojas erövring och achaiernas hemfärd berättas i Odyssén samt i andra grekiska sagor, skådespel och dikter.

TROJA ERÖVRAS

På den tolfte dagen började striderna på nytt. Trojanerna fick hjälp av amazonerna, och i striden mötte Achilles deras drottning och dödade henne. Från Etiopien kom Memnon, som var son till morgonrodnadens gudinna Eos, med en

187

stor skara krigare till Trojas hjälp. Memnon var en väl så tapper krigare som Achilles. Då han drabbade samman med Achilles, tog Zeus sin gyllene vågskål för att se vad ödet hade bestämt för dem, vågskålen sjönk med Memnons lott, och hans död var given. Glad över segern styrde Achilles sitt spann fram emot Trojas murar. På muren stod prins Paris, och guden Apollon riktade hans pil så, att den träffade Achilles i hälen, det enda ställe, där han var sårbar.

Aias drog ut pilen ur det blödande såret och bar den döende ner till achaiernas läger, där sorgen blev stor. Deras klagan hördes ner till Thetis på havets botten, hon steg upp ur vattnet och satte sig sörjande vid sonens lik. I sjutton dagar hördes blott sorgesånger från achaiernas tält. Först dagen därpå brändes Achilles på bålet. Hans ben lades i den urna, som gömde Patroklos', och vännerna fick som de önskat vila i samma gravhög.

>Men där de gömmas i jord, har den heliga hären av Argos'
spjutbeväpnade män uppkastat på stranden en gravhög;
väldig och skön den står på en udde vid bred Hellespontos,
att långt ute på hav den må synas för seglares ögon,
vilka där hava sin väg, både nu och i kommande dagar.»

(Odyssén XXIV)

Thetis lovade att sonens rustning och vapen skulle skänkas åt achaiernas förnämste kämpe. Alla var eniga om att inga var värdigare belöningen än Odysseus och Aias. I fursterådet talade båda om vad de gjort för den gemensamma saken. Odysseus var den vältaligaste och blev tilldömd Thetis' gåva. Aias, »i skönhet och växt den förnämste av alla», kunde inte i klokhet mäta sig med Odysseus. Mörk och dyster gick han från kungarnas rådslag. Stirrande framför sig i vilt raseri satt han under natten i sitt tält, tills han plötsligt i fullt vansinne rusade ut ur tältet och rakt in i en fårhjord, som fredligt betade på fältet. I tro att han här hade Odysseus, Agamemnon och Menelaos framför sig, högg han med sitt svärd besinningslöst runt omkring sig och dödade många. När dagen kom, och han fick se vad han gjort, greps han av förtvivlan och störtade sig på sitt eget svärd.

Så var då många av achaiernas förnämsta kämpar fallna, och ännu stod Trojas murar. Ett orakel förkunnade då att först måste Athenas bild (palladiet) hämtas från Troja, ty trots det att gudinnan gynnade achaierna, så vakade hon som borgens skyddsgudinna över fiendestaden. Den sluge Odysseus klädde sig då till tiggare och listade utan större svårighet ut var bilden fanns. På natten smög han sig med Diomedes tillbaka igen och lyckades osedd få Athenabilden med sig ut ur Troja.

Men Kalchas hade också förkunnat att Philoktetes, som

hade Herakles' båge och pilar, måste övertalas att vara med om det sista avgörande anfallet, annars skulle det inte lyckas. Det var säkert inte lätt att vinna Philoktetes för den gemensamma saken. Han hade under de långa, plågsamma åren, då han livnärt sig av småfåglar och markens örter, kommit att hata vapenbröderna, som så grymt lämnat honom hjälplös. När Odysseus steg i land för att hämta honom var han först obeveklig men följde med, sedan Herakles visat sig för honom i en dröm.

I lägret blev hans sår botat, och han var en lika skicklig bågskytt som förr. Det var också han som med en förgiftad pil dödade Paris, när denne övermodigt steg upp på muren och fortfarande vägrade att utlämna Helena till achaierna. Helena hade efter Hektors död känt en djup oro, ty trojanerna avskydde henne, och hon kallade sig själv den äreförgätna.

Trots att achaierna fortfarande stred med stort hjältemod kunde de inte ta staden. Efter Hektors död stannade trojanerna innanför murarna, varifrån de kastade stenar och kokande vatten på den som vågade sig nära. Det var tydligt att Troja blott kunde erövras med list. Den »mångförslagne» Odysseus, som så många gånger räddat achaierna genom sin klokhet, fann till sist på råd. Han lät göra en väldig häst av furu, och i hästens inre gömde sig sedan Odysseus, Philoktetes, Menelaos och andra beväpnade krigare. Achaierna seglade därefter bort om natten, sedan de bränt sina tält. En slug kämpe låg gömd i vassen för att trovärdigare kunna fullgöra det illistiga uppdrag som Odysseus givit honom.

När trojanerna såg eldskenet och fann att achaierna seglat bort, tog de mod till sig och sprang ner till stranden, där de fann trähästen. Till en början var trojanerna alldeles villrådiga. Somliga ville genast bränna upp hästen, men de flesta menade att man borde behålla den som segerbyte. Apollons präst Laokoon varnade dem emellertid; man borde misstro danaerna, även då de kom med skänker. Just som de tvistade därom, kom några män framsläpande med den bundne achaiern. Han berättade gråtande att furstarna tröttnat på det lönlösa kriget, och för att få en lycklig hemfärd hade oraklet befallt dem att offra honom. Han hade redan varit bunden och elden på altaret tänd när han lyckats slita sig lös och fly. Han väntade sig inte nu heller något annat än döden, och han hatade av hjärtat sina grymma vapenbröder.

Priamos befallde då att hans band skulle lösas och frågade om han kunde ge besked om meningen med trähästen. Achaiern upprepade trovärdigt allt vad Odysseus lärt honom. Gudinnan Athena vredgades för att palladiet blivit stulet och hennes bild sålunda vanhelgad. Achaierna hade byggt trähästen för att blidka gudinnan och gjort den så ofantligt stor för att trojanerna inte skulle kunna få in den genom porten. Om de lyckades föra in den i staden, skulle den bli lika lyckosam och beskyddande som palladiet.

Ännu hördes misstänksamt mummel, men då hände något som tycktes bekräfta vad achaiern sagt. Laokoon stod vid Poseidons altare vid stranden, då två hiskliga ormar krälade upp ur havet och anföll hans båda söner. När fadern försökte rädda dem insnärjdes han också i deras mördande slingor. De värjde sig förgäves, ormarna kvävde dem till döds.

Nu fanns det ingen tvekan mer. Med stor möda släpades trähästen upp till Troja, och en del av muren revs ner för

191

att man skulle kunna få in den. Prinsessan Kassandra varnade dem och förutsade Trojas snara undergång, men ingen brydde sig om hennes spådomar. Stadens tempel smyckades med blommor, det långa kriget var slut, och alla lade sig trygga till vila.

När allt var tyst, smög sig achaiern ut genom stadsporten och gav signal åt flottan, som legat i bakhåll vid en ö utanför kusten. Strax därefter blev Agamemnons skepp synligt. Skepp efter skepp seglade in mot stranden, och tusentals achaier rusade upp mot staden.

De beväpnade kämparna kröp ut ur trähästen, och var de första att börja striden med de yrvakna trojanerna. Staden genljöd av krigsrop och vapenrassel, eldbränder kastades in i husen, och inom kort brann det på flera håll. Achaierna visade intet förbarmande, trojanerna blev nerhuggna var de syntes. En och annan försvarade sig tappert, men något verkligt försvar kunde knappast ordnas utom vid det kungliga palatset. Där lyckades den jättestarke Aineias med hjälp av sina män välta kull tornet över porten. Det föll med ett brak och under det krossades många achaier. Men nya utvilade kämpar trängde in. Kungafamiljen hade tagit sin tillflykt vid ett altare; där dödades den gamle olycklige Priamos och hans söner.

Menelaos och Odysseus skyndade till kvinnogemaken, där de fann Helena, som bönfallande sträckte armarna mot sin forne make. Den synen kunde han inte motstå, trots att han strax förut tänkt döda henne, och hon återvände som hans drottning till Grekland. Andromache fick förtvivlad se på hur hennes och Hektors lille son kastades utför den höga muren. Hon fördes tillsammans med de övriga prinsessorna och deras tärnor ner på skeppen, till träldom i främmande land, och hon hade hellre velat gömmas i jorden, nu när hon mist sina kära, för henne fanns ingen lindring mer i sorgen.

Troja plundrades på sina hopade rikedomar, som fördelades mellan furstarna, och lastade med rikt byte sattes skeppen på nytt i sjön. Det sista de segerglada achaierna såg av det mäktiga Troja var en rykande askhög.

Det var inte många trojaner, som lyckades fly ur den brinnande staden. Av furstarna var det bara två som räddades. Den ene skonades av Menelaos därför att han alltid yrkat på att Helena skulle sändas tillbaka till Sparta. Den andre var den djärve Aineias, prins Paris' vän och vapenbroder. På sina starka skuldror bar han sin gamle far och ledde sin lille son vid handen, när han smög sig ut ur staden. Under förvirringen och brådskan vid flykten försvann hans maka, och hur han letade efter henne i mörkret, kunde han inte finna henne. Med fadern och sonen kom han lyckligt till Idaberget, där de gömde sig i skogarna.

När achaierna slutligen dragit bort, kunde han så småningom få tag på många av sina män. På tjugo skepp lämnade han sin fädernestad och landsteg efter många växlande äventyr på Italiens kust, där romarna kom att räkna honom som sin stamfader.

HEMKOMSTEN

För många av de segrande furstarna blev hemfärden farlig och lång. Alla längtade att få se Hellas' kuster igen efter att så länge ha varit borta, men skeppen var knappast i stånd att tåla en storm, timret i fartygen var halvmurket, skeppståg och tackel nästan förmultnade, men knappast någon gav sig tid att se om sitt skepp ordentligt. Poseidon, som vredgades över deras framfart i Troja, lät Nordanvinden svepa ner över det Egeiska havet. Då knäcktes masterna och många skepp drev redlösa kring och många revs ner i det blånande djupet.

Konungen på den stora ön Euboia hatade segrarna och främst Odysseus, som hämnats på hans son, Palamedes, för att denne överlistat honom så att han tvingats med i kriget. Odysseus glömde det inte, och på grund av falska anklagelser, som Odysseus satt i gång, blev Palamedes skymfligt stenad av hären. Ingen av achaierna fick heller utstå så många faror som Odysseus, men från de dödsbringande villoeldarna, som tändes på Euboias klippiga kust, räddade han sina skepp, fast många förliste där.

Konung Menelaos' fartyg kom ur kursen och drev utan roder ända till Egypten, och först efter många äventyr kom han och hans sköna drottning hem till Sparta, där de sedan levde lyckliga i många år.

I Grekland hade mycket hänt under de tio krigsåren vid Troja. Andra furstar hade tagit borgarna i besittning, och flera av de hemvändande kungarna möttes av släktens förräderi.

När den oförskräckte hjälten Diomedes kom till sin borg i Argos, hade hans gemål gift sig med en annan furste. Diomedes måste fly i hast, då de stod efter hans liv. Han sökte sig till Italien, där han blev konung över en del av landet.

Ingen av de hemvändande furstarna fick dock ett så tragiskt slut som Agamemnon. Över den gamla kungaborgen i Mykene hade släktled efter släktled hopats brott ända från stamfadern Tantalos, som dödat sin egen son, och Pelops, vilken genom ett trolöst mord dragit över sig förbannelse. Han var emellertid en väldig erövrare och besegrade många av furstarna på Peloponnesos. Hans söner förde en ursinnig strid med varandra om makten. Atreus, som var den kraftfullaste, tog makten i Mykene och jagade bort sin broder Thyestes. Segraren var från den stunden alltid rädd att brodern och hans tre söner en gång skulle komma och ta riket från honom och hans efterkommande. Genom list fick han två av Thyestes' söner i sitt våld och dödade dem. Därefter skickade han bud till deras far och erbjöd försoning. Thyestes, som var okunnig om att sönerna blivit bortrövade, trodde sändebudens försäkringar och följde villigt med dem till Mykene. Atreus tog emot honom med ett präktigt gästabud, men när det var slut, fick han veta att köttet han ätit var av hans egna söner.

Inför all denna omänsklighet greps gudar och människor av fasa och avsky. Från gästabudsdagen i Mykenes kungaborg följdes Pelopidernas skuldbelastade ätt ständigt av olycka.

Agamemnon och Menelaos var söner till Atreus. Agamemnon tog till gemål Klytaimnestra, syster till Helena. Olyckorna började då Agamemnon i Aulis inte lyssnade till Iphigeneias böner om förbarmande utan tänkte offra henne för härens välfärd. Sedan dess hatade Klytaimnestra sin gemål.

När Agamemnon blev kvar vid Troja år efter år, var tiden inne för Thyestes' son Aigisthos att hämnas sina bröder och sin far. Aigisthos var listig och hänsynslös, och han lyckades vinna drottning Klytaimnestra för sig. Det dröjde dock länge, innan han med sina försäkringar om kärlek lyckats övertala henne att bli hans drottning. Tillsammans med henne styrde han sedan i Mykene. Gemensamt kom de överens om att Agamemnon måste mördas, så fort han kom hem.

När Agamemnon drog ut med hären, var det överenskommet att eldar skulle tändas på bergstopparna för att snabbt underrätta de hemmavarande om segern. Då Troja äntligen erövrades, tändes genast en jättefackla på Idabergets högsta krön. Vaksamma män tände i sin tur undan för undan sina eldar. På det sättet flög segerbudskapet över hav och land från bergstopp till bergstopp, och redan på morgonen efter Trojas fall nådde eldsignalerna kungapalatset i Mykene.

När Agamemnon äntligen kom hem, hälsades han av sin svekfulla drottning som storkonungen, hjälten framför alla andra hjältar. Före det präktiga gästabudet, redde hon själv till hans bad, men när han ville stiga upp ur det kastade hon ett nät över honom. Förgäves sökte han befria sig. Aigisthos steg då in och höll honom fast, och Agamemnon dödades värnlös. Ingen utom hans son, Orestes, kunde sedan hota deras makt över Mykene, där de erövrade skatterna från Troja ökade rikedomarna.

Orestes vistades vid tiden för mordet hos en av Agamemnons gästvänner, vars son, Pylades, blev hans oskiljaktige vän. Elektra, hans syster, var kvar men behandlades illa av sin mor och styvfar. Så gick många år. Guden Apollon hade dock inte glömt syskonen eller mordet på deras fader. När Orestes var vuxen den svåra uppgiften, fick han gudens befallning att hämnas.

En dag kom en främling till Mykene med bud att Orestes var död. Klytaimnestra lät kalla in honom i palatset, och inför henne berättade han, att hennes son dött under en kappkörning. Till bekräftelse på sina ord visade han en urna, som han sade innehöll den dödes aska. Klytaimnestra kände sig med ens befriad från all sin fruktan för sonens hämnd

och visade öppet sin lättnad över hans död. Främlingen, som inte var någon annan än Orestes själv, greps av en obetvinglig vrede, när han såg hennes onaturliga glädje, och dödade henne. Elektra hade aldrig låtit kuva sig, och hon stod nu genast vid broderns sida. När Aigisthos, som inte anade något, kom hem från en jakt, träffades han av vedergällningen och dödades.

Orestes var nu den obestridde härskaren i Mykene, och Elektra befriades ur sin långa förnedring. Orestes hade visserligen av Apollon själv uppmanats till hämnden, men erinyerna, modermordens fruktansvärda hämnarinnor, undgick han inte. Från sitt tillhåll vid ingången till Hades störtade de upp ur underjorden för att söka honom med sina facklor. Vart han än flydde förföljde de honom, och han fick aldrig någon ro eller vila.

Till sist sökte han sig i sin förtvivlan till Apollons helgedom i Delphi. Guden tog honom i sitt beskydd, men kunde inte befria honom från erinyerna. Han fick då det rådet att bege sig till Athen och i Pallas Athenas tempel be stadens mäktiga gudinna om hjälp. Hon åtog sig den fridlöses sak och kallade Athens förnämsta och redbaraste män att möta

197

sig på Ares' kulle utanför staden. Vid denna domstol fick Orestes hjälp av Apollon mot de anklagande erinyerna. När sedan de församlade skulle avgöra skuld och straff, var de svarta fällande kulorna lika många som de vita friande. Gudinnan Athena själv lade då en vit kula till dessa, och Orestes blev befriad från sin skuld.

Athena bestämde därefter att erinyerna för alltid skulle upphöra med sin tjänst som hämndegudinnor och i stället bli skyddsgudinnor. De fann en tillflykt på Akropolis och kallades härefter eumenider, »de nåderika», »de välsinnade». De vakade som sådana över att lag och rätt hölls i helgd. Domstolen på Ares' kulle blev sedan den berömda Areopagen.

Så berättar Aischylos Agamemnons släktsaga i Orestien, de tre skådespelen »Agamemnon», »Gravoffret» och »Eumeniderna».

Enligt sagorna blev Orestes efter sitt giftermål med Menelaos' dotter konung även i Sparta, och hans uppoffrande och modiga syster Elektra blev Pylades' drottning. Under Orestes' styrelse var det fred i landet. Han blev mycket gammal, och när han dog sörjdes han av alla.

Odyssén

ODYSSEUS OCH POLYPHEMOS

Konung Odysseus på ön Ithaka visste genom ett orakel, att om han deltog i krigståget mot Troja, skulle det dröja tjugo år, innan han skulle få återse sitt rike, sin maka Penelope och sin son Telemachos. Han nekade länge att vara med och ställde sig till sist vansinnig för att slippa undan. Det hjälpte inte, han överlistades och tvangs att rusta skepp och manskap och följa de andra furstarna. Troja besegrades genom Odysseus' list, och sedan irrade Odysseus omkring på haven i ständig livsfara under tio långa år.

När Odysseus med sina tolv skepp lämnade Troja med rikt byte, drev vindarna fartygen mot Thrakiens kust. Där bodde kikonerna, som varit trojanernas bundsförvanter, och deras rika sjöstad plundrades. Från städerna runt omkring ryckte emellertid starkt beväpnade vagnskämpar till invånarnas hjälp. Achaierna stred länge tappert mot övermakten, men Zeus vredgades över deras framfart i staden och gav kikonerna seger. Odysseus måste till sist ge upp striden och ropa till männen att skyndsamt rädda sig ombord, då redan många stupat. Achaierna hissade segel och med bedrövade hjärtan satte de kurs söderut.

»Nu molnskockaren Zeus framskickade nordan mot skeppen
med en förfärlig orkan och höljde i svartnade skyar
allt, både jord och hav, och från himlen sänkte sig natten.

Skeppen då drevos åstad som framstupa, och seglen de buro
sletos av vinden itu, ja i stycken tre eller fyra.»

(Odyssén IX)

Männen rodde för livet och lyckades finna lä vid en
strand, där de vilade i två dygn och lagade seglen. När havet
något lugnat sig, restes masterna igen, seglen svällde för en
gynnsam vind, och fartygen styrdes runt Greklands södra
udde för att fortsätta norrut till Ithaka. Inom kort skulle
Odysseus få återse sin borg, och han gladdes redan i sitt
hjärta, då stormen kom över dem värre än förut.

I nio dygn drev den rasande Nordan dem söderut till
lotophagernas land. Odysseus' sändebud blev av de vän-
liga invånarna bjudna på honungsljuvliga lotosfrukter och
ville sedan de ätit dem inte alls fara hem. De måste släpas
till skeppen med våld och bindas, varefter de andra satte sig
till årorna och rodde från land, så fort de förmådde.

Efter en lång seglats och flera äventyr lade Odysseus en
mörk natt till i en lugn vik med sina skepp. Alla var då så
trötta att de inte ens orkade äta utan genast somnade på
stranden. På morgonen gick männen omkring och fann
snart att de hamnat på en obebodd ö mitt emot där cyklo-
perna, ett laglöst släkte, bodde. Uppe i klipporna hoppade
bergsgetter. Männen skyndade ombord efter jaktspjut och
bågar och fick ett rikt byte, som delades rättvist. Snart
brann eldar runtom på stranden, köttet stektes på spett, och
de uthungrade männen njöt av maten.

Mot kvällen såg de rök stiga upp från stranden tvärs
över, och Odysseus beslöt att ta reda på vilka som bodde
där. På morgonen gav han sig av med sitt eget skepp. Fär-
den tog inte lång tid, och nära stranden fick Odysseus syn

på en grotta, skuggad av lagerträd. Han gick i land med tolv av de modigaste och starkaste männen och var tämligen säker på att de verkligen kommit till cykloperna, enögda urtidsjättar, omtalade för sin styrka och vildhet. Männen gick uppför strandsluttningen utan att träffa någon. Ingången till grottan var hög och bred, ingenting misstänkt hördes, och de gick in. Lamm och getkillingar stod instängda i kättar, kring väggarna fanns korgar fulla av ost, byttor och fat rann över av vassla. Männen gick runt i den väldiga grottan, och då ingen ägare syntes till, gjorde de upp eld, tog för sig av ostarna och åt av matsäcken, som de burit med sig. Skeppskamraterna bad sedan bevekande att de skulle få fösa ner killingarna och lammen till stranden och ta med sig ostarna, innan den vildsinte jätten kom, men Odysseus ville alltför gärna se, vad som skulle hända.

I skymningen kom cyklopen och kastade med brak ner en börda ved på marken. I pannan hade han sitt enda stora öga, och han var långt hiskligare och större än Odysseus tänkt sig. Sedan den ensamme cyklopen drivit in fåren och getterna i grottan, stängde han för ingången med en berghäll, som var så stor och tung att man inte ens med tjugo fyrahjuliga vagnar skulle kunnat köra bort den. Så tog han itu med mjölkningen och tände upp eld. Först då fick han syn på Odysseus och hans män och frågade bistert vilka de var, och vad de hade i hans grotta att göra.

Odysseus svarade hövligt, att de var achaier och kom från det erövrade Troja, och så bad han jätten tänka på att Zeus beskyddar främlingar. Cyklopen bara hånskrattade och sade, att nog var han tillräckligt stark för att inte bry sig om några gudar. Mest ville han veta hur de kommit dit, och var de hade sitt skepp vid stranden, men Odysseus var honom för slug. Han svarade att Poseidon slagit sönder deras skepp, och att de räddat sig upp på stranden för att få hjälp. Då rusade jätten upp och grep med sina förskräckliga nävar två av männen, slängde dem i marken och satte sig sedan att äta upp dem, så drack han en massa mjölk, sträckte ut sig på rygg och somnade snart.

Odysseus och hans män såg gråtande allt detta, men när cyklopen somnat, vände deras mod åter. Helst hade de velat slå ihjäl honom med detsamma och hämnas sina kamrater, men berghällen förmådde männen inte rubba, och då hade de måst dö instängda i grottan. Ingen av dem kunde sova, och med suckar och tårar vakade de in den nya dagen. Den glupske och grymme cyklopen, som hette Polyphemos och var son till Poseidon, sov däremot gott hela natten.

På morgonen tände han upp eld, mjölkningen gick raskt undan, och därefter grep han två av de försvarslösa achaierna och åt upp dem till frukost. Så lyfte han ledigt bort den tunga berghällen, kallade på sin hjord och satte sedan dit hällen för ingången. Männen hörde hur han visslade, när flocken lydigt följde honom upp i bergen.

Nu gällde det för Odysseus att tänka ut hur han skulle kunna rädda sig och sina män. När han såg sig omkring, fick han syn på cyklopens ofantliga knölpåk. Den var av hårt olivträ och lång som masten på ett fartyg. Han högg av en famn ungefär, och medan kamraterna glättade till den, spetsade Odysseus pålen och svedde den. Så gömde han den i gödseln. Därefter drog de lott om vilka, som skulle hjälpa Odysseus att borra in pålen i cyklopens öga, när denne somnat.

Då Polyphemos på kvällen stökat undan sina sysslor, grep han två män till kvällsvard, alldeles som dagen förut. Odysseus steg då fram och bjöd honom dricka av det mörkröda thrakiska vinet, som de burit med sig i en getskinnslägel. Det smakade gott, och jätten ville bara ha mer och mer. Till sist ville han nödvändigt veta Odysseus' namn, så han kunde ge honom en gästskänk. Den sluge Odysseus svarade:

»INGEN, så lyder mitt namn, och INGEN jag kallades alltid både av far och av mor och av samtliga vänner därhemma.»

(Odyssén IX)

Den elake cyklopen lovade att INGEN skulle bli den siste som han åt upp — det var den gästskänk han skulle få. Knappt hade Polyphemos sagt det, förrän han föll på rygg och somnade djupt. Odysseus skyndade sig att gräva fram pålen och stack ner den i glöden efter jättens eld. När den nästan brann, tog han den och bar den fram till den sovande. Kamraterna ställde sig runt om och lyfte upp pålen mot det förfärliga cyklopögat i pannan. Odysseus stötte till och hängde sig med all sin tyngd över pålen under det att han samtidigt vred om den.

Polyphemos skrek hemskt, då han ryckte ut pålen och började ropa på de andra cykloperna, som bodde i grottorna runtom. När de yrvakna kom rusande och undrade vad som stod på, skrek han: »Vänner, Ingen vill mörda mig, Ingen vill mörda mig.» De andra lugnade honom och svarade att om ingen försökte döda honom, så hade väl Zeus skickat en sjukdom över honom, eftersom han vrålade så där mitt i natten. Det visste de ingen bot för, han borde be sin fader, den mäktige Poseidon, om hjälp i stället för att störa dem.

De gick åter var och en till sitt. Det var nu omöjligt för den blinde Polyphemos att leta reda på achaierna, och han trevade sig i stället fram till grottans ingång. Han lyfte bort hällen och satte sig med utbredda armar för att gripa var och en, som försökte smyga sig ut. Men Odysseus visste på råd. Han valde ut arton stadiga baggar och band ihop dem tre och tre med mjuka vidjor, och sedan kröp den ene efter den andre av männen in under den mellersta baggen i raden och höll sig fast i ullen. För säkerhets skull band Odysseus också fast dem. Själv tog han reda på den starkaste och bredaste baggen, kröp under den och höll sig fast i den långa ullen. Polyphemos anade ingenting och släppte förbi fårskocken, när morgonen grydde. Men när hans älsklingsbagge kom, den som Odysseus gömt sig under, smekte han baggen och talade till honom som till en förtrogen vän. Med ängslan väntade Odysseus' män utanför grottan, men äntligen lät Polyphemos baggen gå, och alla var räddade. De föste fort ner baggarna till skeppet, där deras kamrater otåligt väntat på dem, och de rodde mot ön så skummet stänkte om årorna. När de hunnit tillräckligt långt bort från stranden, ropade Odysseus till cyklopen att hans plågor nu var straffet för allt det onda han förut gjort.

Polyphemos grep då tag i toppen på ett berg och bröt av den. Därpå sprang han ner till stranden och slungade klippstycket mot fartyget. När det plumsade ner i vattnet, blev det väldiga höga svallvågor, och det var så när att skeppet träffats och sjunkit. Men trots det att kamraterna varnade Odysseus kunde han inte låta bli att tala om för cyklopen vem han verkligen var. Polyphemos bad då sin fader Poseidon att om inte guden kunde låta Odysseus förgås i böljorna, han åtminstone skulle hindra honom i det längsta att komma hem.

Achaierna styrde åter ut till havs med de tolv skeppen, och det dröjde inte länge, förrän de siktade vindguden Aiolos' ö. Den var skyddad av en hög ringmur av koppar, och innanför den reste sig höga blankslipade klippor. I lä av dem låg Aiolos' sköna palats, och där blev männen gästvänligt mottagna. Var dag en hel månad berättade Odysseus om striderna vid Troja, men slutligen blev hans hemlängtan för stark. Aiolos, som hade vindarna instängda i en grotta, stoppade då in alla utom Västanvinden i en skinnsäck som han själv bar ombord på Odysseus' skepp och knöt till säcken med ett glänsande snöre av silver. För resan skickade Aiolos fram den susande Västan, som förde skeppet allt närmare det efterlängtade Ithaka.

I nio dygn skötte Odysseus ensam skotet och var alldeles uttröttad, när han det tionde i gryningen såg eldarna på Ithakas kust. Nu först kände han sig säker om att snart få återse sitt hem och trött som han var somnade han. Skeppskamraterna hade under tiden undrat mycket över den där säcken, som Aiolos skickat med dem som avskedsgåva. Till sist var de alldeles säkra på att vindguden lagt guld och silver i säcken och tyckte, att det kunde de åtminstone få dela med Odysseus, så de inte kom tomhänta hem till de sina. Deras kung hade ju ändå för sin del allt det rika bytet från Troja, och där hade de också minsann kämpat och slitit ont under många år!

De öppnade säcken och strax rusade vindarna ut. Med rivande fart fördes skeppet långt bort från Ithaka. Odysseus vaknade och var i sin förtvivlan nära att kasta sig i havet, och satt sedan i sorg grubblande för sig själv, medan männen suckande skötte roder och åror. Den tjutande stormen jagade skeppen tillbaka till Aiolos' ö, och denna gång vredgades vindarnas gud. Han befallde Odysseus att genast laga sig bort, då han säkert misshagat gudarna, eftersom det gått honom så illa, trots all hjälp han fått.

Ingen susande Västan förde längre skeppen mot Ithaka, männen rodde och rodde och visste knappt vart. Alldeles uttröttade styrde de på sjunde dagen in sina skepp i en trång vik omgiven av höga klippor. Det var ett underligt land de kommit till, ty knappt hade nattmörkret sänkt sig över dem, förrän det blev dager igen. Odysseus sände försiktigtvis tre män för att ta reda på konungens palats. Två av dem kom tillbaka springande för livet, den tredje hade jättekungen slukat. Innan achaierna hunnit sansa sig, stod tusentals jättar på klipporna och hävde ner ofantliga stenblock i viken. Skeppen splittrades, och många av männen dödades genast medan andra, som låg hjälplösa i vattnet, ljustrades som fiskar. Odysseus, som lagt sitt eget mörkblåstammiga skepp utanför viken, drog då sitt svärd, kapade tågen och befallde sina män att ro därifrån allt vad de orkade. Männen lydde med ångest i hjärtat — de elva skeppen inne i viken var förlorade med man och allt.

Ensamma färdades Odysseus och hans män länge över havet, tills de landade i en skyddande vik på ön Aiaie, där solgudens dotter, den fagra Kirke bodde. Alla var då så trötta och bedrövade att de bara ville sova och glömma allt de varit med om.

På fjärde dagen beslöt Odysseus att hälften av männen skulle gå inåt ön. Han hade sett rök stiga upp bland träden i skogen, då han gått upp på en klippa för att se sig omkring. Alla tvekade inför de faror, som troligen väntade dem, men efter lottdragning gick tjugotvå män uppåt land och fann snart Kirkes palats av polerad sten. Inne i den breda dalgången mötte männen lejon och vargar, som vaktade palatset, men då dessa strök sig mot dem och inte alls var farliga, gick de närmare palatset. Där inifrån hördes sång, och anföraren tog då mod till sig och ropade att sångerskan måtte komma ut. Kirke kom genast och bad dem vänligt att stiga in. Hon bjöd dem att sitta ner och blandade sedan till en välkomstdryck, men i den hällde hon oförmärkt ett olycksbringande trollmedel. Männen drack utan att misstänka något, och strax tog Kirke fram sitt trollspö och gav var och en av dem ett rapp över ryggen. Borst växte fram på dem över hela kroppen, och som grymtande svin stängdes de in i svinstian och fick ekollon att äta.

Anföraren, som stannat kvar utanför palatset, rusade skräckslagen ner till skeppet och berättade om Kirkes falskhet. Odysseus tog genast sitt kopparnaglade svärd och sin båge och gick inåt land. Han skyndade fram på stigen och mötte oförmodat en yngling, som var ingen annan än guden Hermes. Han varnade Odysseus och ryckte till sist upp ur jorden en ört med svart rot och vit blomma. Mot den var Kirkes trollkonster maktlösa; när hon bjöd honom dricka, skulle han dricka, och då hon kom med trollspöet, skulle han modigt dra sitt svärd. Guden försvann och Odysseus fortsatte.

Kirke bjöd vänligt in honom som de andra, han drack den förgiftade drycken, men kände ingenting, och när Kirke kom med sitt trollspö, gjorde han som Hermes befallt. Odysseus drog sitt svärd, och då föll Kirke skrikande till hans fötter och frågade om han inte var Odysseus. Ingen hade dittills kunnat motstå hennes trollkonster, men Hermes hade en gång sagt henne att Odysseus skulle komma som gäst på återfärden från Troja, och hon lovade nu att lyda guden och ta väl emot Odysseus. När Kirke så hade ändrat sinnelag, bad Odysseus henne att först av allt återge hans stackars kamrater deras mänskliga gestalt. Kirke svor med en dyr ed att hon inte skulle göra något ont eller skada någon av dem, och så gick hon till stian. Hon släppte ut männen, ställde upp dem i en rad, strök en salva på dem som fördrev trolldomen, och strax blev de människor igen.

Glädjen blev stor, de tryckte varandras händer och skyndade ner till skeppet för att hämta kamraterna. Kirke välkomnade dem alla, och hos henne stannade Odysseus och hans kamrater ett helt år, då Kirke inte ville låta dem ge sig ut i nya faror och äventyr, innan de hämtat nya krafter.

ODYSSEUS I UNDERJORDEN

Fast Odysseus och hans män i Kirkes palats hade allt vad de kunde önska sig och mer därtill, började ändå hemlängtan att plåga dem. Ett år hade gått, och på skeppskamraternas ivriga uppmaningar gick Odysseus till Kirke, famnade hennes knän och talade om för henne hur mycket alla längtade hem. Kirke var villig att ge dem all hjälp hon kunde, men det var endast den blinde siaren Teiresias, som säkert visste hur och om hemfärden skulle lyckas. Odysseus måste därför söka upp honom i det unkna och mögliga Hades, dit Nordanvinden säkert skulle föra dem. Kirke beskrev noga, hur han skulle färdas till de dödas hemska rike, och vad han skulle göra för att locka fram siarens skugga.

Nästa morgon följde Kirke osynlig männen ner till stranden och sände efter skeppet den segelfyllande Nordanvinden. Snabbt fördes de över oändliga vattenvidder till Okeanos' ström vid världens yttersta gränser. Landet dit de kom var höljt i dimmor och moln, och det tryckande nattmörkret avlöstes aldrig av solsken. Odysseus och ett par av hans kamrater fann efter en lång vandring platsen som Kirke beskrivit och gjorde alldeles som hon befallt honom att göra. Han grävde en offergrop och hällde kring den mjölk, vin och vatten samt strödde mjöl över, som ett dryckesoffer åt alla de döda, och han bad dem innerligt om hjälp. Sist dödades de kolsvarta får, som Kirke sänt med, och när offerblodet rann ner i gropen, svävade genast de dödas skuggor runt omkring honom.

I den böljande skaran syntes Teiresias och han fick dricka av offerblodet. Siaren påminde Odysseus om att denne berövat cyklopen Polyphemos synen och sade att Poseidon vredgades på honom ännu mer än förut över grymheten mot sonen. Efter svåra lidanden skulle han i alla fall komma hem, men då gällde det för honom och hans män att lämna solgudens boskapshjordar i fred, när de landade på Helios' ö.

Odysseus fick av sin döda moder veta att det stod illa till i kungaborgen på Ithaka och hur hans gamle far och hans trogna gemål med oro och ängslan väntade, att han skulle komma hem. Tre gånger försökte Odysseus i sin saknad efter modern omfamna henne, men skuggan vek tillbaka. Många ädla drottningars skuggor samtalade han med och mycket fick han veta om släkternas öden, innan »Persephone skingrat de bräckliga kvinnornas själar», och skuggorna vände igen till skuggornas rike.

Även många av de achaiska hjältarnas själar svävade kring

Odysseus, och främst Agamemnons. Sedan offerblodet styrkt honom, berättade han gråtande om hur Aigisthos och den trolösa makan grymt dödat honom och hans stridskamrater och inte ens skonat den olyckliga prinsessan Kassandra. Så syntes Achilles med Patroklos vid sin sida. Men när Odysseus prisade honom för att han efter en ärofylld levnad nu syntes vara härskare i de dödas rike, svarade honom Achilles:

»Sök ej att trösta mig över min död, du berömde Odysseus! Hellre jag ute på landet som dräng ville slita för daglön under en främling, som ingenting ärvt och som hade det fattigt, än gå härnere som drott över hädansomnade alla.»

(Odyssén XI)

Sedan Achilles noga fått höra att hans son utfört hjältebragder vid Troja, gick han med väldiga steg över liljeängen tillbaka.

Den olycklige konung Aias hade inte kunnat glömma den oförrätt han lidit av Odysseus, då denne vunnit Achilles' vapen. Hans själ vände sig bort, då Odysseus försökte blidka honom, och den förenade sig med de andra själarna i underjordens djup. Odysseus såg även hur Tantalos, Sisyphos och andra brottslingar straffats av gudarna och väntade bara, att Persephone skulle skicka upp gräsliga odjur ur djupet. Han greps av förfäran och skyndade med kamraterna till sitt skepp och lade ut från land.

Bland skuggorna, som visat sig för Odysseus, var också en av kamraternas. Den olycklige hade slagit ihjäl sig strax innan de lämnade Aiaie, och ingen hade i brådskan tänkt på att han saknades, förrän skeppet var långt ute till havs. Hans skugga bad kamraterna, att kroppen inte längre skulle få ligga obegravd, och därför styrdes skeppet först till Kirkes ö. En gravhög kastades upp nära havet, en gravsten restes, och den dödes åra ställdes överst på högen. Gudinnan Kirke kom själv ner till stranden, hennes tärnor bar med sig mat och vin, och Odysseus fick många goda råd om hemfärden, och hon beskrev hur de bäst skulle möta farorna.

SIRENERNA. SKYLLA OCH CHARYBDIS

På morgonen blåste en gynnsam vind, och snart försvann Aiaie ur sikte. Odysseus berättade att Kirke varnat honom för de grymma sirenernas farliga sång, som lockade sjömän i fördärvet. Som Kirke hade rått honom, tog han en vaxkaka, värmde bitar av den i handen och stoppade till kamraternas öron, sedan han bett dem att binda honom själv säkert fast vid masten. Plötsligt låg havet blickstilla, och innan sirenernas äng kom i sikte, befallde han männen att även om han bad aldrig så mycket, skulle de inte befria honom, förrän sirenerna inte längre syntes till. Knappt var alla färdiga, förrän sirenerna fick syn på skeppet. De började sjunga om Odysseus' hjältebragder vid Troja, och den sköna sången var så förledande att han nödvändigt ville komma loss och följa dem i djupet. Odysseus slet i repen och gjorde befallande miner åt roddarna, men det hjälpte inte. Två män lämnade årorna och band fast honom ännu säkrare, ty kamraterna hade fått syn på de vitnade människobenen, som låg kringströdda i gräset på stranden. De rodde förbi sirenernas äng så fort de förmådde, och först när den inte längre syntes, lossades repen.

Kirke hade berett Odysseus på, att den ena faran skulle hota dem efter den andra. Han var därför vaksam och visste vad som väntade, när han fick se en svallande bränning med rykande skum. Ett dån hördes, som kom männen att darra av skräck, så att de släppte årorna och skeppet förlorade fart. Det var i alla fall omöjligt för dem att vända om, och Odysseus påminde dem om alla faror de undgått och försäkrade att Zeus nog skulle hjälpa dem också nu. Skeppet drev in i ett trångt sund. På ena sidan var en klippa så hög att toppen av den knappt syntes, och från den andra sidan hördes dånet allt starkare.

Männen började ro för livet, och Odysseus befallde styrmannen att hålla skeppet så nära intill klippan han kunde och noga akta sig för den sjudande malströmmen mitt emot. För att inte öka kamraternas skrämsel, teg Odysseus med vad han fått veta om Skylla, ett förfärligt skällande vidunder, som bodde i en djup håla halvvägs upp mot klippans topp. Skylla hade sex huvuden på långa halsar, och i varje gap tre rader av tänder. Fast hon var hemsk, var det ändå vida farligare mitt emot. På bara ett pilskotts håll från skeppet yrde skummet. Där växte ett fikonträd, och under roten hade Charybdis sitt bo. Varje dag sög hon tre gånger in havsvattnet i sin håla, så bottnen blev bar, och tre gånger spydde hon ut det igen.

Alla stirrade i dödsängslan på vattnet, som just då rusade in i hålan, så att det svarta slammet på havsbottnen började synas. Styrmannen höll ifrån med all kraft för att inte skeppet skulle sugas in i virveln, och ingen av männen såg Skylla. Från den höga klippan sträckte hon ut halva den vidriga kroppen, trevade sökande kring med halsarna och grep sex av männen, som skrikande följde med uppåt. Odys-

seus, som klätt sig i sin rustning och stod färdig att anfalla henne med två av sina längsta lansar, hann knappast se henne, innan hon och männen var försvunna. Det var det mest fruktansvärda Odysseus varit med om, och han hoppades att aldrig mer råka ut för något sådant.

När skeppskamraterna fattat vad som hänt, fördubblade ångesten deras krafter, vattnet skummade kring årorna och fartyget kom oskadat ut ur det farliga sundet.

ODYSSEUS BLIR ENSAM

Kort därefter syntes en leende strand med grönskande betesmarker. Odysseus skulle allra helst velat fara förbi, då både Teiresias och Kirke varnat dem för solguden Helios' ö.

Men männen var uttröttade och lovade honom med en dyr ed att inte döda något djur ur Helios' hjordar utan nöja sig med den vägkost, som Kirke givit dem. Skeppet förtöjdes, och alla gick i land för att vila.

Mot morgonen blåste Sunnan upp till storm. Ovädret höll i sig en hel månad, och matförrådet tog slut. Männen försökte fiska, fånga fåglar och plocka örter, men det förslog inte långt,»hungern i tarmarna kvalde». En dag, då Odysseus gått för att beveka gudarna med ett offer, kom männen överens om, att hämta de bästa av Helios' oxar. Hemma på Ithaka skulle de bygga ett tempel åt solguden och försona honom.

Odysseus hade somnat efter sitt offer och blev länge borta. När han vaknade och närmade sig skeppet, kände han plötsligt doften av stekt kött. Han blev förtvivlad och bannade männen, men med det var inte skadan ogjord. Oxarna låg där styckade, köttstycken övertäckta med löv och fett fräste på spetten, och i sex dagar stillade männen sin hunger. Under tiden skyndade en av de nymfer, som vaktar Helios' boskap, upp till himlen och anklagade Odysseus och hans män. Helios bad förbittrad, att Zeus skulle straffa dem, och blev han inte bönhörd och hämnad, ville han hellre stiga ner till Hades och lysa över de döda.

På den sjunde dagen låg havet äntligen lugnt, männen gick genast ombord, och seglet hissades. När de inte såg annat än himmel och hav, lät Zeus ett blåsvart moln stiga upp och plötsligt kom en tjutande Västanvind, som hastigt växte till full orkan. Masten bräcktes och krossade i sitt fall styrmannen, som störtade överbord. Seglet hade för länge sedan slitits i trasor, blixtarna flammade kring skeppet och skrovet skälvde. Luften fylldes av svavelrök, männen tumlade i havet, gungade som måsar en stund kring skeppet och slukades sedan av djupet.

Odysseus var nu ensam kvar då skeppet bröts sönder, och han vräktes naken i sjön. Han lyckades få tag i masten och surrade fast den vid kölen med remmarna, som satt kvar på masten. Så satte han sig upp och drev kring för de rasande vindarna.

Ovädret varade hela natten, men i gryningen tog Sunnanvinden vid, och Odysseus började ängslas att bli driven tillbaka mot sundet med den fasansvärda Charybdis. Han var mitt emot Skyllas klippa, då Charybdis sög in havsvattnet. Trots den hemska natten hade Odysseus krafter nog att med ett väldigt språng nå fikonträdet, där han klängde sig fast vid stammen. Han höll sig tåligt kvar, tills Charybdis spydde ut vattnet igen, och han såg bjälkarna av den sönderslagna kölen. Med ett raskt hopp kastade han sig ner, fick tag i en bjälke, rodde sig framåt med händerna och var räddad.

KALYPSO

Det dröjde nio dygn, innan gudarna förbarmade sig över den skeppsbrutne, och lät vågorna om natten sakta föra honom i land på ön Ogygia. Där bodde den vänliga havsnymfen Kalypso i en grotta.

»Runt kring grottan stod frodig och grön den resliga skogen,
vuxen av poppel och al och av välluktsrika cypresser;
och långvingade fåglar där byggt sina nästen i träden,
ugglor och falkar det var och kråkor med tungor så långa,
vilka på kusterna bo och finna sin näring på havet.
Men på klippans vägg och skönt inramande grottan

215

bredde en vinstock rankorna ut med prunkande klasar.
Fyra källor i rad runno upp med skimrande vatten
tätt vid varandra, men flöto så bort en var åt sin sida.
Runtom var ängar med mjukaste gräs av selin och violer.»

(Odyssén V)

Kalypso vårdade den uttröttade väl, tills han hämtat krafter igen. På Ogygia stannade Odysseus i sju år, och nymfen ville till sist hålla honom kvar för alltid hos sig. Hon lovade att skaffa honom odödlighet, om han bara ville stanna hos henne och bli hennes make. Trots detta tärdes dock Odysseus ständigt av en brännande hemlängtan. Han gick var dag ner till stranden, och där satt han gråtande och stirrade ut över det ödsliga havet, som skilde honom från Ithaka och hans kära.

Gudinnan Athena tog sig då an hans sak. I gudarnas råd bad hon Zeus befalla Kalypso att genast göra allt vad hon kunde för att Odysseus äntligen skulle få komma hem. Gudarna gillade hennes begäran, och Zeus sände Hermes till Ogygia med bud att Kalypso skulle släppa Odysseus från sig och laga att han på en flotte äntligen kunde få färdas hem. Med sina gyllene sandaler på fötterna flög Hermes snabbt över land och hav och närmade sig Kalypsos grotta.

»Flammande brann uppå härden en eld, och vida sig spridde
doften omkring över ön av lättklyvd ceder och thuja
lagda på elden; därinne hon sjöng med en tjusande stämma,
medan vid väven hon gick med en gyllene skyttel och vävde.»

(Odyssén V)

När Hermes framförde budskapet från Zeus, fogade Kalypso sig motvilligt och lovade att inte längre hålla Odysseus kvar på ön. När hon talade med honom om flotten, som

216

han genast borde fälla träd till, trodde han till en början att hon blott ville hans olycka. Hur skulle han kunna ta sig över det farliga havet på en bräcklig flotte, när det var ett vågspel för välbyggda fartyg att ge sig ut på det? Kalypso svor honom då vid Styx att hon ärligt ville hans bästa och nu var beredd att i allt lyda Zeus' oryggliga vilja.

Nästa morgon gav hon honom en yxa och en blänkande bila. Själv gick hon med honom ner till stranden och visade var han skulle hugga de lämpligaste träden. Odysseus fällde tallar, popplar och alar, fogade skickligt ihop bjälkarna till en flotte, satte sist mast på den och fäste stadigt ett roder. Kalypso vävde tyg till segel, som han själv sydde, och på fjärde dagen var allt klart för hans hemfärd. Kalypso bar ner säckar med vin och vatten samt mat tillräckligt för tjugo dagar. Så skickade hon en len och gynnande medvind, »och glad han bredde sitt segel för vind, den ädle Odysseus». I sjutton dagar gled han över havet utan att något hände.

ODYSSEUS HOS PHAIAKERNA

Poseidon hade inte varit med om gudarnas rådslag. När han upptäckte att Odysseus nästan lyckats fara över havet på flotten, rörde han upp sjön med sin väldiga treudd, och i sin vrede eggade han alla himlens vindar att blåsa på en gång. Virvelstormen »höljde i svartnade skyar jorden och havets rymd, och natt sjönk neder från himlen». En ofantlig våg kom flotten att snurra runt, masten bräcktes, och seglet flög långt utåt havet. Med rodret i hand stupade Odysseus i böljorna men lyckades till sist ta sig upp på flotten igen alldeles uttröttad. I denna yttersta nöd dök gudin-

217

nan Leukothea upp ur djupet och satte sig bredvid honom på flotten. Hon rådde honom att klä av sig och lämna flotten, och så gav hon honom sin långa gudomliga slöja, som han skulle fästa under bröstet. Odysseus tvekade, men så störtade åter en väldig våg ner över honom, och flotten bräcktes i spillror. Han lyckades kravla sig upp på en bjälke, fick med möda av kläderna, som tyngde, och kastade sig i vågorna med slöjan. Gudinnan Athena hjälpte mot vågorna och i två dagar och nätter simmade han omkring »och ofta hans själ såg döden för ögat».

På tredje dagens morgon låg havet spegelblankt, stranden tycktes nära, och Odysseus fick nytt mod. Han sam närmare, och knappt hörde han hur havet med rytande dån bröt sig mot skären, förrän en rullande våg slungade honom mot en skrovlig klippa, som han högg tag i. När vågen drog sig tillbaka, följde han med ut på djupen igen, och där gav Athena honom krafter att simma längs kusten. Vid mynningen av en flod bad han ödmjukt flodguden om hjälp.

»Då saktade floden sitt lopp och höll inne sin bölja,
gjorde för honom ett speglande lugn och räddade honom
vänligt i mynningen in. Här sjönk han till jorden, och undan
veko sig armar och knän, ty hans styrka var kuvad av havet.
Hela hans kropp var svullen, och ut ur hans mun och hans näsa
strömmade vattnet i mängd, och andlös låg han och mållös,
sjunken i vanmakt hän, av sin stora mattighet gripen.»

(Odyssén V)

När han vaknade till sans igen, löste han slöjan och kastade den bortvänd ut i havet till Leukothea, som hon befallt honom att göra. Därefter sökte han sig skydd mot kyla och vind i ett tätt busksnår, samlade hop löv till en bädd och

218

somnade djupt. Han visste väl inte hur länge han sovit, när han plötsligt väcktes av höga rop. Han satte sig förskräckt upp men hörde snart till sin glädje endast glada flickröster och skratt. Odysseus betänkte sig inte länge, han bröt sig en lövrik gren i stället för kläder och gick ner till stranden.

Där höll just en skara flickor på att leta efter sin boll i floden, men då de fick syn på honom, sprang de förskräckta åt alla håll. Den kloka Nausikaa, dotter till phaiakernas kungapar, stannade ensam kvar. Hon såg lugnt och vänligt på honom, och han fick mod att be henne om hjälp. Prinsessan ropade tillbaka sina tärnor och befallde dem att bland de nytvättade kläderna, som låg utbredda på gräset till tork, välja ut en livrock och mantel åt främlingen. Så räckte hon honom en flaska med olja, som drottningen givit sin dotter för att flickorna skulle kunna bada efter tvätten. Medan prinsessan och hennes tärnor fortsatte med sitt bollspel, gick Odysseus ner till floden, tvättade grundligt bort saltet från sina såriga lemmar, gned in sig med oljan och klädde sig. Tärnorna, som nyss tyckt att främlingen sett så ryslig ut, var inte alls rädda längre, när de bjöd honom mat och vin. Nausikaa själv vek under tiden ihop de rena kläderna, packade dem på vagnen och spände för mulåsnorna. Hon satte sig upp i vagnen och bad Odysseus följa med tärnorna, men utanför staden måste han vänta och ensam efteråt fråga sig fram till kungaborgen för att ingen av phaiakerna skulle börja tissla om att hon själv varit och skaffat sig en friare. Hon lyfte piskan och så bar det av, men inte fortare än att Odysseus och tärnorna kunde hinna med. När stadsmurarna syntes i kvällssolen, visades Odysseus in i en helig lund, som var helgad åt Athena, och där bad han sin skyddsgudinna att hon måtte beveka phaiakerna.

Athena hörde hans bön, och i en flickas gestalt visade hon honom vägen till kungaborgen. Odysseus tyckte sig aldrig ha sett en sådan rikedom och prakt som hos phaiakerkonungen.

»Ty med en skinande glans som av solen själv eller månen
stodo de höga gemak i den ädle Alkinoos' boning.
Ända från tröskeln till innerst i salen av blänkande koppar
väggarna voro och buro en fris av emalj, som var högblå;
flygeldörrar där voro av guld till att stänga palatset,
och deras poster på tröskel av brons sig reste av silver,
krönet på dörrn var av silver jämväl, men av guld var dess låsring.»
(Odyssén VII)

Han stod länge tankfull, innan han steg in genom dubbeldörrarna. Så gick han dristigt fram i salen, föll på knä inför drottningen och bad om skydd och hjälp utan att säga vem han var. Därefter satte han sig vid den flammande härden i askan, men konungen räckte honom sin hand och förde honom upp till högsätet, och furstarna runt om i salen tog också väl emot honom. Under de följande dagarna hedrade konungen sin gäst med tävlingar och gästabud, medan ett skepp utrustades åt honom. Då en sångare sjöng om Odysseus' bragder vid Troja, grät den okände tyst i sin mantel, och när konungen såg det, vände han sig uppmuntrande till honom. Odysseus talade då om vem han var och berättade sedan utförligt om sig och sina stridskamraters öden ända från det de lämnade Troja.

Sent en kväll var allt färdigt för hemresan. Kungaparet och furstarna tävlade om att ge Odysseus dyrbara gåvor, så att han inte skulle komma utfattig till Ithaka. Under färden somnade Odysseus av trötthet, och sjömännen bar honom och gåvorna i land utan att han vaknade.

På morgonen kände Odysseus först inte igen sig, och det
dröjde en stund, innan han fattade att han verkligen var på
Ithaka. Athena kom i en ynglings gestalt och hjälpte honom
att gömma gåvorna i nymfernas grotta vid stranden och
förvandlade honom sedan till en böjd gammal gubbe. Med
tiggarstaven i hand begav Odysseus sig upp över bergen till
sin forne svinaherdes koja och fann till sin glädje att denne
ännu levde. Utan att känna igen sin gäst berättade herden
Eumaios om hur förändrat allt var, efter det att den gode
konung Odysseus lämnade sitt rike och väl aldrig mer
skulle komma igen. Det var endast drottning Penelope som
hoppades ännu, och hon vägrade ihärdigt att välja sig en
ny make bland alla de furstliga friarna från Ithaka och
öarna runt omkring. Dessa friare lämnade inte kungaborg-
en, de åt och drack där dagligen med sina män och hade
väl snart förtärt och förstört vad som fanns. Odysseus' son
Telemachos var för ung och vågade inte köra bort dem, och
kung Laertes, Odysseus' far var för gammal. En trofast vän
till Odysseus hade lånat Telemachos sitt skepp, och han var
nu på väg till Pylos för att få veta något om sin far och
möjligen få hjälp mot friarskaran av den vise kung Nestor.
Under det att herden sålunda talade om bekymren sysslade
han med att steka två smågrisar på spett. När det var gjort,
bjöd han sin gäst att dela måltiden med honom. De talade
sedan länge med varandra, och främlingen berättade både
om Odysseus och om erövringen av Troja och om hemfär-
den.

Odysseus låtsade sig vara från Kreta, och en rik mans
son där. Han berättade hela dagen för herden om hemfär-

den från Troja och sina öden med helt andra äventyr än dem han berättat för phaiakerna och försäkrade att Odysseus säkert skulle komma till Ithaka snart. Herden hade dock förlorat allt hopp om att få återse sin herre och trodde inte sin gäst, men glömde fördenskull inte gästvänskapens bud. På kvällen hämtade drängarna en välgödd galt. Svinaherden offrade till gudarna och bad att Odysseus måtte komma tillbaka. Så slaktades galten och stektes. Alla åt, och Odysseus fick som hedrad gäst ensam hela ryggstycket av galten.

Det ösregnade och blåste hårt, så när det var dags att gå till vila, avstod herden sin bädd åt gästen och bredde över honom en tjock mantel, för natten var isande kall. Själv gick herden bort för att vakta galtarna, och Odysseus gladdes åt att ännu äga en sådan trogen, omtänksam och god tjänare.

Telemachos hade lyckligt kommit till Pylos och for på Nestors uppmaning vidare till Sparta. Kung Menelaos och hans sköna drottning tog väl emot ynglingen, men de visste just intet annat om Odysseus än att han var nästan som en fånge på Kalypsos ö. Möjligen hade han kunnat ta sig därifrån, men det hade de inte hört något om. Någon hjälp mot friarna fick han inte och Telemachos återvände nedslagen till Ithaka.

När Odysseus och herden ordnade med morgonmålet, trädde Telemachos in i kojan, och den trogne herden »kysste hans huvud ömt och bägge hans strålande ögon, bägge hans händer jämväl, och ymniga runno hans tårar». När Odysseus så oförmodat såg sin son, grät han tyst av glädje och beslöt att ge sig tillkänna för honom. De omfamnade varandra, och »högljutt gräto de nu, ja, klagade högre än fåglar». Tillsammans uppgjorde de en plan för att döda friarna. Telemachos tvivlade först på att de två ensamma skulle kunna straffa friarna, men Odysseus lugnade honom med att Zeus och Athena skulle hjälpa dem. Telemachos begav sig då hoppfull hem till borgen, där friarna under tiden blivit allt fräckare.

PENELOPE

För att freda sig och vinna tid hade Penelope satt upp en väv. Hon hade sagt åt friarna att först måste hon väva ett bårtäcke åt den gamle Laertes, Odysseus' far, innan hon kunde bestämma sig. När det var färdigt, skulle hon välja sig en make bland friarna. Dessa samtyckte, men väven blev aldrig färdig. Varje natt repade Penelope upp vad hon vävt om dagen. Slutligen förrådde en av tärnorna henne, och friarna tvingade Penelope att äntligen avgöra, vem hon ville välja bland dem. Då hon inte såg sig någon utväg, beslöt hon med sorg i hjärtat att de skulle få tävla om hennes hand. När Odysseus var hemma hade han brukat öva sig med att skjuta en pil genom skafthålen till tolv yxor ställda bakom varandra. Den av friarna, som bäst kunde göra efter detta, skulle Penelope ta till make. När Telemachos kom in på borggården var förberedelserna till tävlingen i full gång, och furstarna övade sig i att kasta till måls med spjut under ett förfärligt larm och oväsen.

Längre fram på dagen gick Odysseus klädd i sina tiggartrasor till kungaborgen tillsammans med svinaherden. Inte alla Odysseus' tjänare hade varit honom trogna. Vid en brunn fick getherden syn på dem och erbjöd tiggaren platsen att göra ren getstallarna. Där var hans plats, och han borde inte vara så djärv att han gick in i kungaborgen! Där skulle någon av furstarna snart bli herre, Telemachos dödad, och ett annat liv börja. Så gav han Odysseus en spark, som så när hade kommit denne att förråda sig. Värre var det dock för Odysseus att behärska sig, när inne på gården hans gamla hund kände igen sin herre, gnällde och viftade med svansen, men var så hemskt vanskött och utmagrad att han inte ens orkade krypa fram till honom.

Odysseus satte sig på tröskeln till salen och blev genast utsatt för friarnas övermodiga skämt. De tvingade honom att slåss med en oförskämd tiggare och väntade sig mycket lustigt av det slagsmålet, men Odysseus gav den andre omedelbart ett slag på halsen, så att han stöp, och lyfte ut honom på gården. Då blev det tyst i salen för en stund.

När natten kom och alla gick till vila, gav Odysseus ett tecken till Telemachos att stanna kvar. Så fort det blivit tyst överallt, bar de ut alla vapen, sköldar och hjälmar ur salen, och Pallas Athena lyste dem med en gyllene lampa. Odysseus satt sedan länge vid elden, »stämplande mord emot friarnas flock med hjälp av Athena», när Penelope trädde in. Av svinaherden hade hon hört om främlingen, och hon undrade nu, om han hade något nytt att berätta. Kanske visste han, om hennes make levde ännu eller var död? Varifrån kom han? Vem var han? och tiggaren svarade som förut att han var en rik och förnäm mans son från Kreta och att han där träffat Odysseus.

»Sådant han diktade upp, och det hade ett tycke av sanning.
Drottningen lyssnade till med kinderna våta av tårar.
Såsom den bländande snö uppå bergens översta toppar
töar för östanvind, sedan västanvinden den hopat,
och när den smälter, fulla till brädd alla floder då strömma:

224

så lät hon bländande kindernas par i tårar försmälta,
medan sin älskade man hon begrät, som satt henne nära.
Innerlig ömkan Odysseus förnam med sin sörjande maka;
dock, som de varit av horn eller järn, så stela hans ögon
stodo inunder hans bryn, och av list höll han tårarna inne.»

(Odyssén XIX)

Penelopes gråt stillnade till sist, och när tiggaren noga beskrev hur Odysseus varit klädd, trodde hon honom. Hon mindes väl kläderna hon själv packat in vid deras avsked, men att Odysseus skulle komma tillbaka, det vågade hon inte längre tro på.

Vänligt bjöd hon främlingen att under morgondagen sitta till bords i salen med Telemachos och de andra männen och skyndade på tärnorna att reda till ett fotbad åt gästen, innan han gick till vila. Då en av tärnorna var ohövlig och fräck mot honom, bad Odysseus att någon annan hellre skulle få hjälpa honom. Penelope sände då bud efter hans egen gamla amma, Eurykleia. Hon var mer skarpsynt än de andra och fick genast misstankar. Hon tyckte tiggaren var så märkvärdigt lik hennes egen käre herre, som varit så länge borta, och Odysseus medgav det. Gumman lät sig nöja, men under tvagningen kände hon igen honom på ett ärr under knäet och hade så när skrikit till av glädje, om inte Odysseus hållit handen för hennes mun.

HÄMNDEN

Solen rann upp till Apollons heliga dag, den dag, då Penelope måste bestämma sig. Hon vågade knappast tänka på hur många olyckor det skulle dra med sig. Kanske måste

hon med en annan make för alltid lämna Ithakas kunga-
borg, eller kanske bli kvar där med en furste, som vann
tävlingen, och se ende sonen berövad sitt arv och troligen
dödad. Genom tiggarens berättelse stod Odysseus så klart
levande för henne, och hon satt länge med hans båge i knäet
och tänkte på honom.

I salen larmade friarna, och längst ner vid gästabudsbor-
det satt också tiggaren. Det harmade friarna att få en sådan
trashank till bordsgranne, och en av dem kastade med all
kraft en oxlägg mot honom. Men Odysseus böjde sig undan,
oxläggen for i väggen, och han log hånfullt inom sig åt det
misslyckade kastet.

Telemachos hade slagit fast tolv yxor i rad, och Penelope
uppmanade nu friarna att skjuta en pil genom skafthålen
med Odysseus' båge. Den som lyckades skulle bli hennes
make. Den ene efter den andre försökte, men ingen av furs-
tarna mäktade ens spänna bågen, då tiggaren bad att få
vara med om tävlingen. Friarna blev förbittrade, de ville
helst skjuta upp tävlingen till dagen därpå, i hopp om att
lyckas bättre då. Det var tillräckligt förödmjukande som
det var, skulle de nu därtill tåla skymfen att den där främ-
mande uslingen skulle tillåtas att tävla med furstar! Pene-
lope lugnade dem emellertid, tiggaren var av ädel börd och
dessutom Telemachos' gäst, och hon gav honom lov att för-
söka.

Under friarnas hånfulla anmärkningar satt Odysseus en
stund och kände prövande på bågen.

». . . och strängen
sjöng under greppet så ljuvligt och gällt som en kvittrande svala,
och i detsamma lät Zeus sitt tordön rulla som varsel»

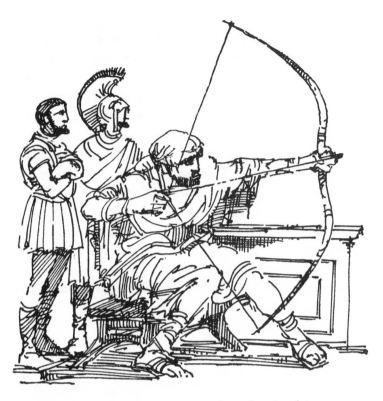

Så spände han den, siktade noga och under det friarna greps
av bävan skickade han

>... pilen i väg och förfelade icke en ögla
borta i bilornas rad, utan tvärs igenom dem alla
kopparpilen flög hän...»

(Odyssén XXI)

I samma stund grep Telemachos sitt spjut, Odysseus kas-
tade av sig sina lumpor, och innan den fräckaste och över-
modigaste friaren ens hann tänka på fara, föll han död ner
träffad av Odysseus' pil. De övriga såg sig rådvilla omkring,
vapnen på salens väggar var borta, och tjänarna hade stängt

dörrarna. Gudinnan Athena, förklädd till Odysseus' gamle vän, Mentor, var till en början med i tumultet, då friareskaran föll för pilar och spjut, och den hemkomne tog en gruvlig hämnd på dem som så länge våldgästat hans borg.

Penelope kunde till en början inte fatta att tiggaren var hennes make. Hon satte honom på prov, ty under de gångna åren hade mer än en lycksökare kommit med falska uppgifter om Odysseus och även givit sig ut för att vara hennes make. Hon och Odysseus hade en gemensam hemlighet: Penelope befallde tjänarinnorna att bära ut sängen ur sovkammaren. När Odysseus hörde det, förklarade han att det var omöjligt. Han hade själv byggt kammaren runt ett olivträd på borggården, och därefter sågat av det och gjort stubben till en av sängfötterna. Penelopes knän och hjärta domnade,

> »när hon kom allting ihåg, som Odysseus förtäljde så noga.
> Gråtande gick hon mot konungen fram och armarna lade
> tätt om den älskades hals och kysste hans huvud ...»
>
> *(Odyssén XXIII)*

Kungaparet hade mycket att berätta för varandra, men nästa morgon gick Odysseus och Telemachos åtföljda av herdarna till lantgården, dit den gamle Laertes dragit sig undan. Där hade han åldrats i sorg över tillståndet i kungaborgen och av längtan efter sonen. När Odysseus fick se fadern så skröplig och eländigt klädd, grät han och för att inte fadern skulle bli för upprörd började han försiktigt berätta om sig själv som vän till Odysseus, men när han såg hur den gamle blev ännu mer bedrövad, sprang han fram, tog honom i famn och talade om vem han var. Så förbyttes all sorg och saknad i glädje.

Medan far och son sedan satt tillsammans med trogna tjänare, kom de dödade friarnas släktingar stridsberedda för att utkräva hämnd. Telemachos stred modigt vid faderns sida, och redan hade många av angriparna fallit, då Pallas Athena förmådde de stridande att sluta fred för evärdliga tider.

Det dröjde dock inte länge förrän Odysseus på guden Hermes' befallning gav sig ut på nya äventyr.

Förvandlingssagor

Flodguden Peneios hade en skön dotter, som hette Daphne. Hon var lika skygg som de dryader, vilka tjänar gudinnan Artemis och som gömmer sig för vandraren bland trädens löv. Daphne strövade fri och lycklig omkring och smög kvick som en bergbäck fram över mossan, där hennes lätta fötter knappast lämnade något märke.

Ingen undgår dock sitt öde. Då Apollon dödat den förfärliga draken Python, träffade han kärleksguden Eros, som satt på en sten vid flodstranden och lekte med sin båge. Pilarna hade han lagt bredvid sig och synade dem en efter en. Några hade spetsar av guld, andra av bly. När nu Apollon en stund stått och sett, hur vårdslöst Eros handskades med pilarna, hånade han honom för hans leksaker.

Eros greps av vrede, lade en pil med gyllene spets på strängen och träffade Apollon mitt i hjärtat. Därefter försvann Eros in i skogarna på berget Parnassos och klättrade ända upp till de högsta höjderna. Han spejade efter byte och, när han såg neråt dalen, upptäckte han den sköna Daphne. Utan att tveka tog han en pil med blyspets, siktade noga och med ett svirrande ljud flög pilen åstad.

Daphne tog sig åt hjärtat, vände sig hastigt om, och Apollon som kom fram mellan träden märkte genast hennes säregna skönhet. Hela hans väsen genomströmmades av kärlek, och utan att besinna sig närmade han sig henne fylld av längtan. Men Eros' blypil hade hos Daphne endast ökat hennes ömtåliga skygghet, hon flydde förskräckt, och utan att se sig om skyndade hon sig fram mot flodstranden.

Hur snabb hon än var, var dock Apollon snabbare. Skräcken spände hennes krafter till det yttersta, och redan nalkades hon Peneios, där hon skulle få skydd, då Apollon var så nära att han i nästa ögonblick kunde fånga henne. Hon bönföll i ängslan sin far om hjälp, och flodguden förvandlade henne till ett lagerträd. Hennes fötter växte ner i marken, och från hennes höjda armar sköt löven fram, ögonen slöts, och den späda gestalten stelnade. Apollon slog klagande sina armar om stammen, hennes hjärta slog ännu men svagt.

Då Apollon ej kunde få Daphne till maka, gjorde han lagern till sitt heliga träd, och eftersom guden är diktens, sångens och musikens gud men även beskyddar konst och vetenskap, ges en krans av lager ännu i dag åt diktare, konstnärer och vetenskapsmän.

Som diktens, som inspirationens gudom har Apollon uppfattats genom århundraden. Så vittnar t. ex. 1700-talsskalden Creutz om detta, när han i »ensligheten i sin hydda» såg Apollon nalkas:

>»Hans rika, ljusa hår omkring hans axlar hänger;
>den eld, som ur hans blick och högblå ögon tränger
>i tanken tänder ljus och över hjärtat rår.»

SOLENS SON, PHAËTHON

Solguden Helios kör varje dag sitt lysande spann över himlen. Högt ovan de dödliga springer hans fyra snövita hästar i de klara rymderna, och han tyglar dem med stark och stadig hand. Ibland döljer moln honom för människornas blickar, men ljusflödet tränger ändå fram till jorden, och ännu hade det aldrig hänt att inte solguden varje morgon kört sin gyllene vagn fram genom Österns portar.

Solgudens gemål var dotter till Okeanos, och deras son Phaëthon vistades halva året hos sin mor vid världshavets strand i väster och halva året hos fadern i hans gyllene palats borta i Österns länder. Palatsets dörrar var rikt smyckade med silversmiden, och framför solgudens smaragdtron stod Århundraden och År, Månader, Veckor och Dagar, Timmar och Minuter.

När nu Phaëthon en gång återkom till stranden vid oceanen, berättade han för sina kamrater om all denna prakt och om sitt himmelska ursprung, men ingen ville tro honom. De sade, att han tycktes gripen av nymferna, så virrigt och vanvettigt kunde han inte annars tala. I sin förtvivlan bad han sin moder om råd och hjälp. Hon rådde honom att av Helios begära ett sådant bevis på sin himmelska börd att alla måste tro honom.

Då Phaëthon nästa gång trädde inför Helios, bad han sin far om att bevilja honom uppfyllelsen av en bön. Solguden svor då vid underjordsfloden Styx att bönhöra honom, men blev förfärad, när Phaëthon bad att för en enda dag få köra solvagnen över himlavalvet. Då skulle de som hånat honom se att han talat sant och visst var vid sina sinnen. Förgäves sökte Helios få sin son att avstå från färden. Guden ångrade djupt sitt löfte, men han måste hålla det, ty om gudarna bryter en ed, svuren vid Styx, faller de ner som döda under ett helt år.

Djupt bedrövad lärde han Phaëthon under den alltför korta natten, hur han skulle styra hästarna, och det var med tungt hjärta han i den första gryningen lade tömmarna i sonens händer.

Hästarna stampade otåligt, Phaëthon grep piskan, och solvagnen körde upp på himlen. Han gladdes över farten, över himlens och jordens skönhet, men inom kort märkte han att hästarna inte lydde honom. Han kände inte rätta vägen, allt vildare störtade hästarna fram mellan stjärnorna. Jorden skymtade djupt under honom, och dit försökte han styra dem. Han drog i tömmarna och fick spannet att vända neråt, men då kom solvagnen för nära jorden. Skogarna förbrändes, flammorna steg mot skyn, och jorden hotades av undergång. Människor och djur greps av förfäran, då de såg bergstopparna stå i lågor, och flodernas vatten, som sjöd av hettan, gav ingen svalka.

Då förbarmade sig Zeus över jorden och slungade sin blixt mot den dåraktige Phaëthon. Blixten träffade honom mitt i bröstet, och med svindlande fart föll han som en stjärna ner i floden Eridanos' vatten.

När hästarna inte längre kände rycket i betslen av den ovane körsvennen, fann de själva sin väg och kom om kvällen till sin herre. Han ledde dem ombord på det gyllene skepp som om natten förde dem på underjordiska vatten tillbaka till Österns portar. Där trädde Helios sörjande in i sitt palats och vägrade att vidare köra solvagnen. Gudarna kallades till rådslag, och på deras böner fortsätter Helios ännu i dag sin strålande och livgivande färd över himlavalvet.

DAIDALOS OCH IKAROS

Den konstskicklige Daidalos hade efter ett dråp tvingats att fly från sin hemstad Athen och lyckats rädda sig till Kreta. Kung Minos tog honom i sin tjänst, och ingen var skickligare och konstfärdigare än Daidalos. Han högg de skönaste bildstoder i marmor, och han kunde foga samman gestalter, som kunde röra armar och ben liksom av sig själva. Kung Minos, som var rädd att mista honom, lät sätta vakter runt hans verkstad, och han behandlades som en fånge. Palatsets ämbetsmän vägde ut guld och silver åt honom liksom åt andra och vakade noggrant över att han inte tog undan något eller slarvade bort de dyrbara metallerna.

Så satt Daidalos och hans son Ikaros dag efter dag i tröstlös längtan efter friheten medan de smidde dyrbara smycken åt konungen.

Månvarv efter månvarv förgick, och det grämde Daidalos allt mer att kungen så illa lönade dem för allt de gjort;

han hade ju för kungens räkning till och med uppfunnit alla slags verktyg. Men nu hade hans skaparlust försvunnit. Att fly tycktes omöjligt, när han inte ägde något skepp, och alla stränder dessutom vaktades av den förfärlige kopparmannen Talos, som oupphörligen sprang runt kring ön. Daidalos beslöt då att rädda sig och sonen genom luftens rymder. I hemlighet samlade Ikaros och han fjädrar, som fogades till varandra med vax, så att de liknade fågelvingar.

De måste försöka fly tidigt en morgon i gryningen. Före flykten bad Daidalos bevekande att sonen inte skulle flyga för högt, inte högre än vingarna bar. Då Talos var på andra sidan ön, gjorde far och son sig färdiga för flykt, de sträckte ut armarna och flög fram över havet, just som morgongryningen bredde ut sig i öster. Ikaros fylldes av en lyckokänsla han aldrig förut känt, allt högre steg hans flykt, han susade genom rymden, men i sitt övermod kom han för nära solen och solvärmen smälte vaxet. Plötsligt störtade han i virvlande fart neråt. Daidalos hann knappt fatta vad som hänt, innan vågorna slukade sonen. Fadern gravsatte sonen på en ö, dit liket spolades upp. Efter Ikaros fick havet sedan namnet Ikariska havet.

PHILEMON OCH BAUKIS

Zeus brukade ibland gå omkring nere på jorden i mänsklig gestalt. En gång lämnade han det höga Olympos för att tillsammans med Hermes utröna människornas sinnelag. Vartefter de vandrade blev Allfader mer och mer sorgsen och besviken.

Ingen frid rådde på jorden, folken förtryckte och plågade varandra, och de olyckligas klagan steg mot himlen. Kungarna och de mäktiga låg i ständiga krig, länderna förhärjades, och överallt tycktes makt och styrka användas till förödelse och olyckor. De fattiga försmäktade under hårda herrar, som lät dem arbeta sig till döds på deras borgar och jordagods. Människorna lurade och bedrog varandra i stället för att gemensamt kämpa mot olyckorna, som de själva dragit över sig.

På vandringen kom Zeus och Hermes till Phrygien. I dessa fjärran trakter härskade också misstänksam obarmhärtighet, ingen unnade den andre något, och ingen hade tid eller sinne för hur det gick hans granne.

Förgäves klappade Hermes på dörrarna för att få en bit bröd och husrum. Ingen brydde sig om de båda vandrarna, fast var och en kunde se hur den gamle höll på att digna av trötthet. Till sist nådde båda fram emot kvällen en koja på en bergsluttning. Där bodde ett par gamla makar, Philemon och hans hustru Baukis, och dessa tog vänligt emot de trötta främlingarna.

Philemon satte fram en bänk och såg till att de fick varmt

vatten att tvätta sig i, Baukis satte för dem oliver, ägg och vin, medan båda underhöll gästerna med samtal. Under måltiden såg de till sin förundran, att de knappa rätterna inte tog slut och att vinet, som späddes med källvatten, inte minskades.

De båda gamla förstod då att deras gäster var gudar och greps av förfäran. De hade inte nänts slakta den enda gåsen att mätta främlingarna med och började jaga den, för att tillreda gudarna en värdigare måltid. Men då hejdade Zeus dem, gåsen tog sin tillflykt till honom, och han räddade den.

Hermes ledde så de hjälpsamma gamla uppför det höga berget ovanför kojan. Zeus förkunnade för dem sitt beslut att låta en översvämning dränka landet nedanför berget, ty människorna tänkte ej i sin obarmhärtighet och ondska på hur annorlunda livet skulle vara om de i hjälpsam godhet bistod varandra. De vårdade sig inte heller om den sköna värld, som gudarna givit dem, och därför måste de dö.

Medan Zeus ännu talade vältrade sig en väldig havsvåg in över landet, husen störtade samman och allt levande förgicks. Där de gamlas koja stått, växte ett marmortempel ur marken, och dess gyllene tak glänste i solen.

Zeus allfader bad Philemon och Baukis att önska sig något, innan han och Hermes återvände till Olympen. De gamla bad då att få bli präst och prästinna i gudens tempel och att få vara förenade i döden som i livet.

Zeus hörde deras bön, och i döden förvandlades de till två träd, där nya släkten hängde blomsterkransar i grenarna. Så växer de tillsammans vid stranden av den sjö, vars botten en gång var ett hemvist för människors ondska och själviskhet.

237

Orpheus var son till en av sånggudinnorna. Borta i sitt bergiga hemland Thrakien spelade han vid älvarna så att vattnet stannade i sitt lopp och de vilda djuren samlades för att lyssna till hans sång utan att ofreda varandra.

Orpheus fick till maka den sköna Eurydike, och bröllopsguden, som välsignar giftermål, blev bjuden till festen. Under de högtidliga bröllopshymnerna lyste facklan, som guden bar, med ett dunkelt sken. Hans ansikte såg dystert ut, och det tyddes av bröllopsgästerna som ett förebud om olycka.

Kort efter bröllopsfesten vandrade Eurydike med sina tärnor över en blomsteräng. De band kransar och sjöng, men plötsligt sjönk Eurydike klagande till marken. Tärnorna såg en huggorm ringla bort, den hade huggit deras härskarinna i hälen, och efter en stund var hon död.

Orpheus blev utom sig av sorg efter sin unga sköna maka, och olycklig irrade han omkring bland bergen. Då ingenting kunde lindra hans smärta, beslöt han att vandra söderut för att finna nergången till underjorden och försöka föra sin älskade tillbaka till de levandes värld.

När han äntligen stod framför den tysta Persephone, underjordens drottning, sjöng han till lyran om sin sorg, och så gripande var hans sång att alla lyssnade. Danaiderna hörde upp med sitt fåfänga arbete, och Sisyphos vilade sig från sina fruktlösa försök att rulla stenar uppför en bergbrant. Alla glömde sina egna sorger och straffen för de brottsliga gärningar, som de begått under sitt jordeliv. Då Orpheus bevekande sjöng om förbarmande, grät de över hans olycka som om den varit deras egen. När sångaren slutat, bad Persephone sin gemål Hades om att han skulle låta Eurydike få lämna de dödas boning. Underjordens härskare, som också gripits av sången, beviljade hennes bön, men på det villkoret att Orpheus inte fick se sig om, innan båda var uppe i dagsljuset. Om han tvivlade på Hades' ord och löfte, skulle han aldrig få se sin maka mer.

Utan att ha fått se sin älskade Eurydike vände Orpheus tillbaka den långa vägen genom underjordens dimmor. Skuggor svävade kring honom, han förtärdes av längtan efter sin maka, och till slut tog hans längtan överhand. Då han skymtade solskenet, vände han sig om, och Eurydike »en bild av tröstlös och oändlig jämmer», sjönk som en skugga åter till skuggornas värld. (Stagnelius: Bacchanterna.)

Ännu en gång försökte Orpheus återvinna henne, men färjmannen Charon vägrade att ro honom över dödsfloden en gång till. Orpheus vandrade hem till Thrakiens berg, där han till sist mötte döden och blev så för alltid förenad med sin älskade.

KONUNG MIDAS

Konung Midas härskade i Phrygien. Han gjorde en gång guden Dionysos en stor tjänst och fick till tack önska sig vad han ville ha. Midas önskade då att allt han rörde vid skulle förvandlas till guld, och han fick sin önskan uppfylld. Allt han rörde vid i sitt palats blev till guld, och han visste knappast till sig av glädje över alla de dyrbarheter han kunde skaffa sig på ett så lättvindigt sätt.

Förnöjd och i drömmar om makt och härlighet satte han

sig till bords. Tjänarna bar fram läckra rätter, men även där gällde löftet. Maten förvandlades till guld och dryckerna stelnade i bägaren, när han försökte närma dem till sina torra läppar.

Konung Midas insåg nu hur dåraktig hans begäran varit. Ödmjukt bad han Dionysos om tillgift och om befrielse från guldet, som blivit till olycka för honom. Guden hörde hans bön och befallde honom att gå till en flod och doppa ner huvudet i vattnet. Midas gjorde så och sen dess för flodens vatten med sig guldstoft.

Midas själv blev för alltid kvitt följderna av sitt begär efter rikedomar. Han blev i stället led vid prakt och överflöd och lämnade så ofta han kunde sitt praktfulla palats för att i skogens ensamhet lyssna till hur den bockfotade Pan spelade på sin pipa.

Alla skogens röster tycktes honom mer hugsvalande än den konstfulla musik som hans många spelmän och sångare stämde upp. Inte ens när Apollon själv tävlade med Pan tyckte han att guden segrat. Han fann den enkla herdepipan vackrare än Apollons lyra.

Över denna likgiltighet inför den himmelska musiken vredgades guden och satte på Midas ett par åsneöron. För att dölja dem lät kungen sina skickligaste guldsmeder smida en väldig kungakrona, som dolde öronen.

För sin barberare kunde kungen i varje fall inte dölja åsneöronen, men denne vågade inte röja något om kungen. Barberaren, som nästan höll på att förgås av begär att omtala hemligheten, smög sig då en kväll ner till vassen vid en sjö och anförtrodde den viskande åt vassen. När vinden går i vassen hör man hur den viskar: Kung Midas har åsneöron, kung Midas har åsneöron.

ISFÅGLARNA

I Thessalien regerade i forna tider en konung som hette Keyx. Hans gemål Halkyone var från Vindarnas ö långt borta i väster, där hennes fader Aiolos härskade. Hon var alltid rädd för stormarna på havet och ville helst inte se på de skummande, skyhöga vågorna, som ständigt slog upp kring hemön.

I sitt nya hem kunde hon i skydd av bergen känna sig trygg och lugn, och hennes make Keyx älskade henne varmt. Ingenting fattades i deras lycka, och det frestade dem slutligen till övermod. De jämförde sig en gång inför sitt folk med Zeus och Hera. Lyckan förbyttes i olycka, sorger hemsökte dem, och dystra järtecken visade sig på himlen.

Keyx beslöt att rådfråga ett orakel, men eftersom rövare gjorde bergspassen till Delphi osäkra, bestämde han sig för att vända sig till ett orakel på andra sidan Egeiska havet. När drottning Halkyone hörde detta, greps hon av sin gamla skräck och ångest inför havet, och hon bönföll gråtande sin make att färdas den längre landsvägen hellre än att sätta livet på spel. Kung Keyx lyssnade sorgsen till henne men svarade att faror lurade lika väl till lands som på havet, och valde han landvägen skulle det ta mycket lång tid, innan de åter förenades. Han drev därför sin vilja igenom, skepp rustades, och han avseglade. Innan han for, lovade han henne att vara tillbaka inom loppet av två månvarv om allt gick väl.

Till en början var havet lugnt, men då kungen var halvvägs, kastade sig Nordanvinden rasande mot fartygen, vågorna välte skyhöga, masterna knäcktes, och en störtsjö spolade Keyx överbord. Han simmade länge omkring och klamrade sig fast vid vrakdelar, som flöt på vågorna. Ibland trodde han sig se land, men nya störtsjöar förde honom mot djupet, och viskande Halkyones namn försvann han i bränningarna.

Hemma i kungaborgen väntade Halkyone sin älskade make med oro. Varje dag frambar hon offer till Himladrottningen och bönföll henne att rädda konungen undan havets faror. För att döva sin ängslan sömmade hon flitigt på en praktfull dräkt, som hon skulle ge sin make vid hans hemkomst.

Redan hade två månvarv förgått, dräkten var för länge sedan färdig, men drottningen hoppades alltjämt, och hennes offer och böner fyllde hela hennes dag. Hon försökte tro på hans slutliga hemkomst, och långt efter det Keyx drunk-

242

nat, fortsatte hon att anropa Himladrottningen om att hennes make snart måtte landstiga i sitt rike igen.

Hera kunde slutligen inte längre lida den trosvissa tillit, som strömmade mot henne i Halkyones böner. Hon kallade till sig sin budbärerska Iris för att upplysa den stackars Halkyone om hennes makes öde. Iris svepte sig i sin regnbågsfärgade slöja och flög för att leta reda på Sömnen.

I Sömnens rike härskar stillheten. Vallmo och andra sövande blommor växer i praktfull mångfald utanför den grotta, där Sömnen vilar på sitt läger. Dit flög nu Iris och befallde Sömnen att skicka Halkyone en drömsyn, som skulle uppenbara för henne Keyx' död.

Sömnens gud Hypnos har en oändlig skara söner, som på hans befallning bringar sömnens gåva till människorna. En av dem som kommer med drömsynerna flög genom nattens mörker till kungaborgen, och i Halkyones sovgemak tog han Keyx' gestalt. Gråtande stod han vid sängen och bad den älskade att i sorgdräkt rädda hans lik ur det trolösa välvande havet, så att själen kunde förenas med de andra skuggorna i underjordens rike.

Halkyone vaknade i skrämsel, hennes förtvivlan kände inga gränser. Hon sargade sig själv, rev sönder sina kläder, och så fort morgonen grydde, begav hon sig den långa vägen ner till havet. Tårarna strömmade ur hennes ögon, när hon äntligen stod vid stranden till det grymma hav, som slukat hennes make. Då fick hon långt ute bland bränningarna se något som fördes upp och ner mellan vågorna. Till sist kunde hon urskilja en kropp, och då vågorna förde den närmare, kände hon igen sin make. Med ett klagande rop kastade hon sig från klippbranten för att nå honom, och i samma ögonblick förvandlade gudarna henne till en fågel.

243

På starka vingar flög Halkyone mot sin döde make, men hon kunde inte väcka honom till liv igen, hur kärleksfullt hon än klagande försökte övervinna Döden genom sin trofasthet. Gudarna hörde hennes klagan och förbarmade sig över henne. Dödens gud, den bleke Thanatos, måste släppa sitt byte, och förenade som ett par isfåglar flög de båda bort över havet.

När vintern kommer och isfåglarna ruvar sina ägg, vakar Aiolos över att hans vindar inte stör dem. Under fjorton dagar vilar de lugnt borta i Vindarnas grotta på den fjärran ön i Okeanos. Grekerna brukade därför tala om »halkyoniska dagar», dagar av vindstilla och frid.

Register

Aiai'e, trollgudinnan Kirkes ö 146, 206, 210 f.

Ai'as, lat. *A'jax,* näst efter Achilles grekernas tappraste hjälte vid tåget mot Troja 179, 182, 184, 188, 210.

Aie'tes, konung i Aia 122, 136, 138—140, 142—147.

Ai'geus, lat. *Ae'geus,* konung i Athen, Theseus' fader; efter honom uppkallades Egeiska havet 153, 155 f, 159 f, 164.

Aigi'na, grekisk ö sydväst om Athen 171.

Aigi'sthos, konung i Mykene; vann Agamemnons maka, Klytaimnestra, och hjälpte henne att döda denne 195—197, 210.

Aigy'ptos, konung i Egypten, som enligt sagan uppkallats efter honom 40.

Ainei'as, lat. *Aene'as,* trojansk furste, romarnas stamfader 184, 192 f.

Ai'olos, lat. *Ae'olus,* vindarnas gud 30, 38, 50, 76, 121, 140, 172, 205 f, 241, 244.

Ai'schylos, grekisk tragediförfattare, 525—456 f. Kr.; bland hans främsta skådespel märks »Perserna» och »Orestien», som består av dramerna »Agamemnon», »Gravoffret» och »Eumeniderna» 19, 34, 198.

Ai'son, konung i Iolkos, fader till Iason 123 f.

Ai'thra, moder till Theseus 155 f.

Aito'lien, landskap i västra Grekland 56 f, 59, 94.

Akri'sios, konung i Argos 41 f, 50.

Akro'polis, stadsborgen i en grekisk stad; mest berömd är den i Athen med dess tempel, främst Athenatemplet, Parthenon 18, 154, 198.

Aktai'on, lat. *Actae'on,* fursteson från Thebe 68.

Alke'stis, lat. *Alce'stis,* maka till Admetos 92—94.

Alkmai'on, son till Amphiaraos 119 f.

Alkme'ne, moder till Herakles 60 f.

Alphei'os, flod på Peloponnesos 71.

Althai'a, moder till Meleagros och Deianeira 56—59, 94.

Amazo'ner, krigiska kvinnor, som bildat en kvinnostat vid Svarta havets kust 55, 79—81, 164, 187.

Amphiard'os, furste som tvangs deltaga i tåget mot Thebe 112, 115, 119.

246

Amphi'on, konung i Thebe, byggde Thebes murar 103.

Amphitri'te, Poseidons gemål 23.

Andro'mache, maka till Hektor 178, 187, 192.

Andro'meda, etiopisk prinsessa, som räddades av Perseus från ett havsvidunder 46—48, 50.

Ankai'os, furste som deltog i argonautertåget 126 f.

Antai'os, jätte som Herakles besegrade 86.

Antei'a, drottning i Tiryns 51 f.

Anti'gone, dotter till konung Oidipus i Thebe; begravde mot härskaren Kreons befallning sin broders lik och straffades därför med döden 107, 110, 113, 115—118.

Aphrodi'te, lat. *Ve'nus*, kärleksgudinnan 28, 36, 102, 112, 138, 140, 152, 160, 162, 165, 167—170, 178.

Apo'llon, lat. *Apo'llo*, siargåvans, diktens och musikens gud 19, 27, 50, 61, 63, 67 f, 84, 91—93, 100, 103 f, 108, 110, 120, 132, 169, 174—176, 179, 183, 185, 188, 191, 196—198, 225, 230 —232, 241.

Arei'on, en häst som räddade konung Adrastos vid Thebe 115.

Areopa'gen, domstolen på Ares' kulle utanför Athen 198.

A'res, lat. *Mars*, krigets gud 27, 77, 79, 100, 102, 114, 122, 126, 140, 142, 144, 178, 185, 198.

Argi'ver, se Argolis.

A'rgo, argonauternas berömda skepp 127—137, 140, 145—148, 153.

A'rgolis, landskap på Peloponnesos; invånarna kallades argi'ver 40, 50, 60 f, 63—65, 70, 73 f, 77—79, 85, 131, 155 f.

Argonau'terna, de som med skeppet Argo hämtade det gyllene skinnet 121, 128—148.

A'rgos, huvudstad i Argolis 18, 41, 43, 45, 49 f, 55 f, 111 f, 115, 118, 181, 188, 194.

A'rgos, den som byggde Argo 126, 140 f.

A'rgos, lat. *A'rgus*, jätte med hundra ögon (jfr Argusögon) 22.

Aria'dne, dotter till konung Minos på Kreta, räddade Theseus; senare Dionysos' maka 162—164.

Arka'dien, landskap på Peloponnesos; arkadisk = idyllisk 29, 57 f, 68 f, 70, 72, 79, 120, 126, 136.

A'rtemis, lat. *Dia'na*, syster till Apollon, jaktens gudinna, mångudinna 27, 56 f, 59, 67—69, 104, 165, 172 f, 185, 230.

Askle'pios, läkedomens gud, son till Apollon 27.

Atala'nte, prinsessa från Arkadien; segrade i den kalydoniska vildsvinsjakten 57 f, 114.

A'thamas, konung i Orchomenos 121.

Athe'na, se Pallas Athe'na.

A'tlas, en titan, som bär himlavalvet på sina skuldror 85—87.

A'treus, konung i Mykene, fader till Agamemnon 195.

A'tropos, se moirer.

A'ttika, bergig halvö i sydöstra delen av det grekiska fastlandet 18, 88, 112, 154, 159, 161, 163 f.

Augei'as, lat. *Augi'as*, konung i Elis; Herakles rensade hans stall 71—73.

Au'lis, hamn på Boiotiens kust, där den grekiska flottan samlades före tåget mot Troja 172, 177, 195.

Ba'cchos, se Dionysos.

Bau'kis, lat. *Bau'cis*, maka till Philemon 236 f.

Bebry'ker, ett folk i Bithynien på Mindre Asiens kust 131.

Belle'rophon, hjälte som utförde många bragder tack vare hästen Pegasos 50—56.

Bithy'nien, landskap i Mindre Asien 131.

Boio'tien, *Beo'tien*, landskap nordost om korinthiska viken 18, 61, 121, 172.

Bo'reas, Nordanvinden 30, 127.

Brise'is, Achilles' slavinna, som Agamemnon tog ifrån honom 176, 182.

Ca'cus, en jätte som bodde på Palatinen 83 f.

Cha'os, kaos, rymden, ur vilken världen uppstod 20, 28.

Cha'ron, färjkarlen, som i underjorden för de döda över floden Acheron 89, 116, 239.

Chary'bdis, ett farligt vattenväsen, malström. Jfr Skylla 211 f, 215.

248

Chei'ron, läkekunnig och klok kentaur, hos vilken flera hjältar uppfostrades 61, 123, 171.

Chimai'ra, lat. *Chimae'ra*, ett eldsprutande odjur med gethuvud, lejonkropp och ormsvans. (Chimär = fantasifoster.) Det dödades av Bellerophon 54 f.

Chryse'is, dotter till Apollons präst, Chryses. Agamemnons slavinna 175.

Cyklo'per, kyklo'per, enögda jättar 21, 29, 51, 92, 200—204, 209.

Dai'dalos, lat. *Dae'dalus*, skicklig konstnär hos konung Minos på Kreta; fader till Ikaros 161, 234 f.

Da'naë, dotter till konung Akrisios i Argos, moder till Perseus 41—43, 48 f.

Dana'er, se Achaier.

Da'naos, konung i Egypten, fader till de femtio danaiderna 40 f.

Da'phne, förföljd av Apollon, som älskade henne, förvandlades hon till ett lagerträd 230 f.

Deianei'ra, Herakles' maka 94—97.

De'los, en helig ö, där gudinnan Leto födde tvillingarna Artemis och Apollon 27.

De'lphi, stad och Apollons och Dionysos' helgedom vid foten av berget Parnassos; berömt för sitt orakel, som spelade en stor roll i Greklands politiska och religiösa liv 19, 27, 38 f, 41, 50, 61, 91, 100, 104 f, 108, 111, 120 f, 125, 155, 197, 242.

Deme'ter, lat. *Ce'res*, åkerbrukets och fruktbarhetens gudinna, moder till Persephone 23, 30, 37, 87—89.

Demo'n (grek. daimon), ett gudomligt väsen, en »makt», som kunde komma över en människa som en ögonblicklig ingivelse. Den kunde bli henne till hjälp eller till fördärv. Senare tänktes demonerna som onda väsen 24, 30 f.

Deuka'lion, son till Prometheus. Räddades av gudarna undan den stora översvämningen 37—39.

Diome'des, konung i Argos, näst Achilles och Aias grekernas förnämste kämpe vid Troja 178, 180 f, 189, 194.

Diome'des, thrakisk konung, som ägde människoätande hästar; dödad av Herakles 77 f.

Diony'sos, Ba'cchos, lat. *Diony'sus, Ba'cchus,* vinets gud 30 f, 163, 239 f.

Diosku'rerna, tvillingarna Kastor och Polydeukes, lat. Castor och Pollux 126, 169.

Dodo'na, Zeus' heliga eklund i nordvästra Grekland 126, 146.

Dolio'ner, ett folk på Kyzikos som gästfritt tog emot argonauterna 129 f.

Drya'der, trädens andar eller nymfer. Jfr nymfer 19.

Ege'iska havet, jfr Aigeus 42, 76, 78, 80, 91, 135, 164, 194, 242.

Egi'den, Pallas Athenas bröstpansar, prytt med medusahuvudet. Egentligen var egid ett getskinn, det ursprungliga skyddet i strid 183.

Ele'ktra, dotter till Agamemnon och Klytaimnestra 196—198.

Eleu'sis, stad i Attika. Där firades sedan gammalt skördefester till Demeters, Persephones och Dionysos' ära, de eleusinska mysterierna 88.

E'lis, landskap på Peloponnesos; där firades vid Olympia vart fjärde år de olympiska spelen 71—73.

E'os, lat. *Auro'ra,* morgonrodnadens gudinna, syster till solguden 28, 147, 187.

Epigo'nerna, »de efterkommande», dvs. sönerna till »de sju mot Thebe»; i överförd bemärkelse användes ordet numera i betydelsen osjälvständiga efterbildare av stora konstnärer 119.

Eri'danos, den flod vid världens ände, i vilken Phaëthon störtade 234.

Eriny'er, lat. *fu'rier,* hämndgudinnorna; senare dyrkade som vårdare av lag och rätt, eumeni'der 120, 197 f.

E'ris, tvedräktens gudinna, som kastade in guldäpplet vid Thetis' och Peleus' bröllop; med erisäpple, stridsäpple, menas en tvistefråga, ett stridsämne 27, 167.

E'ros, lat. *A'mor, Cupi'do,* kärlekens gud, son till Aphrodite 20, 28, 138, 152, 230.

Eryma'nthos, bergskedja i Arkadien, där Herakles dödade det eryma'nthiska vildsvinet 69.

Erythei'a, den ö där solgudens oxar vallades 81 f.

Ete'okles, son till konung Oidipus, dödades vid kampen om Thebe av brodern Polyneikes 107, 110 f, 113—115, 119.

Euboi'a, Eube'a, ö utanför det grekiska fastlandets östra kust 173, 194.

Eumai'os, Odysseus' trogne svinaherde 221.

Eumeni'derna, se erinyer.

Euri'pides, grekisk tragediförfattare, o. 480—406 f. Kr., bland hans skådespel märks »Alkestis», »Medea», »Hippolytos», »Trojanskorna», »Backantinnorna» m. fl. 92.

Euro'pa, dotter till en fenikisk konung; bortfördes av Zeus till Kreta, där hon blev stammoder till Kretas konungar 99 f.

Eury'dike, maka till Orpheus, som förgäves försökte återfå henne från dödsriket 238 f.

Euryklei'a, Odysseus' amma 225.

Eury'stheus, konung i Argos och Mykene. Herakles tjänade hos honom i tolv år 60 f, 63, 65, 67—74, 76 f, 79, 81, 84, 87, 90, 131, 159.

Gai'a, lat. *Tellus*, den äldsta gudomligheten, jordgudinnan 20, 30, 84, 86, 167.

Ga'rgaros, det berg, där Zeus' och Heras bröllop firades 84.

Gery'ones, jätte, som vaktade solgudens boskap 81, 83.

Giga'nter, jättar som besegrades av gudarna 21, 33.

Gorgo'nerna, tre kvinnliga vidunder. Jfr Medusa 30, 44—46.

Grai'erna, tre systrar, som tillsammans blott hade ett öga och en tand 30, 45.

Gyllene skinnet, vädursskinnet som argonauterna hämtade i Aia 125 f, 138 f, 140, 142, 144 f, 148, 153.

Ha'des, lat. *Plu'to*, en av titanerna och broder till Zeus, underjordens gud; dyrkades även som växtlighetens gud. Som rikedomens gud kallades han Pluton, jfr plutokrati. Hades (lat. Orcus) användes också som beteckning för dödsriket 21 f, 34, 46, 87—89, 179, 184, 197, 208, 214, 239.

Hai'mon, son till Kreon 117 f.

Halky'one, dotter till Aiolos; hon och hennes make, Keyx, förvandlades till isfåglar 241—244.

Harmo'nia, dotter till Ares och Aphrodite, maka till Kadmos 102, 112, 120.

Harpyi'orna, stormvindarna, skräckinjagande varelser, som förföljde den brottslige och troddes röva bort människor 132 f.

He'kate, månens och trolldomens gudinna 28, 141 f, 145, 149.

He'ktor, lat. *He'ctor*, trojanernas förnämste kämpe, dödad av Achilles; hans maka var Andromache 174, 178 f, 181—187, 190, 192.

He'lena, Spartakonungen Menelaos' sköna maka, bortförd av Paris till Troja men efter Trojas fall åter drottning i Sparta 167, 169 f, 180, 190, 192 f, 195.

He'likon, lat. *He'licon*, sånggudinnornas berg 19, 52.

He'lios, solguden 28, 71, 81 f, 88, 121, 143, 147, 209, 213 f, 232 —234.

He'lle, prinsessa i Orchomenos, som flydde tillsammans med sin broder Phrixos. Hon drunknade och har givit namn åt Hellesponten 121 f.

Hephai'sthos, lat. *Vulca'nus*, eldens och smideskonstens gud 26, 28, 34, 36, 85, 102, 184 f.

He'ra, lat. *Ju'no*, himladrottningen, Zeus' gemål 22, 27—29, 40, 49, 60—62, 80, 84, 122, 125, 133, 138, 145, 148, 167 f, 181, 183, 185, 241, 243.

He'rakles, lat. *He'rcules*, son till Zeus och Alkmene, efter många hjältedåd upptagen i gudarnas krets 25, 34, 60—98, 126—131, 136, 156 f, 159, 161, 174, 190.

He'rmes, lat. *Mercu'rius*, gudarnas sändebud, dyrkad av herdar, vägfarande, sjömän och köpmän; enligt grekerna upphovsman till det mänskliga talet 29, 36, 45, 48, 78, 89, 91, 98, 167, 186, 207, 216, 229, 236 f.

Hesi'odos, grekisk skald som skrev »Verk och dagar» och »Theogonin» 20, 24—26, 28, 31 f, 35, 88, 141.

Hesperi'derna, döttrar till Natten (Nyx). De vakar över de gyllene äpplen, som skänker evig ungdom 84—87, 90, 167.

He'stia, lat. *Ve'sta*, hemmets och härdens beskyddarinna 22.

Ka'lais, son till Nordanvinden 127, 133.

Ka'lchas, siare; följde den grekiska hären till Troja 170, 172, 176 f, 189.

Ka'lydon, stad i Aitolien 56, 58 f, 111, 127.

Kaly'pso, havsgudinna på ön Ogygia, räddade Odysseus, som stannade hos henne i åtta år 215—217, 222.

Kassa'ndra, trojansk prinsessa som hade siaregåva, bortförd av Agamemnon och dödad i Mykene 168 f, 192, 210.

Kassiopei'a, lat. *Cassiopei'a*, maka till konung Kepheus i Etiopien, moder till Andromeda 47.

Ka'stor, lat. *Ca'stor*, en av dioskurerna 126.

Ke'krops, en av Athens äldsta konungar 154 f.

Kentau'rer, lat. *centau'rer*, varelser, som till hälften var hästar, till hälften människor 61, 95 f, 123, 171.

Ke'pheus, lat. *Ce'pheus*, etiopisk konung, fader till Andromeda 47.

Ke'rberos, lat. *Ce'rberus*, den trehövdade hunden som vaktade underjordens port 87 f, 90, 94.

Kerynei'a, berg i Arkadien, varifrån Herakles hämtade den keryni'tiska hinden 68.

Ke'yx, make till Halkyone; de förvandlades till isfåglar 241—243.

Kiko'ner, ett folk i Thrakien, som kämpade med Odysseus och hans män 199.

Ki'rke, lat. *Ci'rce*, trollgudinnan, som bodde på ön Aiaie. Hos henne stannade Odysseus och hans män under ett år 146 f, 205—209, 211—214.

Kithai'ron, gränsberg mellan Attika och Boiotien 61 f.

Klo'tho, se moirer.

Klytaimne'stra, prinsessa från Sparta, maka till Agamemnon, som hon tillsammans med Aigisthos mördade 169, 195—196.

Ko'lchis, landskap vid Svarta havets östra kust 122.

Kolo'nos, kulle utanför Athen, där Oidipus fann en fristad då han flytt från Thebe 110, 112 f.

Kori'nth, under forntiden en av Greklands största och rikaste städer, belägen vid korinthiska viken och värnad av borgfästningen Akro-Korinth 18, 50—52, 109, 112, 122 f, 151 f.

Kre'on, konung i Thebe 107 f, 110, 114—118, 151 f.

Kro'nos, lat. *Satu'rnus*, en titan, son till Uranos och Gaia, störtade sin fader från makten men blev själv störtad av sin son Zeus 20 f, 23, 25.

Kyklo'per, se cykloper.

Kythe'ra, lat. *Cythe'ra*, grekisk ö med berömt Aphroditetempel 28.

Ky'zikos, ö i Marmarasjön 129.

Labdaki'derna, som härstammade från konung La'bdakos, härskade i Thebe 104.

La'chesis, se moirer.

Lae'rtes, konung på Ithaka och fader till Odysseus 221, 223, 228.

Lai'os, konung i Thebe, dödad av sin son Oidipus 104—106, 108 f.

Lao'koon, lat. *Laoko'on*, Apollons präst i Troja. Han och hans två söner kvävdes till döds av två ormar 191.

Le'mnos, ö i Egeiska havet 28, 128 f, 174.

Le'rnai, träsk nära argoliska viken, där Herakles dödade den lerneiska hydran 66.

Le'the, glömskans flod i underjorden 87.

Le'to, lat. *Lato'na*, gudinna, älskad av Zeus, moder till tvillingarna Artemis och Apollon 27, 103 f.

Leuko'thea, havsgudinna. Jfr Ino 123, 218.

Lotopha'gerna, ett folk som Odysseus besökte 200.

Ly'dien, landskap i Mindre Asien 91—93, 103.

Ly'kien, landskap i Mindre Asien 53, 54.

Ly'nkeus, son till Aigyptos, konung i Argos, stamfader till Perseus 41.

Ly'nkeus, »den loögde», följde med argonauterna som utkik 127, 134, 146.

Mede'a, *Medei'a*, prinsessa i Aia, dotter till konung Aietes; hon bistod Iason och argonauterna, blev Iasons drottning men övergavs av honom och flydde efter att ha dräpt sina egna barn 138, 140—142, 144—153, 159.

Medu'sa, en av de tre gorgonerna med ett skräckinjagande, förstenande huvud; hon dödades av Perseus 44—46, 48 f.

Melea'gros, lat. *Melea'ger*, konungason från Aitolien, deltog i den kalydoniska jakten 56—59, 94, 126.

Me'mnon, son till Eos, dödad i strid med Achilles 187 f.

Mena'der, kvinnor som dyrkade Dionysos 30.

Menela'os, konung i Sparta, broder till Agamemnon, make till Helena 169 f, 178, 180, 184, 189 f, 192—195, 198, 222.

Menoi'keus, son till Kreon 114 f.

Me'ntor, Odysseus' trogne och kloke vän. En klok rådgivare kallas än i dag för en mentor 228.

Me'tis, dotter till Okeanos, moder till Pallas Athena 26.

Mi'das, konung i Phrygien; han önskade att allt han rörde vid skulle bli guld. Men då han fick sin önskan uppfylld ångrade han den djupt 239—241.

Mi'nos, konung på Kreta, krävde skatt och offer av Athen 76 f, 148, 160—163, 234.

Minotau'ros, ett vidunder med tjurhuvud och människokropp, som bodde i labyrinten på Kreta 161—163.

Miny'erna, folkstam i Thessalien och Boiotien 121, 123, 127.

Moi'rer, lat. *parcer*, ödesgudinnorna; utskiftade redan före människans födelse hennes livsöde. De kallades också spinnerskor: Klo'tho avbildades med en slända, La'chesis spinnande och A'tropos klippande av människans livstråd 23, 56, 58.

Mu'serna, sångens, musikens och skaldekonstens nio gudinnor, som bodde på berget Helikon i Boiotien. Klei'o, Kli'o, lat. Cli'o representerade historien — Eute'rpe lyriken — Thalei'a, Thali'a lustspelet — Melpo'mene sorgespelet — Terpsi'chore dansen — E'rato kärlekssången — Polyhy'mnia hymndiktningen — Ura'nia astronomien och Kalli'ope hjältedikten.

Myke'ne, mäktig stad i Argolis 18, 60, 63, 65, 68—71, 76, 84, 90, 169, 172, 194—197.

Myrmido'nerna, Achilles berömda krigare 172, 175, 183 f.

My'sien, landskap på Mindre Asiens kust 130, 175.

Naja'der, källnymfer 19, 130.

Nausi'kaa, phaiakisk prinsessa, som tog sig an den skeppsbrutne Odysseus 219.

Na'xos, den ö där Ariadne trolöst lämnades kvar av Theseus vid flykten från Kreta 163 f.

Neme'a, dalgång i Argolis, där Herakles dödade det nemei'ska lejonet 64.

Ne'mesis, vedergällningens gudinna 119.

Ne'phele, dotter till solguden Helios, drottning i Orchomenos 121 f.

Nerei'der, havsjungfrur 30, 47, 85.

Ne'reus, havsgudomlighet, fader till nereiderna 30, 47, 85, 167.

Ne'ssos, kentaur, som dödades av Herakles, då han sökt föra bort dennes maka Deianeira; med Nessos' blod beströk Deianeira den mantel, som hon skickade Herakles och som blev dennes död 95—97.

Ne'stor, konung i Pylos, som deltog i tåget mot Troja; gammal och vis rådgivare 176 f, 179—181, 183, 221 f.

Ni'obe, maka till konung Amphion i Thebe; då hon kränkt Artemis och Apollon, dödade de hennes sju söner och sju döttrar; själv förvandlades hon till en stenbild 103 f.

Ny'mfer, naturgudomligheter, unga flickor, som tänktes bo i träd (drya'der) i källor (naja'der) i havet (nerei'der) och i bergen (orea'der) 19, 45, 67 f, 130, 232.

Odyssén (se Iliaden) 32, 60, 76, 187, 188, 199—229.

Ody'sseus, lat. *Uli'xes*, *Uly'sses*, konung över Ithaka, hjälten i Odyssén, Trojas listige besegrare 169—172, 177—178, 182, 188 —192, 194, 199—229.

Ogy'gia, havsgudinnan Kalypsos ö 215 f.

Oi'dipus, konung i Thebe, som sig själv ovetande dödade sin fader och äktade sin moder 104—113.

Oi'neus, konung i Kalydon 56 f, 94.

Oi'te, lat. *Oe'ta*, bergskedja i nordöstra Grekland; på toppen restes Herakles' gravbål 95, 97.

Okeani'der, Okeanos' döttrar 30, 34.

Oke'anos, lat. *Oce'anus*, den världsomfamnande havsströmmen, som slingrar sig kring jordens runda skiva 30, 34 f, 180, 209, 232, 244.

Oly'mpos, *Olympen*, berg i norra Thessalien, Greklands högsta berg, gudarnas boning 19, 21, 28, 31, 33, 36, 56, 80, 85, 93, 98, 176, 236 f.

Pe'gasos, lat. *Pe'gasus*, den bevingade hästen, sedan medeltiden sinnebild för den poetiska ingivelsen 52, 54, 56.

Pe'leus, konung i Thessalien, make till gudinnan Thetis och fader till Achilles 167, 170—172.

Pe'lias, konung i Iolkos 123, 125 f, 148 f, 151.

Pe'lion, berg i Thessalien, som giganterna staplade på berget Ossa då de sökte intaga Olympen 21, 123, 126, 167.

Pe'lops, stamfader till pelopi'dernas ätt i Mykene; han hade sönerna Atreus och Thyestes 104, 194.

Penei'os, flod i norra Grekland 230 f.

Pene'lope, drottning på Ithaka, Odysseus' maka 170, 199, 221, 223 —226, 228.

Pente'likon, berg i Attika 154.

Perse'phone, lat. *Prose'rpina*, Hades' gemål och underjordens drottning, dotter till Demeter 23, 87—89, 93, 209 f, 238 f.

Pe'rseus, son till Zeus och Danaë, räddade Andromeda och dödade Medusa 42—50.

Pha'ëthon, son till solguden Helios; han fick låna solgudens vagn men störtade och omkom 232 f.

Phaia'ker, ett folk, som gästfritt tog emot den skeppsbrutne Odysseus; skildringen av dem är den första utopien i Europas litteratur 147, 217—220.

Phai'dra, lat. *Phae'dra*, prinsessa från Kreta, syster till Ariadne; Theseus' maka, älskade styvsonen Hippolytos 163—165.

Phile'mon, make till Baukis 236 f.

Philokte'tes, konung i Thessalien, landsattes under färden mot Troja svårt sårad på en ö, där han tillbragte tio år under svåra lidanden. Då Troja ej kunde erövras utan honom, hämtades han till slut och deltog i striden 173 f, 189 f.

Phi'neus, konung i Bithynien, förföljdes av harpyiorna 132 f, 136.

Phoi'bos, lat. *Phoe'bus*, namn på Apollon 27, 176.

Pho'rkys, havsgudomlighet, härskare över djuphavens vidunder 30, 44.

Phri'xos, son till konung Athamas och drottning Nephele i Orchomenos. Hotad till livet räddades han på en gyllene vädur till landet Aia 121 f, 126, 136, 138.

Phry'gien, landskap i Mindre Asien, där Troja låg 236, 239.

Pi'ndos, norra Greklands förnämsta bergskedja 120.

Polyde'ktes, konung på Seriphos, önskade Perseus' fördärv och intalade honom att söka reda på Medusas huvud 43 f, 46, 48 f.

Polydeu'kes, lat. *Po'llux*, en av dioskurerna, jfr Kastor 126, 131.

Polynei'kes, son till konung Oidipus i Thebe 107, 110—118.

Polyphe'mos, cyklop, son till Poseidon, överlistades av Odysseus 199, 202—204, 209.

Posei'don, lat. *Neptu'nus*, havets gud, broder till Zeus 21—23, 38, 42, 47, 50, 76 f, 86, 153 f, 161, 165, 167, 172, 174, 184 f, 191, 193, 202—204, 209, 217.

Pri'amos, konung i Troja 168 f, 179, 185—187, 191 f.

Prokru'stes, en grym rövare, dödad av Theseus 158.

Prome'theus, en av titanerna. Han gav människorna elden och blev till straff av Zeus fängslad vid en klippa 33—38, 85, 137, 141.

Propo'ntis, forntida grekiskt namn på Marmarasjön 129.

Protesila'os, offrade sig för achaierna genom att som den förste hoppa i land vid Troja och dödas 174.

Psy'che, personifikation av människosjälen; avbildades som en ung flicka 28.

Py'lades, vän till Orestes 196, 198.

Py'los, stad på Peloponnesos 176, 221 f.

Py'thon, en drake, som dödades av Apollon 230.

Rhei'a, *Rhe'a*, urgammal gudomlighet, syster och maka till Kronos 21, 23.

Sa'rdes, huvudstad i Lydien 91.

Saty'rer, lat. *fau'ner*, lägre naturgudomligheter i Dionysos' följe 30.

Seri'phos, ö i Egeiska havet 42, 48 f.

Sire'ner, havsdemoner med fågelkropp och kvinnohuvud, som med sin sång lockade sjöfarande i fördärvet 211.

Si'syphos, lat. *Si'syphus*, son till Aiolos; som straff för sina ogärningar dömdes han att ständigt rulla en sten uppför ett högt berg, varifrån den dock alltid rullar ner igen 210, 238.

Ski'ron, grym jätte som höll till i ett bergspass och dödade dem som gick förbi; han dödades själv av Theseus 157 f.

Sky'lla, lat. *Scy'lla*, ett sexhövdat havsvidunder, som dödade sex av Odysseus' män; jfr Charybdis 211 f, 215.

Sky'ros, ö i Egeiska havet 166, 171.

Soly'mer, ett krigiskt folk i Mindre Asien som Bellerophon kämpade mot 55 f.

So'phokles, grekisk tragediförfattare, o. 496—o. 406 f. Kr., främst känd genom dramerna »Konung Oidipus», »Antigone» och »Elektra» 117.

Sphi'nxen, ett odjur som besegrades av Oidipus 106 f.

Stympha'los, sjö i Arkadien, där de stymphaliska fåglarna höll till 74.

Styx, en flod som från oceanen strömmade ner i underjorden. Vid dess vatten svor gudarna sina heligaste eder 29, 89, 116, 171, 217, 233.

Symplega'derna, två höga klippor vid infarten till Bosporen; de slog samman med jämna mellanrum 133.

Ta'los, en jätte av koppar som vaktade Kreta 148, 235.

Ta'ntalos, lat. *Ta'ntalus*, konung som missbrukat gudarnas gästfrihet och som straff i underjorden dömts till evig hunger och törst, »Tantali kval» 103, 194, 210.

Teire'sias, lat. *Tire'sias*, blind siare 108 f, 114, 118, 208 f, 213.

Tele'machos, son till Odysseus och Penelope 199, 221—229.

Tha'natos, dödens gud, avbildades med en nedåtvänd fackla 93, 244.

The'be, gammal stad i Boiotien, grundlagd av Kadmos 18, 61, 90, 92, 99, 100, 102—104, 106, 108—110, 112—119.

The'mis, rättvisans gudinna 39.

Thersi'tes, en av deltagarna i tåget mot Troja; vågade trotsa Agamemnon och sökte förmå achaierna att återvända hem 177.

The'seus, athenarnas nationalhjälte, som bland annat räddade Athen undan skattskyldigheten till konung Minos och dödade Minotauros 80, 89, 126, 153—166.

An Hachette UK Company
www.hachette.co.uk

First published in Great Britain in 2018 by
Cassell Illustrated, a division of
Octopus Publishing Group Ltd
Carmelite House
50 Victoria Embankment
London EC4Y 0DZ
www.octopusbooks.co.uk

ISBN 978 1 84403 983 8

A CIP catalogue record for this book is available
from the British Library.

Printed and bound in China
10 9 8 7 6 5 4 3 2 1

Commissioning Editor: Romilly Morgan
Managing Editor: Sybella Stephens
Copy Editor: Linda Schofield
Assistant Editor: Ellie Corbett
Art Director and Designer: Yasia Williams-Leedham
Illustrators: Allegra Lockstadt, Sara Netherway,
   Lauren Simkin Berke, Hannah Berman,
   María Hergueta, Miriam Castillo, Marcela Quiroz,
   Shreyas Krishnan, Laura Inksetter, Tanya Heidrich,
   Winnie T Frick, Hélène Baum, Bodil Jane
Production Controller: Meskerem Berhane

FORGOTTEN WOMEN

The Scientists

ZING TSJENG

CASSELL
ILLUSTRATED

Contents

INTRODUCTION 6

n 1983 a researcher named David Wade Chambers developed the Draw-a-Scientist Test. It was a simple way to work out when children began developing an image of the typical scientist in their heads. Did they see them as bespectacled geniuses in lab coats? Wild-eyed sorcerers with frizzy hair and potions? Or shy bookworms with their nose buried in a pile of academic papers?

Over the next 11 years, Chambers administered tests to more than 4,000 children between the ages of 5 and 11. The results were singularly depressing: of the thousands of drawings produced, only 28 featured female scientists. These were all drawn by girls, who made up 49 per cent of the study; there wasn't a single picture of a woman drawn by a boy. In other words, in the eyes of an average child, a scientist was far likelier to be a bearded figure shouting something like "Eureka!" and "I've got it!" than – a female.[1]

This isn't a slight on the schoolchildren of Montreal, Quebec, where the majority of the study's subjects came from. But if children are supposed to be our future, then the future – at least when it comes to science – is looking very male indeed.

According to the Women in Science and Engineering (WISE) campaign, women currently occupy just 21.1 per cent of the total STEM (science, technology, engineering and mathematics) jobs in the UK.[2] Things are only fractionally better in the US: although women make up about 50 per cent of the workforce,

statistics for 2011 from the United States Department of Commerce show that they take up less than 25 per cent of STEM positions.[3]

To be fair, women have been shut out of typical routes to scientific careers for a very long time. Most institutions of higher education did not begin to accept women until the 20th century. Magdalene College at the University of Cambridge – which counts a Nobel-winning physicist among its alumni – waited until 1986 to admit female students, reportedly prompting its men to hold a funeral procession, complete with coffin, to mourn the death of the college.[4]

These elite schools and academies were – and still are – seen as the gatekeepers of scientific accomplishment: training ground, career-making research centre and intellectual hothouse all in one. And in the past they were about as open-minded as an 11-year-old Montreal schoolchild when it came to who could pass through their doors.

So does this mean that the history books are totally empty of women making earth-shattering discoveries, teasing out scientific truths or publishing bombshell revelations about the inner workings of the universe? Of course not.

Can't get into university? No problem. In the 18th century, French mathematician Sophie Germain (see page 172) adopted a male *nom de plume* – Monsieur Le Blanc – so she could obtain the lecture notes. Can't speak to your academic peers because of their penchant for socializing at all-male clubs? Émilie du Châtelet (see page 156) dressed up in male drag so that she could stroll into Café Gradot to discuss equations.

If you look even further back, you can find women in antiquity and medieval times who were scientific trailblazers in their own right, and whose contributions to their field are still alive and well. Maria the Jewess (also known as Maria the Prophetess, see page 176) was so highly regarded as a chemist and alchemist in the ancient world that she was rumoured to have discovered the Philosopher's Stone itself, but the innovation for which she is best known is the bain-marie, or the double boiler, which is still used in kitchens today.

Even longer ago, Tapputi (see page 140) – the chemist by royal appointment of the ancient Babylonian court – distilled and extracted chemicals for use in perfumes and unguents in Mesopotamia, the cradle of civilization. And four centuries after the birth of Christ, the Greek doctor Aspasia (see page 68) was pioneering gynaecological and surgical techniques that any doctor will find familiar today, including a way to rotate a breech baby for birth.

But if you had asked me to draw a picture of a scientist as a child, I wouldn't have drawn any of these women. In all honesty, I would probably have drawn a picture of a man. You see, even though I had been taught by female science teachers and went to an all-girls' elementary school, I had still absorbed and digested the stereotype of what a scientist *should* look like. By the age of 14, you were most likely to spot me in a chemistry or mathematics class, throwing my hands up in the air and saying, "I just can't do it," and my teachers affirming,

"Well, that is the one thing you definitely got right."

Shamefully, I still carry the remnants of that attitude with me now. If I offer to split a bill at a restaurant, I'm scared that even working it out on my phone, let alone in my head, would show me up as mathematically incapable. Yet every time I've *had* to do it, I've surprised myself with how capable I can be.

I suspect that's true for a lot of girls in science classes. Girls and boys are not born able to wield a Bunsen burner or a calculator with any more or less competence than the other, but adults tend to have lower expectations of the girls' abilities. The girls then internalize these lessons over time, becoming a little less confident and a little less outspoken with every passing comment, until the words come tumbling out of their own mouths: "Don't ask me! I can't do it!"

Forgotten Women: The Scientists has been a way of re-educating myself and to show that there were plenty of women who couldn't just "do" it: they did it exceedingly well, and better than anybody else, often while confronting incredible levels of sexism and at exceedingly high personal cost.

History is full of brilliant women who were forced to accept unpaid jobs as volunteers or assistants just to get their foot in the lab door. Or who were made to resign or step down from their positions after getting married (the logic presumably being that they were better suited to wearing aprons than they were lab coats and goggles).

And when these women made an incredible discovery of their own – the kind that cracks open the field of nuclear fission, for instance – they were often conned out of their rightful acknowledgment. The praise was redirected to male collaborators, research partners and – in more than one case – husbands.

It's little wonder that when British astronomer Cecilia Payne-Gaposchkin looked back on her decades-long career in science, she didn't mince her words: "A woman knows the frustration of belonging to a minority group. We may not actually be a minority, but we are certainly disadvantaged."[5]

Working with The New Historia at the New School, Parsons, we picked 48 women to profile for each book in the *Forgotten Women* series: 48, because that's the total number of women who have won the Nobel Prize between its inception in 1901 and 2017, when its latest batch of winners was announced at the time of writing. That's 48 out of 911 Nobel Laureates in total, going back all the way to the beginning of the 20th century. Some of those women's stories are detailed here. Others, like DNA crystallographer Rosalind Franklin (see page 120) and nuclear physicist Lise Meitner (see page 132), were arguably cheated out of their Nobel.

Trawling through the length and breadth of scientific history to choose the women in *The Scientists* was a daunting – and humbling – task. I have attempted to include a truly diverse and representative mix of scientists from all over the world. However, there's no getting away from the fact that science is just as bad on ethnic diversity as it is on gender equality. Privileged women in the West were often the first to benefit from new scientific opportunities: you just need to look at the West Computers (see page 191) to see an example of where black women were employed at the US space agency only after their white counterparts were admitted.

The women who battled the interlocking foes of sexism, racism and class-based prejudice are those I most admire, but every person in *The Scientists* is worthy of praise. Their resistance is illustrated not only by their impressive achievements, but also in the tiny details of their lives, which were the things that brought me the most pleasure to research and write about: radio astronomy trailblazer Ruby Payne-Scott's (see page 33) campaign of stubbornness in wearing shorts to her scandalized office, for instance; or inventor Mary Beatrice Davidson Kenner (see page 180) checking persistently at the US patent office to see if any of her ideas had been patented (she was aged 12); or even Wangari Maathai's (see page 60) brisk assessment of her husband when he requested a divorce: "I should have known that ambition and success were not to be expected in an African woman."

These women live on in their contributions to science, but it's these rich and complex stories of human achievement that have been minimized, sidelined or struck off the page completely. This book is an attempt to wrestle the spotlight back onto these unknown heroes. So the next time a child draws a picture of a scientist, they'll have a little more imagination than just a bearded guy shouting "Gadzooks!"

The earth &
the universe

he era of human computers didn't begin with the West Computers or the Bletchleyettes (see pages 191 and 160). Toward the end of the 19th century, Harvard College Observatory drafted in dozens of women to take on one of the most unique mathematical computing jobs in its 178-year history: to unravel the mysteries of the heavens by calculating the positions of the stars.

The work was less glamorous than it sounded. Thanks to new photographic technology, astronomers were able to capture images of the night sky onto glass plates. The problem, however, was that there was far too much data and too few people to analyse it. Observatory director Edward Charles Pickering (1846–1919) had an unusual solution: he employed a team of women to do it.

At the time, bright and talented graduates were emerging from America's newly founded women's colleges – such as Vassar College in upstate New York – and on the hunt for employment prospects that offered a little more excitement than working as a schoolteacher or running a household. Being a computer was as good as it got, even if they were paid far less than their male colleagues at 25 to 30 cents an hour. But it wasn't just middle-class educated women who were offered a chance at classifying the stars; there were also uneducated women like Williamina Fleming (1857–1911), a Dundee-born single mother and housemaid whose aptitude for computing led Pickering to promote her from cleaning his rooms to computing his plates.

The Harvard Computers (1881–1919) – or, as they more rudely began to be known at the time, Pickering's Harem – worked in the library next to the observatory. The process of measuring the brightness of the stars and their positions in the sky required painstaking attention to detail and utmost concentration. Though the work was considered boring and tedious – hence why women were landed with it –

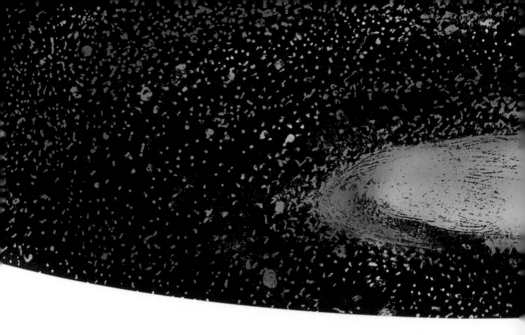

it was also a lot less straightforward than it seemed. Most plates simply revealed dark splodges of dots against the glass. With the careful application of mathematical formulae, the women could work out the coordinates of the stars and their brightness. The northern and southern skies had never been mapped in their entirety before. The Harvard College Observatory, with its immense collection of plates, stood the best chance of doing it, and it couldn't have made any progress without its computers.

Then came another challenge: how should they categorize these celestial bodies? Wellesley College graduate Annie Jump Cannon (1863–1941) created the Harvard Classification Scheme, which sorts the stars based on qualities such as their colour and temperature. As Cannon put it: "It was almost as if the distant stars had really acquired speech, and were able to tell of their constitution and physical condition."[1] Her system is still used by astronomers today. Cannon and another computer, Henrietta Swan Leavitt (1868–1921), were both deaf; in Cannon's case, this proved advantageous when she wanted to concentrate at work, as she would simply remove her hearing aid to block out the noises of the outside world.

Even though none of them – barring Cannon – were ever allowed to use the mighty Harvard telescope known as the Great Refractor, the computers were on the cutting edge of astronomical discovery. Fleming, for instance, catalogued more than 10,000 stars and

was the first to spot the Horsehead Nebula, some 1,500 miles from earth. However, initial publications of the finding missed out her name completely. (Subsequent catalogues, thankfully, rectified the mistake.) In 1899 she became the Curator of astronomical photographs and was one of the few computers to be appointed to a professional position at Harvard. Leavitt, on the other hand, realized that some stars pulsate with consistent brightness, making these so-called Cepheid variables solid benchmarks for calculating distances across space: a method that Edwin Hubble relied on to prove that the universe goes beyond our own paltry galaxy. In this way, the findings made by the Harvard Computers were truly revolutionary.

Harvard continued to use photographic plates until the 1990s, when digital cameras supplanted the old way of doing things. But the 500,000 glass plates that the computers once pored over still reside at the university, along with 118 boxes of notes and logbooks recently unearthed by the curator of the Harvard-Smithsonian Center for Astrophysics. Together, they constitute a perfect record of what the night sky looked like a century ago, and of the women who sat in the small room next to Harvard's telescope, deciphering the secrets of the universe. In 2005 the Center began cleaning and digitizing each glass plate for its archive. At the time of writing, more than 207,000 images have been preserved.

nge Lehmann (1888–1993) experienced her first earthquake in Denmark when she was a teenager. On the Copenhagen street where she was born and raised, a slow but unmistakable rumble under her feet shook the floors of the Lehmann family home, and a lamp hanging from the ceiling began to swing back and forth. "It was very strange," she later recalled. "This was my only experience with an earthquake until I became a seismologist 20 years later."[2]

The epicentre of the quake was never discovered. Denmark is not known for seismic activity due to its distance from any major fault lines; when earthquakes do occur in Europe, they tend to afflict Mediterranean countries such as Italy and Greece. Lehmann was among the many Danes left baffled by the mysterious tremor, but she was probably the only one who went on to become a scientist whose discoveries paved the way to a better understanding of them.

Lehmann was born in 1888 into a highly respected middle-class family of academics, engineers and bankers in Østerbro, the neighbourhood between Copenhagen's three lakes and the sea. Her parents sent her to an especially progressive co-educational school, where, as Lehmann characterized it: "No difference between the intellect of boys and girls was recognized, a fact that brought some disappointments later in life when I had to recognize that this was not the general attitude."[3] Lehmann's route to seismology was circuitous at best; she quit her mathematics degree at the University of Copenhagen due to illness and worked in an actuary's office for some years, before finally graduating in 1920 and getting a job as an assistant to a professor of actuarial science.

Three years into her post, she was hired as an assistant by Niels Erik Nørlund, the director of the Gradmålingen, a scientific institute that was later incorporated into

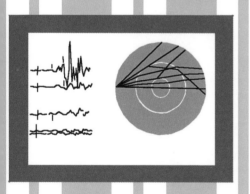

the Royal Danish Geodetic Institute. Nørlund was a mathematician, but he had embarked on an ambitious mission to construct seismological stations in Denmark and Greenland. Along with three young men, Lehmann set to work installing seismographs, despite the fact that she had never seen one before. In fact, Lehmann was pretty much learning as she went along; she tore through seismology books and essentially taught herself everything she needed to know. She wasn't Denmark's only female seismologist; she was its only one, full stop. It is little wonder that the Institute had promoted her to be the head of its seismology department by 1928.

In the early part of the 20th century, geophysicists thought that a molten core lay at the centre of earth, encircled by a solid mantle and then a crust. According to this theory, a certain kind of seismic wave known as P-waves – the kind that a seismograph registers first during an earthquake – would be deflected by the liquid core. But a massive earthquake in New Zealand in 1929 left Lehmann perplexed. A few P-waves had actually been registered at other seismological stations.

As her nephew Niles Groes later remembered, Lehamann left no stone unturned when it came to attacking the mysteries of her field:

"I remember Inge one Sunday in her beloved garden...with a big table filled with cardboard oatmeal boxes. In the boxes were cardboard cards with information on earthquakes... all over the world. This was before computer processing was available, but the system was the same. With her cardboard cards and her oatmeal boxes, Inge registered the velocity of propagation of the earthquakes to all parts of the globe. By means of this information, she deduced new theories of the inner parts of the Earth."[4]

What Lehmann discovered literally turned seismology upside down. According to her calculations, the earth was actually hiding a solid innermost core within its molten centre and this was what the P-waves were bouncing off. "The existence of a small solid core in the innermost part of the earth was seen to result in waves emerging at distances where it had not been possible to predict their presence," she declared.[5] This wasn't the only discovery she made; in 1954 she also noticed that there was a 50-kilometre (31-mile) area buried some 190 kilometres (120 miles) into the earth where seismic waves actually increase in velocity: a mystery known in seismic terms as a discontinuity.

Lehmann remained at the Royal Danish Geodetic Institute for the rest of her life and was still investigating the workings of the earth into her seventies. In 1971 the American Geophysical Union awarded her its highest honour, the William Bowie Medal. When she received the prize, Lehmann was described as "a master of a black art for which no amount of computerization is likely to be a complete substitute."[6] If you needed proof of that, you can just look to the fact that scientists still haven't cracked the Lehmann discontinuity: the seismic quirk that takes its name from the woman who discovered it.

hen children look toward the sky at night and at the stars peeking through the clouds, they may ask questions such as "What are stars?" and "What are they made of?" For the early part of the 20th century, scientists simply didn't know. Many theorized that the stars were made of pretty much the same minerals and elements found in the earth's crust, like silicon and iron. The genius of **Cecilia Payne-Gaposchkin** (1900–1979) was to demonstrate that this was substantively wrong, and in the process she turned the universe upside down.

When Payne-Gaposchkin was five years old, she too looked up at the sky. While on a walk with her mother in Boddington Wood, Buckinghamshire, England, she caught a glimpse of a shooting star. Payne-Gaposchkin's mother taught her a rhyme to remember its name: "As we were walking home that night / We saw a shining meteorite."[7] Payne-Gaposchkin was entranced by the sight of this luminous star appearing to tumble from the heavens.

That night set her on course to become one of the world's pre-eminent astronomers, but when she looked back at her 50-year career, she simply spoke of her unexpected delight at having so dramatically expanded mankind's scientific understanding of space. "I was not consciously aiming at the point I finally reached," she wrote in her autobiography, *The Dyer's Hand*. "I simply went on plodding, rewarded by the beauty of the scenery, towards an unexpected goal."[8]

In her words, Payne-Gaposchkin was "dowdy and studious" as a young woman.[9] She agonized over dances and social events, and was keener on books than boys. ("Fancy!" one of her brother's friends once remarked. "A girl who *reads Plato for pleasure!*"[10]) She was keenly aware that her brother was favoured above the girls in the family, for every effort was made to get him into Oxford. Payne-Gaposchkin, who had her heart set on Cambridge, had to manage it herself by winning a scholarship to Newnham College.

At Cambridge, women were sequestered in separate colleges and segregated from men in lecture theatres. They were even paired off with each other in the lab. But when Payne-Gaposchkin travelled to the Harvard College Observatory for a doctoral degree in astronomy, she

was thrilled that her colleagues there treated her as a fellow scientist; they walked the streets of Cambridge, Massachusetts, and loitered in restaurants arguing passionately about the composition of the universe. "We met as equals; nobody descended to me on account of sex or youth... We were scientists, we were scholars," she said, adding pointedly, "neither of these words has a gender."[11]

Payne-Gaposchkin was one of the few female scholars at the Harvard College Observatory, though she crossed paths with many of the women computers tasked with number-crunching duties there (see page 14). These women had classified hundreds of thousands of stars according to their spectral characteristics, and Payne-Gaposchkin was determined to find out how these related to their actual temperature and composition. "There followed months, almost a year as I remember it, of utter bewilderment," she recalled.[12] But by carefully applying Indian physicist Meghnad Saha's equation of ionization, she was able to link the spectral patterns witnessed by the computers and other astronomers to different temperature ranges. "Two years of estimation, plotting, calculation and the work I had planned was done," she wrote. "I had determined a stellar temperature scale and had measured the astrophysical abundance of the chemical elements."[13]

What she eventually discovered was nothing less than an answer to the burning question: What are the stars made of? She suggested that the stars were overwhelmingly composed of hydrogen and helium in vast quantities: a fact which we now know to be true. But her advisor at the time, American astronomer Henry Norris Russell, believed her results were wildly off and she removed her groundbreaking conclusion on his advice.

Despite this, Payne-Gaposchkin's dissertation, *Stellar Atmospheres*, was praised by Otto Struve and Velta Zebergs, authors of *Astronomy of the 20th Century* (1962), as "the most brilliant PhD thesis ever written in astronomy."[14] All 600 copies of the resulting monograph sold out and she entered J M Cattell's *American Men of Science* as its youngest ever astronomer of note.

But this was 1925 and the path ahead for a female scientist did not run smoothly. Payne-Gaposchkin began teaching at Harvard, but the president of the university said expressly that she would not be appointed to an official post as long as he was still in office. Despite teaching a full course load, she was listed as a "technical assistant" and was underpaid. "I was paid so little that I was ashamed to admit it to my relations in England," she wrote. "They thought I was coining money in a land of millionaires."[15]

Between 1932 and 1933, three of Payne-Gaposchkin's close friends passed away and left her bereft. "I made a silent resolve," she said later. "I would open my heart to the world, I would embrace life and do my part as a human being."[16] She embarked on a grand tour of observatories in Europe as part of her new adventurousness.

Payne-Gaposchkin, who had her head stuck in her books and was oblivious to the mounting tensions in Europe, received a rude shock when she visited the great observatory in Pulkovo, Russia, only to find that the director was forced to steal wood from his neighbour's fences to keep the fire in their office burning. At an astronomy conference in Göttingen, Germany, she received another surprise when a shy Russian astronomer named Sergei Gaposchkin slid a note into her hand. He was exiled from the Soviet Union but was growing increasingly terrified of Nazi persecution in Germany. Would she help him escape to America?

She did one better: she got him a job at Harvard and a visa from Washington. "Perhaps it was all ordained from the beginning," she writes. "It led to the uniting of two lives, the flowing of two rivers, bound for the same goal, into one channel. In March 1934 I became Cecilia Payne-Gaposchkin."[17] Together, Cecilia and Sergei assembled an exhaustive survey of everything that was known about variable stars, or stars that appear to fluctuate in brightness. Conservative estimates from colleagues at the Observatory claimed it would take 90 years; with each other – and the help of half a dozen assistants – they did it in five.

Over the next few decades, they would publish and co-author many papers and books together, and Cecilia was finally given her due when she was appointed chairman of the Department of Astronomy in 1956. Her radical conclusions about the cosmic make-up of the stars was finally proven right: we now know that our galaxy is 74 per cent hydrogen, 24 per cent helium and the remaining 2 per cent other elements.

In her memoirs, Payne-Gaposchkin said that she was often asked by young women for careers advice, which she was happy to give: "Here it is, *valeat quantum*. Do not undertake a scientific career for fame or money...Undertake it only if nothing else will satisfy you; for nothing else is probably what you will receive. Your reward will be the widening of the horizon as you climb. And if you achieve that reward you will ask for no other."[18]

before she died at the tragically young age of 29, **Wang Zhenyi** (1768–1797) chose poetry to declare: "It's made to believe / Women are the same as Men; / Are you not convinced / Daughters can also be heroic?"[19] It is an apt verse to describe one of the greatest scholars of China's Qing dynasty: a largely self-taught woman who wrote papers on everything from trigonometry to astronomy, as well as poetic verse.

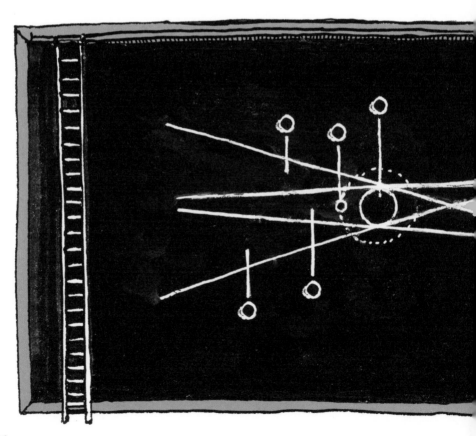

Born in 1768 into a well-educated family in Anhui
province, Wang spent her childhood in the vast library of
her grandfather, a former governor who owned more than
70 volumes of books. He introduced her to astronomy,
while her father – a scholar who wrote books on medicine
– taught her mathematics. Though most Chinese women
at the time were cloistered at home and expected to
remain quiet and docile – as one early Chinese saying went,

"a woman is virtuous only if she is untalented"[20] – Wang's family clearly saw the value in educating their bright and quick-witted daughter.

In turn, Wang had a knack for seeking out female mentors and teachers: when her well-travelled family moved to Jilin, in northeast China, the wife of a Mongol general taught her how to ride horses and shoot with a bow and arrow. When she turned 18, she met a group of female scholars in present-day Nanjing through their mutual love of poetry. At 25, she married and settled in Xuancheng in her home province, and began to build a name for herself as a poet and scientist.

"I have traveled ten thousand *li* and read ten thousand volumes," Wang once wrote.[21] Her extensive travels with her family had given her a thirst for knowledge and a keen eye for injustice: she wrote often of the poverty she had seen in the countryside and the inequality between the rich and the poor. Over her brief lifetime, she wrote enough poetry to fill 13 volumes.

Despite a head start, courtesy of her father and grandfather, Wang would sometimes struggle with her studies in mathematics and astronomy. "There were times that I had to put down the pen and sigh," she said. "But I love the subject, I do not give up."[22] However, it was her scientific achievements that truly distinguished her. At the time, most people in China did not understand the movement of the planets and how these affected lunar and solar eclipses, which were thought to be signs of the gods' anger. One of Wang's great successes was to explain accurately a lunar eclipse by way of her own scientific experiment: she built a model in a garden pavilion to demonstrate the movements of the celestial bodies, with a round table standing in for the earth, a mirror for the moon and a crystal lamp as the sun. By moving these around, she showed that a lunar eclipse is caused when the moon passes directly behind our planet and into its shadow.

Wang didn't stop there; she found ways to explain and calculate the equinoxes, analysed the movement of the planets and stars, and adopted an open-minded approach to knowledge. When Chinese scholars rejected the Western calendar, Wang – ever the astronomer – realized that it was based more precisely on the movement of the sun and rebuked her fellow scholars: "What counts is the usefulness, no matter whether it is Chinese or Western."[23]

Wang also saw the value in making scientific knowledge more accessible. She was quick to understand complex mathematical principles – including Pythagoras' theorem – and adept at translating them for a wider audience. With *The Musts of Calculation*, she rewrote the respected mathematician Mei Wending's unwieldy work into straightforward and simple language, and at 24 published her own five-volume text, *The Simple Principles of Calculation* (1792).

The cause of Wang's death remains unknown, but she knew that she was dying before she turned 30 and passed on her manuscripts to her best friend, instructing her to preserve them. It is thought that she authored six books on mathematics and astronomy, though none of them have survived. But her spirit lives on in the generations of scholars who came after her, and in her firm belief that men and women, as she put it, "are all people, who have the same reason for studying".[24]

n 22 January 1898, the moon slid between the earth and the sun, sending parts of central Africa and Asia into darkness. In India, **Annie Scott Dill Maunder** (1868–1947) was poised with an impressive camera she had retrofitted herself for the purpose of capturing the total solar eclipse. With a wide-angle lens 3.8cm (1½in) in diameter, she photographed an enormous ray-like structure appearing to burst from the sun: a coronal streamer, which we now understand to be charged particles attempting to break free from the fiery surface of the sun. According to calculations, the streamer was 10 million kilometres (6.2 million miles) in length: the biggest streamer ever captured on film. "As regards the corona," one astronomy writer later observed of Maunder's photograph, "Mrs Maunder with her tiny lens has beaten all the big instruments."[25]

Maunder was born Annie Scott Dill Russell in County Tyrone, Northern Ireland, to a Presbyterian minister and was the eldest of six children. After attending the most prestigious girls' school in Belfast, she bypassed Irish university in favour of the entrance exam to Girton College, one of the new women's colleges at Cambridge. Despite not having prepared for the open exam, 18-year-old Maunder did exceptionally well and earned a three-year scholarship.

"More than ordinarily handicapped – even for a woman – by an insufficiency of preliminary training, nothing but the power Miss Russell has of throwing herself completely into her work, could have enabled her to read as far as she has, and with such success,"[26] her mathematics tutor noted. He may not have been able to resist a little dig at her gender, but Maunder graduated as the top mathematician of her Girton cohort regardless.

In 1889 few scientific institutions were willing to employ women, even if said woman had graduated with honours in Cambridge's notoriously rigorous Mathematical Tripos. Fortunately, the Royal Observatory in Greenwich, London, was looking to hire a few supernumerary women computers. Much like their contemporaries at Harvard (see page 14), the women computers were expected to do menial mathematical work. Unlike at Harvard, however, these women also had the freedom to use the instruments and make their own observations. Maunder was earning £80 plus board a month as a teacher at a girls' school in Jersey, but applied for a job at the Observatory as soon as she heard of a vacancy.

She was offered a £4 monthly salary by the chief assistant to the Royal Astronomer, an amount so small that, in her own words, she "could scarcely live on it".[27]

Maunder was sent to work in the solar department, a unit tasked with observing the sun. Her boss was Edward Walter Maunder, a widower in his forties. Maunder's daily duties consisted of photographing sections of the sun, developing the film, then poring over the negatives to calculate the relative position of each sunspot. It was hoped that these tiny negatives would cumulatively assemble a better map of the only star in our solar system.

There was a 17-year age difference between Annie and Edward (known as Walter), but the stars aligned for them all the same. Though their marriage was a happy one, Annie was made to resign from the Observatory once she had tied the knot: it was considered inappropriate for a married woman to be engaged in full-time occupation. Thankfully, as noted by one Royal Astronomical

Society writer, "love on both sides was deep and true, and their aims and interests in life were the same."[28] Walter could no more force Annie to give up science than he could himself. When he founded the British Astronomical Association in 1890, Annie became the editor of its journal. But when she was proposed as a fellow of the Royal Astronomical Society in 1892, the other members turned up their noses at the admission of a woman and voted her down in a secret ballot.

Annie and Walter embarked on astronomical expeditions that took them to far-flung places, including Lapland and Algiers. It was on one of their trips to Asia that Annie captured her record-busting coronal streamer. In 1901, a visit to Mauritius to photograph another solar eclipse yielded yet another startling discovery. Annie's incredibly detailed images from the vantage point of the then-British colony showed key differences in the sun's corona when compared to other pictures taken by a team in Sumatra just one and a half hours earlier. It demonstrated that the sun's appearance waxes and wanes, just like the moon's.

Annie wasn't just taking photographs, either; every picture entailed complicated mathematical analysis to figure out exactly what she was looking at and how it related to her greater understanding of the sun. Based on decades of joint observation, the Maunders also discovered that the latitudes of sunspots vary cyclically over time, and are known for observing the Maunder Minimum: a period between 1645 and 1715 in which sunspots dwindled dramatically in number. Annie's name, however, was often subsumed under that of her husband's, a fact best exemplified by the joint byline on *The Heavens and Their Story* (1908), a popular science book that Walter admits in the introduction was "almost wholly the work of my wife".[29]

In 1916, the First World War prompted Maunder's return to the Royal Observatory, albeit as an unpaid volunteer, to make up for the wartime shortage in staff. That year, the Royal Astronomical Society relented and elected her a fellow at last on her husband's proposal. "Men learnt how the world on which they lived was set amongst the shining lights of heaven, and how these seemed to move around it," she wrote in *The Heavens and Their Story*. "They learned in time the shape and size of that world; then of the size and distance of moon and sun and planets. Then, greatly daring, they have soared upward to the stars, and tried to stretch the line of thought out to the uttermost depths of that unfathomable immensity."[30] Maunder's credit was to do the same as a woman.

n 1959, the Australian Security Intelligence Organisation had its eye on women's rights advocate, scientist and suspected communist **Ruby Payne-Scott** (1912–1981). An anonymous informant had filed a report on the go-getting Aussie, one of the first female physicists working at the Radiophysics Laboratory of the then Council for Scientific and Industrial Research (CSIR) in Sydney: "[Ruby] may be a supporter of [human rights activist] Jessie Street but it is not known whether that is in the political or feminist field," adding, "I would not put anything beyond her."[31] After all, this was the woman who had pretty much invented a new field of science with nothing but her own ingenuity, a few coat hangers and sticky tape.

Born in 1912 in Grafton, New South Wales, **Payne-Scott won a scholarship to the University of Sydney at the age of 16, where she was the third ever female physics graduate in its history.** Despite her honours in physics and mathematics, few companies or labs were willing to take on a female physicist at a time when physics wasn't even on the syllabus for most girls in her native New South Wales.

Payne-Scott had to scale back her ambition, studying for a teaching diploma and satisfying herself with a job at a South Australian school. But when Australia was thrust into the Second World War in 1939 – bringing with it a drought of scientific manpower as men signed up to fight – she sensed that her time had come. She applied to join the CSIR, which was looking to recruit 60 of Australia's brightest physicists to develop the country's emerging radar capabilities.

Radar was a hugely important part of Australia's defence against its Japanese enemies in the Pacific. To throw any spies off the scent, the radar development unit was titled the Radiophysics Laboratory. The work was so top secret that its lab was guarded by police officers, but wartime shortages meant that the equipment was often cobbled

together out of improvised materials. In Payne-Scott's hands, wire hangers and tape became crucial parts of wartime machinery to guard Australia's coastline. Over the course of the war, she became the leading expert in Australia on how to detect enemy aircraft using the radar display system known as the plan position indicator (PPI).

Payne-Scott and her colleague Joan Freeman were the only two women on the research team and they often had to navigate the sexist double standards of the time, which Payne-Scott did with her usual aplomb. When told that women were barred from wearing shorts in the workplace during summer, she pointed out that wearing a dress or a skirt to climb up ladders to reach the aerials was far more inappropriate. (A subsequent photo of Payne-Scott with her colleagues at CSIR shows her triumphantly attired in shorts.)

When the war came to an end, the Radiophysics Laboratory faced a conundrum: the crack team of physicists was now at a loose end. The CSIR decided to stake the future of the lab on a completely new and speculative field of science: radio astronomy.

From the 1930s onward, astronomers knew of a kind of cosmic static that came from the sun and other astronomical bodies, but nobody understood why it occurred, or why it interfered so much with radio reception. Payne-Scott was hired as a full-time research assistant; her team drove to wartime radar outposts to commandeer the old equipment. This time, instead of pointing it at Australia's enemies, they directed it at the sun.

They made some miraculous discoveries. At the time, scientists believed that the surface of the sun was almost 6,000°C (11,000°F). With her impeccable grasp of mathematics, Payne-Scott helped to work out that the sun's temperatures hit several million degrees. With her radar-honed eye, she also discovered different types of solar flares and the radio signals they emit as they erupt near the surface of the sun. Radio astronomy had scarcely received any attention at all; now the world turned to Australia as the leaders in explosive revelations about the universe.

But things weren't perfect. Payne-Scott had to fight her corner on several issues, including that of equal pay. During the war, she was paid the same as her male colleagues, but her salary was reduced by a third once back in her civvies. She argued her case so successfully that the Women's Employment Board even ended up giving her money to cover her losses for the time she was underpaid. Her outspokenness about equal pay and her trade union activities soon caught the eye of the Australian secret service. As it turns out, Payne-Scott was indeed a card-carrying Communist Party member, but government spies were never able to find any firm evidence.

Payne-Scott was eventually forced out of science, not because of her politics, but because of her marriage. Under Commonwealth law, a woman had to resign from her permanent position in the Australian Public Service on the day she was married. All through her years as Australia's pioneering radio astronomer, Payne-Scott had been hiding a secret: she had married a man called William Holman Hall in 1944. She was finally exposed in 1950 and fought her CSIR managers to stay. In one blistering letter, she declared her opinion of the unjust law: "Personally I feel no legal or moral obligation to have taken any other action than I have in making my marriage known...The present procedure is ridiculous and can lead to ridiculous results."[32]

It was a battle she couldn't win and she was eventually made to resign by those in charge at CSIR. At her farewell party, her boss described her as the best physicist in the lab. She never returned to science; she took a job as the mathematics and science teacher at a girls' school in Sydney. There, as one student put it, "The staff and students at Danebank had no idea of the brilliant career that Mrs Ruby Hall had led."[33]

Biology &
natural sciences

uring the 18th and 19th centuries in Britain, it wasn't unusual to spot locals and tourists hunting for dinosaur fossils on the beaches of the seaside village of Lyme Regis in Dorset. Its vertiginous coastal cliffs brimmed with long-dead creatures, their skeletons packed into the thin layers of shale and limestone. The fossils were destined to be sold off to private collectors, academics and museums at eye-watering prices. There was plenty of competition among those who sought their fortune and fame in the study of ancient bones, but only one woman had an unerring eye for the art of fossil hunting: **Mary Anning** (1799–1847), the "princess of paleontology."[1]

Born in 1799 into a working-class family of furniture makers, Anning clearly had luck on her side from a very young age. As a 14-month-old baby, she survived a lightning strike that claimed the lives of three others. Her father, Richard, sold fossils to supplement his income as a carpenter, and had taught Anning and her brother the ins and outs of hunting for these so-called "curiosities".[2] But disaster struck when Anning was ten years old: Richard fell off a cliff en route to the nearby village of Charmouth and, in his weakened state, passed away after contracting tuberculosis.

Richard was Anning's earliest mentor, but he was not a particularly fiscally responsible father. He left behind debts of £120 – a huge amount at the time – which almost pushed the Anning family into poverty, forcing them to rely on parish relief for the poor. Mary continued chipping away at the cliffs and searching for bones. One day, she ran into a woman on the street, who spotted a small ammonite fossil in the young girl's hand and offered her half a crown for it.

This chance sale changed the course of Anning's life. A couple of years later, her brother spotted part of an *Ichthyosaurus* fossil in the mudslide-prone cliff of Black Ven. Almost a year later, she excavated the rest of the skeleton and sold it all to a rich local collector for £23. Over the next decade, the Annings

set about establishing their fossil shop in town. Though Anning was already more adept at fossil-finding than her brother, the endeavour was sometimes hit and miss. When the family went almost a year without discovering anything, a philanthropic collector was so moved by their plight that he sold off his fossils to help them avoid financial ruin.

By 1825, Anning had taken over the shop from her mother and her brother had left to become a furniture upholsterer. With her fossil-hunting hammer in hand and her trusty terrier Tray by her side, she braved the hanging cliffs in search of bones every day. Winter brought the threat of rain and landslides, and she narrowly avoided being crushed by one in 1833. (Her dog was not so lucky.)

Anning was only 24 when she discovered the first completely intact specimen of *Plesiosaurus*, a marine dinosaur with the head of a lizard and the large, paddle-like fins of a whale. Its announcement drew the biggest audience on record for the Geological Society in London and Anning became a sensation in the relatively young field of palaeontology. Upper-class ladies and gentlemen travelled from London to Lyme to meet this provincial fossil-hunting wunderkind. Anning would graciously receive visitors in her small shop, surrounded by hundreds of specimens, and impress them with her knowledge of anatomy and science. Anning's finds even inspired artwork; when she discovered the first pterosaur skeleton in Britain, it prompted one artist to paint the winged dinosaur in flight above the storm-tossed beaches of Lyme.

ANDROGYNOCERAS

One well-heeled visitor wrote of Anning:

"It is certainly a wonderful instance of divine favour that this poor, ignorant girl should be so blessed, for by reading and application she has arrived to that degree of knowledge as to be in the habit of writing and talking with professors and other clever men on the subject, and they all acknowledge that she understands more of the science than anyone else in this kingdom."[3]

Unfortunately, public success did not mean scientific recognition. Though she was a skilled scientific illustrator and nimbly sketched many of her skeletons, she had published nothing in her own name. Because of her class, background and gender, she was never quite regarded by her peers as a palaeontologist, though she knew far more about fossils than the men who flocked to buy them from her. By the time she died at the age of 47, Anning had excavated five major specimens – including *Squaloraja*, a fossil fish that suggested an evolutionary link between sharks and rays – but her role in discovering these creatures was essentially erased. In museums and public galleries, the honour of discovery didn't go to the actual discoverer; it went to the rich gentleman who bought and donated the specimen. This is slowly changing: in the Natural History Museum, London, you can spot Anning's large-skulled plesiosaur in the marine reptile collection. If you look hard, just as Anning did, you can spot her footprints all over the history of palaeontology.

spidery worm crawls over the sunshine-yellow skin of a ripe pomelo fruit, witnessed from above by a fully grown green-banded urania moth with golden wings;[4] a papery cocoon hangs off a frangipani plant in bloom as an adult red cracker butterfly perches on its stalk.[5] More than three centuries after **Maria Sibylla Merian** (1647–1717) committed the image of these insects to paper, they retain their vivid, almost hallucinogenic appeal. They are also meticulously observed and scientifically accurate; after all, the German naturalist was a perfectionist who, dissatisfied with drawing from preserved specimens, got on a boat all the way to the other side of the world to get a better view.

Today, Merian is thought to be one of the greatest scientific illustrators of all time. She was born in 1647 in Frankfurt, Germany. Her stepfather was a still-life painter who taught her illustration and encouraged her love of nature. At 13, she became entranced by insects, especially the way that caterpillars transformed into butterflies and moths. She reared silkworms at home, feeding them with lettuce and mulberries, to better paint and observe their metamorphosis.

Even after she married Johann Andreas Graff, a painter and engraver, and bore two daughters, she wandered the countryside and public gardens looking for insects to catch. However, Merian wasn't just looking for specimens to take home and paint: instead she would carefully take note of their behaviour, feeding pattern and the various stages of their metamorphosis.

In 1679, she published her first scientific work: *Der Raupen wunderbare Verwandelung und sonderbare Blumen-nahrung* ("The wondrous transformation of caterpillars and their remarkable diet of flowers"). In her distinctive illustrations, the entire life cycle of the insect is depicted on its host plant. Merian's book was one of the first to show insects from larva to adult and their relationship to the plant kingdom, and she quickly followed it with another volume of illustration four years later.

During this time, Merian's marriage fell apart. Along with her two daughters and mother, she took the drastic step of moving into a Dutch religious commune where her half-brother already lived. This taste of freedom clearly suited her; Graff tried and failed to win her back, and in 1791 she left the sect and settled in Amsterdam, a newly divorced woman.

The capital of the Dutch empire was heaving with trade and business. But Merian wasn't interested in the spices or riches from the colonies; she was transfixed by their insects. The collections of merchants and missionaries were teeming with outlandish tropical specimens she had never seen before, but there was one problem: they were all dead. Merian wanted to paint these insects alive.

At the age of 52, Merian drew up her will and set sail with her younger daughter for the South American colony of Dutch Surinam. People thought the trip was ridiculous; an old woman embarking on a perilous trip for the sake of scientific inquiry was unheard of. When she made it to Surinam, she spent two years engrossed in her study of its flora and fauna. Merian roamed plantations, river banks, gardens and jungles to collect insect specimens and their host plant, transporting hundreds to her temporary residence and painting them as they progressed from caterpillar to butterfly. In total, she observed and painted more than 90 animal species and around 60 different plant species.

After a serious illness forced her to return to Amsterdam, in 1705 Merian was persuaded by some amateur naturalists to publish her paintings in a book. The result – a magnum opus of 60 plates titled *Metamorphosis insectorum Surinamensium* ("Transformation of the Surinamese insects") – astounded scientists and art collectors alike. Many of these exotic and unknown animals had never been documented before in such detail.

To this day, Merian is believed to be one of the only people to have recorded the life cycles of some insect species, and many of her scientific observations about their behaviour and metamorphosis are still accurate. Her book influenced scores of naturalists for generations to come and set the standard for scientific illustration for decades. But for all her gutsiness, Merian remained humble about her art:

"In making this work I did not seek to profit myself; rather, I was content merely to cover my costs; I spared no expense in executing this work; I had the plates engraved by the most renowned masters, and used the best paper in order to please both the connoisseurs of art and the amateur naturalists interested in insects and plants. It will also give me great pleasure to hear that I have achieved my aim at the same time as giving people pleasure."[6]

In that respect, she certainly succeeded.

n 1967 **Dian Fossey** (1932–1985) travelled to the tangled forests of Mount Bisoke in Rwanda to begin her study of mountain gorillas. At the time, many people believed that these great apes were savage and ferocious beasts. Fossey – a primatologist with little formal training, but with an intense love of animals – devoted her life to dispelling this myth. It was a calling that would ultimately end in her brutal murder at the age of 53.

Fossey wrote in her 1970 *National Geographic* despatch, the first of many articles she would write for the publication:

"For the past three years I have spent most of my days with wild mountain gorillas. Their home, and mine, has been the misty wooded slopes of the Virunga range, eight lofty volcanoes – the highest is 14,787 feet – shared by three African nations, Rwanda, Uganda, and the Democratic Republic of the Congo."[7]

Fossey did not set out to become one of the world's foremost primate researchers. As a young woman, she pursued occupational therapy after dropping out of her veterinary science course. But when a once-in-a-lifetime trip to Africa resulted in a chance encounter with leading paleoanthropologist Louis Leakey, Fossey gave up her life in Louisville, Kentucky, to move to an East African mountain range some 12,000 kilometres (7,600 miles) away.

The aim? To study one of only two populations of mountain gorillas existing in the wild. Leakey was convinced that scientists needed to study humanity's closest ancestors to gain a better understanding of evolution. He had already persuaded primatologist Jane Gooddall to research chimpanzees; now he was looking for someone to take on gorillas.

What Fossey discovered was revelatory. "The gorilla is one of the most maligned animals in the world," she wrote. "After more than 2,000 hours of direct observation, I can account for less than five minutes of what might be called 'aggressive' behaviour."[8]

Fossey was one of the first to realize that it wasn't enough to simply silently observe these gentle, shy animals. To get close to the gorillas, she'd have to win their trust and that meant behaving like them. "The gorillas have responded favorably, although admittedly these methods are not always dignified," she wrote. "One feels a fool thumping one's chest rhythmically, or sitting about pretending to munch on a stalk of wild celery as though it were the most delectable morsel in the world."[9]

Her unique approach worked wonders. Fossey was soon accepted by the group and was able to observe their diet, social behaviour and mating patterns in greater detail than ever before.

But she was also keenly aware that she was up against the clock: the mountain gorilla was predicted to become extinct in two or three decades. In the 1960s there were fewer than 500 in the Virunga Mountains alone.

The photographs and video footage that emerged out of Rwanda, courtesy of Fossey, changed the way the world looked at gorillas and brought no end of publicity and conservation funds. With her *National Geographic* coverage and subsequent memoirs, *Gorillas in the Mist* (1983), she went from being a research pioneer to an international sensation. But Fossey was also a deeply divisive and alienating figure. As she grew older, she became increasingly obsessed with fighting the poachers who threatened the gorillas.

She called this "active conservation"; in practice, it meant terrorizing poachers and hunters alike with guard patrols, physical abuse and threats of black magic. "We stripped him and spread-eagled him outside my cabin and lashed the holy blue sweat out of him with nettle stalks,"[10] Fossey recalled in one letter.

Fossey unravelled even further after the death of her favourite gorilla, Digit. In 1977, the 12-year-old animal was found dead; his head and hands had been hacked off by poachers. A heartbroken Fossey began smoking and drinking heavily, and she grew increasingly contemptuous and hateful toward the locals. She abandoned her research, alienating fellow researchers and focusing on her aggressive anti-poaching tactics. Fossey was accused of embodying the worst colonial and racist attitudes toward Rwandans, and even she seemed to acknowledge her own bitterness. "I have no friends," she said. "The more that you learn about the dignity of the gorilla, the more you want to avoid people."[11]

On Boxing Day in 1985, she was murdered in her cabin and the case was never solved. To some former colleagues, her death came as no surprise; Fossey had made many enemies over the years. But she also laid the foundations for a global conservation movement and assured the survival of her beloved animals. Today, the mountain gorilla remains critically endangered, but their numbers are slowly growing and researchers in Rwanda continue to monitor and observe the descendants of the gorillas that Fossey loved so much.

hen the UN Charter was signed by members of the fledgling United Nations in 1945, there were only four female delegates – out of a total of 850 – there to sign it. **Bertha Lutz** (1894–1976), a Brazilian zoologist, was one of them, and she believed that the foundational treaty of the UN was lacking something: women.

In fact, the word "women" wasn't mentioned once in the draft of the UN founding treaty. This meant that half of the world had been effectively omitted from its greatest peacekeeping and human rights organization. With the support of a group of female representatives from Latin America and Australia, Lutz fought successfully for the inclusion of women so that the Charter affirmed "the dignity and worth of the human person, in the equal rights of men and women."[12]

Her efforts weren't exactly appreciated by her colleagues in the West. US delegate Virginia Gildersleeve confronted Lutz and told her "not to ask for anything for women in the Charter since that would be a very vulgar thing to do."[13] British representative Ellen Wilkinson told Lutz that gender equality already existed because she had just been appointed to the King's Privy Council. "I'm afraid not," Lutz recalls informing her, "it only means that you have arrived."[14]

Lutz was born in 1894 to an English nurse and a Swiss-Brazilian naturalist and physician in São Paulo. Her father specialized in tropical medicine and Lutz often followed him on rainforest expeditions to collect specimens of her favourite animal: tree frogs, or as she called them, "my brothers the frogs."[15] While studying for a degree in biology at the Sorbonne in Paris, Lutz developed an interest in the growing women's suffrage movement in the UK. She didn't agree with the violence used by British suffragettes, but she felt a keen affinity with their goals.

When Lutz returned home in 1918, she was incensed by a newspaper columnist's declaration that the recent feminist achievements in the UK and the US would have no effect on

Brazil. She issued a passionate call for a political league of Brazilian women who believed that women should contribute to society in all areas of life, including politics and business. Brazilian society thought that women were best confined to the domestic sphere, though Lutz found sly ways of arguing around this: "Women's domain, all feminists agree, is the home," she said of female participation in politics. "But...nowadays the home no longer is just the space encompassed within four walls."[16]

In 1922 she followed her own advice and founded the Federação Brasileira pelo Progresso Feminino (FBPF), or Brazilian Federation for the Advancement of Women. Its initial success was modest and reflected the concerns of its educated, upper-middle-class membership. For example, it successfully lobbied the government to allow girls to attend its most prestigious academy, Colégio Pedro II, an elite breeding ground for future politicians and movers and shakers.

Lutz didn't neglect her love of herpetology (the study of amphibians and reptiles); in fact, she sometimes found novel ways to combine the two interests. When she travelled to Baltimore, Maryland, in 1922 to attend the first Pan-American Conference of Women, a groundbreaking political summit that gathered together women from 32 countries, she astonished a delegate by sinking to her knees near a stream and pulling a frog from the water. Examining her prize catch, she explained that it was the first time she had ever seen such a specimen, and spent the rest of the day collecting more for her lab. Even as she fought tirelessly for women's rights, she continued to research and publish scientific studies on her favourite amphibians, and even discovered a new species of frog, which now bears the name Lutz's rapids frog.

Lutz knew the importance of guaranteeing the legal rights of women. She studied for a law degree in Rio de Janeiro, and in 1932 she led a FBPF delegation to meet with Brazilian president Getúlio Vargas, to argue for women's suffrage as his government prepared to rewrite the country's electoral code. When women finally went to the polls in 1933, Brazil officially became the sixth country in the world to grant women the vote. Lutz was appointed to the commission in charge of rewriting the country's constitution and she made sure that it incorporated women's rights, including the right to earn equal pay and hold public office. (She even ran for government herself, but failed to win a seat.)

Even after Vargas seized power in 1937 and shut down Congress, Lutz continued to represent Brazil at international conferences, including that fateful United Nations conference in 1945. She remained proud that it was the women of her region who were pushing for equality. "The mantle is falling off the shoulders of the Anglo-Saxons," she wrote in her memoirs. "We [Latin American women] shall have to do the next stage of battle for women."[17]

hen **Jane Colden's** (1724–1766) father taught her botany, he probably never guessed she would go down in history as America's first female botanist. After all, Cadwallader Colden had sailed to the New World to seek his fortune in New York after training as a doctor at the University of Edinburgh, and he had brought Scotland's 18th-century attitudes toward women with him, writing to a botanist friend in Holland:

"I (often) thought that Botany is an amusement which may be made greater to the Ladies who are often at a loss to fill up their time (& that) it could be made agreeable to them (it would prevent their employing so much of their time in trifling amusements as they do)."[18]

Whatever Jane made of her father's reasons for educating her, she took to the study of plants with a passion and verve that clearly impressed him. "She has now grown very fond of the study, and has made such progress in it that as I believe would please you if you saw her performance," Cadwallader continued in his letter. For a man who fancied himself something of a natural scientist and regularly corresponded with some of Europe's leading botanists, there could be no higher praise.

Jane Colden was born in 1724 in Orange County, New York, on a vast 1,200-hectare (3,000-acre) estate that her family named Coldengham. New York state was a newly established British colony that had been wrestled from the Dutch some six decades previously, and Coldengham was an especially wild corner of land, full of obscure and curious plants that the Coldens had never encountered in Scotland. Jane inherited the scientific curiosity of her father, who made a special effort to train his promising daughter in Swedish naturalist Carl Linnaeus's recently developed taxonomic system, a then-revolutionary way to classify flora and fauna.

By 1757 Colden had finished an exhaustive investigation of the plant life of the region, describing and classifying no less than 340 native specimens in a notebook that also featured illustrations and sketches. Other New Yorkers would visit Coldengham bearing interesting seeds and other plants for Colden's perusal. Her abilities didn't just extend to examining and recording the physical attributes of each specimen and its various iterations from seed to flower and fruit; she also spoke to Native American people of the area, to note the plant's potential medicinal qualities right down to its dosage and preparation, and cross-referencing this with other physicians.

Of *Asclepias tuberosa*, a species of milkweed now known as butterfly weed, she wrote:

"The Root of this Asclepias taken in powder, is an excellent cure for the Colick, about halff a Spoonfull at a time. This cure was learn'd from a Canada Indian, & is calld in New England Canada Root. The Exellency of this Root for the Colik is confirmed by Dr. Porter of New England, and Dr. Brooks of Maryland likewise confirm'd this. One ounce of the Root, chiped into small pieces, to which put a pint & a half of boiling water, & let it stew for about one hour, of this Decoction drinck halff a Tea cup full, every hour or two, and you bin certainly perfectly cured from the bloody Flux, and better is when you boil the Root in Claret than in Water. This cure was learnd from the Indians."[19]

Colden was no shrinking violet when it came to her own powers of observation, either. Though she was meticulous about keeping to the Linnaean classification system, she wasn't afraid to dispute the scientist's own judgments about plants. In one description of a plant known as snakeroot, she wrote, "Linnaeus describes this as being a Papilionatious Flower...I must beg Leave to differ from him...the Seed Vessell, differs from all that I have observed of the Papilionatious Kind."[20]

In Colden's modest notebook lay the most comprehensive portrait ever made of New York's abundant vegetation. Her rigorous research and painstakingly detailed descriptions won the praise of her scientific contemporaries in both the New and the Old World, many of whom expressed amazement that a woman was capable of such scientific inquiry. London horticulturalist Peter Collinson even wrote to Linnaeus himself to recommend the "scientifically skilful" Colden to the founding father of botany: "[Caldwallader's] daughter is perhaps the first lady that has so perfectly studied your system. She deserves to be celebrated."[21]

Colden might have been a pioneer in the field of American botany, but her abilities were never able to take flight beyond the boundaries of the Coldengham estate. After marrying in 1759, it appears that she gave up botany altogether before dying seven years later at the age of 42. Today, Colden's manuscript lies in the natural history archive of the British Museum, London – the only scientific work she produced.

sther Lederberg (1922–2006) devoted her life to the study of small and invisible organisms: bacteria, to be precise. But while some of her work has gone unrecognized and uncredited, her contribution to science was anything but minuscule.

When Stanford microbiologist Stanley Falkow was introduced to Lederberg in 1960, she was deep in conversation with a lab colleague and peering intently at a petri dish of typhoid bacteria. "Her glasses were perched on her forehead and she held the plate of bacteria so close to her face that I feared her nose would touch the colonies," he said at her memorial service.

Born during the Great Depression in New York – when lunch at the Lederbergs' often consisted of a tomato squeezed onto a slice of bread – Esther was advised to study French and literature at college. Instead, she opted for biochemistry. As an impoverished student, she washed her landlady's clothes to pay rent and ate the frogs' legs from student dissections. Her diligence paid off and she received her master's degree in genetics from Stanford in 1946.

Later that year, she and her husband, the molecular biologist Joshua Lederberg, relocated to the University of Wisconsin. It was there that Esther made some of the biggest discoveries in microbiology, such as lambda phage, a type of virus that lives in a strain of *E. coli* bacteria. This tiny organism revolutionized the emerging field of molecular genetics. Unlike others in its family, the virus doesn't replicate and destroy its host. It is able to reside peacefully

within *E. coli* without appearing to harm the cell; the *E. coli* then divides normally into a new cell, albeit one that has inherited the DNA of lambda phage. That made it a perfect candidate for scientists seeking to better understand the regulation and transmission of genes.

In 1952 Esther was instrumental in developing another breakthrough technique. By then, she and Joshua were working as a team and were investigating how bacteria become resistant to drugs. The early process of transferring colonies of bacteria was time-consuming and inefficient, but Esther theorized that the fibres in a regular piece of shop-bought velvet could act like minuscule needles and transfer bacteria onto a new plate. By pressing the scrap of cloth onto a colonized petri dish and stamping it onto a fresh plate, bacteria could be reproduced with a minimum of fuss.

With a few spare dollars and a scrap of sterilized velveteen, the Lederbergs pioneered the replica plating process. Thanks to their new technique, they found that spontaneous mutations arise in bacteria, allowing them to become resistant to drugs such as penicillin. Improved versions of replica plating are still used in labs all over the world.

It was work such as this that contributed to Joshua winning the Nobel Prize in Physiology or Medicine in 1958. Esther, however, did not share in the Prize. Many now believe that the work that led to the award could not have happened without her contributions, though she brushed off the exclusion. "One must stop thinking about the Nobel Laureates as having the last word," she remarked in a 1985 interview. "They are chosen by a committee that sits in Stockholm. I don't take it very seriously."[22]

Esther and Joshua divorced in 1966 after moving back to Stanford. According to her second husband, Matthew Simon, Stanford was less keen on the idea of the solo female scientist now that she had split from her husband and no longer worked in partnership with him. Esther had to fight for her position and was allowed in only as an untenured professor. She would never achieve tenure while at Stanford, though she did found the Plasmid Reference Center in 1976: a global toolkit and archive of small DNA molecules that hold the key to vital traits such as antibiotic resistance, which scientists continue to draw from today.

By the time of her death at the age of 83, Lederberg's pioneering techniques were common in microbiology labs everywhere; she even discovered a new virus that scientists had never identified before. But she was always humble about the nature and scope of her work: "Scientific research can only work with tools and substances. If it can't be approached that way then science can say nothing about it," she once said. "You have to be neutral or open. That is the only thing you can do. We only go as far as our tools go."[23]

f you have ever felt adrift in life or worried that you're on the wrong track, then think of **Ynés Mexía** (1870–1938), a Mexican-American botanist who discovered her true calling at 51 and would go on to discover 500 new plant species and become one of the greatest collectors of her generation.

Mexía was plagued by bad luck in her early adult life. She was born in Washington DC to an American mother and a Mexican diplomat father; her parents split up when she was a child. She hopped between schools in Philadelphia, Ontario and Maryland, before ending up at her father's hacienda in Mexico. Disaster struck when her first husband died in 1898, and her second marriage, to a man 16 years her junior, nearly bankrupted her and destroyed the successful business she had built. She left Mexico City in 1908 for San Francisco, which she would call home for the rest of her life.

Mexía divorced her second husband on her return to the US, but struggled with depression in the wake of the separation. Then she found something in San Francisco that made her feel better: plants. In 1917, the environmental organisation the Sierra Club was already a quarter of a century old and drawing nature lovers from all over the country. In her days off from her job as a social worker, Mexía signed up to her local chapter, joining them on hikes through the countryside and throwing herself into a campaign to save the Californian redwoods. She was 51 when she decided to enrol as a mature student at the University of California at Berkeley to learn more about natural science.

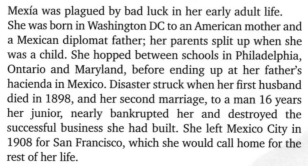

Berkeley introduced Mexía to what would become her greatest passion: botanical collecting. At the beginning of the 20th century, vast numbers of plant species were still unknown to Western audiences; intrepid botanical adventurers would travel to far-flung places to bring back specimens for scientific study. In 1925 Mexía joined their ranks and set off for Sinaloa, Mexico, on a Stanford University-sponsored expedition. As she admitted in a letter to a friend, "I am not a dyed-in-the-wool scientist, I am a nature lover and a bit of an adventuress."[24] These journeys were not without danger; on one occasion, Mexía fractured her ribs after falling off a cliff.

Early on in the trip, however, Mexía realized that she was more of a solo explorer. She left her group behind, commandeered her own supplies and travelled to Mazatlan by herself. She ended up staying in Mexico for two more years and collected more than 3,500 specimens, which she dutifully posted back to the herbarium in Berkeley. Among the plants were 50 species that had never been recorded before, including one new genus of flowering plant, which was named *Mexianthus mexicus* in honour of the woman who first spotted it.

The fruitful Mexico trip marked the beginning of 13 years of nonstop travel and discovery. Mexía's collecting adventures would take her to Brazil, Peru, Ecuador, back to Mexico and home to the US to document the unique flora of Alaska. In 1929 she canoed along the Amazon, tracing it all the way

to its source in the Andes mountains some 4,800 kilometres (3,000 miles) upstream.

In the Amazon, Mexía gave sewing needles and fish hooks to the indigenous tribes that greeted her and her guides, and camped out on sandy riverbanks stalked by jaguars and tapirs. She even survived a vicious whirlpool, which almost sucked her raft in before spitting it out. "Up at dawn," she wrote cheerfully of her daily routine, as she advanced farther and farther into the depths of the rainforest, "and another day of inching the heavy canoe past monstrous stranded trees...At last the long-desired wilderness, untouched and unmarred by the hand of man."[25]

It was on an expedition in Oaxaca, Mexico, that Mexía fell ill. She died a few years later in 1938, having collected more than 145,000 specimens in total and with more than 50 species named in her honour. But it was the thrill of adventure that drove this unlikely explorer. As she wrote in her travelogue on arriving in Ecuador:

"The Land of the Equator! There my life-long shadow would dog my step no longer, but, vanquished, would grovel beneath my feet. At last I would stand on the earth's great belt, nearest the beneficent sun. But would it be beneficent, or would it strike me down with its invisible power or burn me with its intense rays?"[26]

For Mexía, botany was more than just the collecting and indexing of plants: it was the promise of conquering new horizons and, in the process, her own limitations.

rowing up in the lush foothills of Kenya's central highlands, **Wangari Maathai** (1940–2011) would often fetch water for her mother from a stream that ran by their house. She drank straight from the brook, trying to pick up the frogspawn that lay on the surface of the water and watching the tadpoles wiggle their way out.

"This is the world I inherited from my parents," Maathai told the Nobel committee as she accepted the Peace Prize in 2004. "The challenge is to restore the home of the tadpoles and give back to our children a world of beauty and wonder."[27] When she saw the slow destruction of the Kenyan environment – including the drying up of her childhood stream – she dreamed of reforesting the country. By the time she passed away at the age of 71, Maathai had single-handedly led a campaign to plant 30 million trees in Africa as the founder of the Green Belt Movement.

Maathai was a bright child and won a scholarship abroad as part of the famous Kennedy Airlift, which saw hundreds of East Africans leave to study at US universities. After majoring in biology, she studied for a master's degree at the University of Pittsburgh, where she was impressed by the city's effort to clean up its air. It was her first brush with environmental restoration. That, and the energy of the university's anti-Vietnam War movement, left a lasting impression on Maathai.

She returned home in 1966 to study for a Ph.D in veterinary anatomy, becoming the first woman in East and Central Africa to gain a doctorate and the first to chair the University of Nairobi vet department. While travelling for work, Maathai saw how deforestation led to drought and poverty. When forests were cleared for commercial plantations, local biodiversity was reduced, food crops were diminished and water sources dried up. Women were on the frontlines of this struggle; they were the ones who had to walk for hours to find firewood and clean water.

Maathai's solution was simple: trees, and lots of them. The Green Belt Movement paid rural women a stipend to plant tree nurseries, encouraging them to protect the land and become self-sufficient. The act of planting a tree was small but revolutionary: the nurseries preserved rainwater, provided food and kindling, and put many women on the first step to financial independence. The Movement eventually grew to include more than 900,000 people and led to the planting of millions of trees.

In 1977 Maathai's husband filed for divorce, arguing that she was too stubborn and assertive. When she criticized the judge who granted the annulment, she was thrown in prison for contempt of court. "I should have known that ambition and success were not to be expected in an African woman,"

she said. "An African woman should be a good African woman whose qualities should be coyness, shyness, submissiveness, incompetence and crippling dependency. A highly educated independent African woman is bound to be dominant, aggressive, uncontrollable, a bad influence."[28] She never married again.

As the Green Belt Movement flourished, its democratic mission of environmental preservation locked horns with the increasingly authoritarian Kenyan government. President Daniel arap Moi labelled the Movement as "subversive" when Maathai criticized his construction plans for a 60-storey skyscraper in a Nairobi park.[29] She took him to court and the resulting international attention scared off Moi's foreign investors. Shortly afterward, Maathai's name was found on a government assassination list and she was arrested on charges of treason with sedition.

Maathai refused to back down. She even went on a hunger strike in the park to call for the release of other political prisoners and was described by Moi as "a threat to the order and security of the country".[30] A police beating left her in hospital, but she continued to speak out against the government even as she remained afraid for her life

In the 1990s, Maathai joined politics and set up Mazingira, a green political party, and went on to win a seat in parliament as part of the 2002 coalition that removed Moi's party. She served as a junior environment minister and was the winner of the Nobel Peace Prize two years later. In its remarks, the committee praised "her contribution to sustainable development, democracy and peace".[31]

Today, the Green Belt Movement has branches in 30 countries. Thanks to a Kenyan village girl turned scientist and environmental activist, the world is a greener and richer place. As she put it: "The tree is just a symbol for what happens to the environment. The act of planting one is a symbol of revitalizing the community. Tree planting is only the entry point into the wider debate about the environment. Everyone should plant a tree."[32]

Medicine &
psychology

ere's a little dirty joke from Martial, a wit and poet who lived in ancient Rome: "The young wife of an old man claims that she is suffering from hysteria and needs the standard regimen – that is, intercourse. And so, *protinus accedunt medici medicaeque recedunt* ('the male doctors arrive and the female doctors depart')."[1]

OK, so the punchline probably sounded better in the second century. But Martial's gag also highlights a lesser-known part of ancient Greco-Roman history: the existence of women in the medical profession. At a time when the vast majority of Greek women were confined to their homes – their greatest responsibilities consisting of running the household and bearing children – some managed to buck the trend by finding work as midwives, doctors and surgeons. One of them, **Aspasia** (*c.*4th century AD), pioneered surgical techniques that resemble those we use today, becoming one of the most respected and well-known gynaecologists of her age.

Little is known about Aspasia's personal life or training. There weren't any medical schools in ancient Greece and many doctors either came from a family of health practitioners or apprenticed under a more established mentor. There are also records of women doctors receiving training from their husbands. It is likely that Aspasia acquired her training through one of these routes, though she appears to have quickly surpassed the skills of her teacher.

Her original writing has been lost over time, but some of her teachings have been preserved in the works of her successors. The Byzantine physician and writer Aëtius of Amida repeatedly references Aspasia as a medical authority in *Tetrabiblos*, a mammoth health encyclopedia that contains an entire volume dedicated to gynaecology and women's health.

Through these records, Aspasia emerges as one of the earliest pioneers of obstetrics and gynaecology. She was sexual health clinic, medical surgery and family planning centre all rolled into one; Aspasia performed abortions, advised pregnant women and even removed uterine haemorrhoids.

In fact, she was far more progressive on contraception than some doctors and politicians today: she advocated abortion if her patient's life was at risk or if she had a pre-existing medical condition that made pregnancy unwise. Aspasia's methods of medical abortion included a herbal bath of abortifacient drugs such as fenugreek, marsh mallow and *Artemisia*; a suppository of salve made from the opopanax plant followed by a vaginal steam bath of female hair and burned garlic; or a boiled concoction of *Cyperus* leaves applied to the abdomen overnight.

Today, some of Aspasia's remedies might sound unusual, strange or just plain bizarre: steaming your vagina with garlic is unlikely to achieve anything, let alone induce an abortion. But much of her advice still makes sense today. To ensure a healthy pregnancy, Aspasia told pregnant patients to avoid stress, not lift heavy objects and keep away from spicy dishes or food that is hard to digest: all sensible tips that are dispensed by doctors today. (She also recommends women to steer clear of chariot rides on bumpy roads, which is somewhat less relevant in the 21st century.) Her guidance extended beyond preventative care, too: she pioneered a successful technique to rotate a breech foetus facing the wrong direction for birth.

Her knowledge didn't just encompass contraception and midwifery; she also developed new surgical methods to treat common reproductive health problems that both women and men experienced. In fact, many of the procedures she introduced continued to be used for centuries later.

When women developed bleeding or prolapsed uterine haemorrhoids (commonly known as fibroids), Aspasia correctly assessed that surgery was necessary to fix the problem. She advised that the haemorrhoids be "circularly incised around their basis and enfolded tightly with a loop",[2] a method of surgical excision that was practised until relatively recently.

The do-it-all doctor also invented a treatment to remove a hydrocele: a lump around a testicle that builds up as a result of excess fluid. "The incision should be linear, symmetrical to the lump," she instructs.

"After dividing the superficial skin and splitting the subjacent tissues, we cut through the integument which contains the fluid via a seared surgical clasp. When the fluid is depleted, we etch a circular demarcation and remove the pus in order to finally pass two or three sutures through the lips of the incision."[3]

This is startlingly similar to a modern-day hydrocelectomy, an operation in which the thin membrane that surrounds the testicles is cut open to drain the fluid.

Aspasia's innovative surgery skills and genuinely forward-looking approach to family planning should have guaranteed her a place in the hall of medical history; she certainly impressed many of her peers as well as later scholars. Unfortunately, like many women in antiquity, Aspasia is now only known to historians, though her legacy lives on in the field of gynaecology and obstetrics, which is today made up of 85 per cent women.[4]

hen **Fe del Mundo** (1911–2011) arrived at Harvard Medical School in 1936, her professors were dumbfounded. It wasn't because they forgot the doctor, who was on a presidential scholarship, was coming: they just didn't expect her to be a woman.

Nobody at one of America's most prestigious med schools had realized that Fe – whose full name means "faith of the world" in Spanish – was a woman's name. Harvard had never accepted a woman on to its course before. In 1878, in fact, it had turned down a $10,000 donation because the offer was linked to women's admission.[5] Now, some 54 years later, the school was faced with a quandary: Should Del Mundo be let in?

The faculty decided that the answer was yes. After all, she'd spent months travelling by boat from Manila to Boston, she had graduated top of her class and she had been personally sponsored by the president of the Philippines himself. At the age of 24, Del Mundo became the first woman *and* the first Asian person to study at the Harvard Medical School. She already knew what she was going to specialize in: paediatrics. It was the only field, the 1.5-metre- (five-foot) tall doctor once joked, where the patients were smaller than she was. By the time she left America, she had graduated from Harvard Medical School, done her residency at the University of Chicago and gained a master's degree in bacteriology from Boston University.

"I told the Americans who wanted me to stay that I prefer to go home and help the children in my own country," Del Mundo later told a reporter from the Philippine Center for Investigative Journalism (PCIJ). "I know that with my training for five years at Harvard and different medical institutions in America, I can do much."[6]

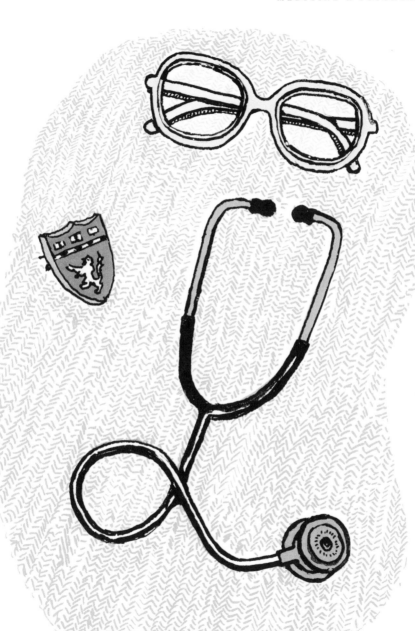

She returned home just in time to see the beginning of the Japanese occupation of the Philippines in 1941. Between 4,000 and 7,000 American men, women and children were interned in an overcrowded POW camp at Santo Tomas University in Manila in dire conditions. Working alongside the International Red Cross, Del Mundo set up a medical centre for sick children, earning her the nickname "The Angel of Santo Tomas".

After Allied forces liberated the Philippines in 1945, Del Mundo set up the first children's hospital in the Philippines. The modest, four-storey building in Quezon City – built partly with her personal savings – was a long time dream of hers. She was a medical intern in her home province of Marinduque when she first realized the dreadful state of children's health in the country. "I saw how many children were not receiving medical attention and how many were dying," she said. "There was no doctor for children and the provincial health officer had no background at all about pediatrics."[7]

Del Mundo knew first-hand of the country's dire need for a specialist children's institution; as a child, she saw four of her seven siblings die. Her little sister Elisa was only seven when she passed away of peritonitis, a treatable abdominal infection. "[Elisa] kept a little notebook where she wrote that she wanted to take up medicine," Del Mundo explained. "When she died, I decided to take her place."[8]

The Children's Memorial Hospital didn't just need her medical expertise to keep it going; it also required funds. Del Mundo poured everything into upgrading its facilities; she even sold her house to pay for a lift and moved into a room on the second floor. But she also knew that it was impossible for the hospital to care for every child in the Philippines. Those living in rural areas or on one of the 7,641 islands scattered through the archipelago often lived too far away from the nearest hospital.

With specially trained teams of medical professionals, Del Mundo roamed far-off parts of the country to treat sick children, check water supplies for disease and offer breastfeeding advice to new mothers. She invented a new incubator for jaundiced and premature babies in areas that lacked access to electricity, made of bamboo and warmed by hot-water bottles to regulate the baby's temperature.

"Medical students must go out into the provinces to see first hand the problems that exist," she said. "Pediatricians must be able to translate medical knowledge into a language their patients will understand. Only in this way can a doctor acquaint their patients with the importance of preventitive as well as curative medicine." It was a mantra she impressed on the generations of medical students she taught in her decades at the University of Santo Tomas and the Far Eastern University in Manila.

For her services to children's health, Del Mundo received the Ramon Magsaysay Award for Public Service in 1977 and continued doing hospital rounds well into her nineties. Over the course of her medical career, she also published 150 scientific papers and authored a medical textbook that remains in use in the Philippines today. Her secret? Her eternal single status. "I'm glad I never got married," she told the PCIJ reporter. "I believe that I've been able to do what I've longed to do because of this."[9]

n receiving her second Nobel Prize in 1911 in Stockholm, the distinguished chemist Marie Curie (1867–1934) told King Gustav V of Sweden that the field of radioactivity she had pioneered was "an infant that I saw being born, which I have contributed to raising with all my strength. The child has grown. It has become beautiful."[10] She could well have been speaking about her daughter, **Irène Joliot-Curie** (1897–1956), the radiochemist who went on to win the Nobel Prize in Chemistry (1935) with her husband and protégé, Frédéric Joliot-Curie.

Irène was born in 1897, the eldest of Marie and Pierre Curie's two daughters. Her grandmother passed away that year and her grandfather, Dr Eugène Curie, came to Paris to look after Irène as Marie continued her doctoral research. From Eugène, Irène developed a keen interest in radical left-wing politics; from her mother, she inherited an enthusiasm for science. Both would go on to shape the course of her life.

Marie clearly had big hopes for the futures of her two children. After Pierre died in a tragic road accident when Irène was a child, Marie and a circle of academic friends created a kind of cooperative home-school, believing that they could offer a more well-rounded education for their offspring than the classroom-bound French school system. Irène's physical education lessons included everything from swimming in the Atlantic Ocean to ice skating and skiing, and Marie herself taught Irène physics, while her mother's university colleagues instructed her in sculpture, Chinese and French literature.

Irène clearly relished the challenge offered by this unusual education. "The derivatives are coming along all right, the inverse functions are adorable," she reported in one letter to her mother. "On the other hand, I can feel my hair stand on end when I think of the theorem of Rolle, and Thomas's formula."[11] She breezed into the Sorbonne at the age of 17, but her college education was derailed by the outbreak of the First World War.

Both mother and daughter were desperate to do their part for France. At the time, X-ray technology was not widely in use in war hospitals; instead, doctors were forced to probe around in wounded soldiers' bodies to find shrapnel and bullets. Marie created radiology stations near the battlefield and a network of cars to service them with equipment.

Midway through studying for her baccalaureate, the teenage Irène joined her mother on the frontlines and quickly gained enough training to head up her own X-ray facility in Belgium. She spent her eighteenth birthday helping doctors find and extract fragments of an artillery shell from a soldier's hand.

After the war, Irène joined her mother at the Radium Institute that Marie had founded in 1914. She wasn't one of the most popular scientists there; her brutal honesty and exacting standards didn't endear her to many, who called her the "Crown Princess", thanks to her mother's position as *la patronne* of the Institute.

Frédéric Joliot, a technical assistant and doctoral student who was assigned to Irène at the Institute, was one of the few able to see past Irène's gruff façade. "I discovered in this girl, whom other people regarded somewhat as a block of ice, an extraordinary person, sensitive and poetic," he wrote. They were married by October 1926 and began working together in what would become one of the most fruitful collaborations in scientific history: together, they would discover artificial radioactivity.

By bombarding aluminium foil with the alpha rays from polonium – the element that Irène's parents had discovered in 1898 – they found that it was possible to create a form of radioactive phosphorus that had never been observed before. This paved the way for the creation of other radioactive isotopes that are still used in the diagnosis and treatment of cancer. Just as her mother had introduced X-ray treatment on the frontlines of the First World War, Irène and her husband's findings blazed a trail in oncology and medicine.

The pair won the Nobel Prize in Chemistry in 1935, but Irène's mother was not there to share in her triumph: Marie had died a few months earlier of aplastic anaemia, thought to have been induced by her exposure to radiation. Though husband and wife had been jointly awarded the Nobel, Frédéric received much more salutary attention in the press than Irène, despite the fact that she had already told a *New York Times* reporter in 1925 that she was of the firm opinion that "men's and women's scientific aptitudes are exactly the same".[12] In an interview with *Journal de la Femme*, she expressed the hope that part of the Nobel win was the "duty to affirm certain ideas that I believe useful for all French women".

In 1936 Irène became the first Undersecretary of State for Scientific Research in a government led by socialist prime minister Léon Blum. Women were still not allowed to vote in France, but the opportunity – which she described as a "sacrifice for the feminist cause"[13] – was too good to miss. Though Irène occupied the position for only three months, she managed to lay the groundwork for an institution that would later become the National Centre for Scientific Research.

When the Nazis seized France in 1940, Frédéric joined the Resistance and became involved with covertly manufacturing radio equipment and bombs, while Irène continued her work at the Radium Institute, which had been renamed the Curie Institute in honour of her mother. Thankfully, Frédéric was never found out, though at one point Irène and her children had to temporarily flee France over the Alps and into Switzerland. But when the Second World War was won against Germany, Frédéric and Irène's communist leanings saw them fall out of favour with wider society. Irène was denied membership of the American Chemical Society and was even briefly detained on Ellis Island when she flew into New York.

But there were other, pressing problems, besides Irène and her husband's social pariah status as "Reds". Like her mother, Irène had been exposed to extraordinary amounts of radiation during her life. Tuberculosis had been discovered during her first pregnancy and in 1956 she was diagnosed with the leukaemia that would eventually take her life. Frédéric passed away of radiation-induced liver disease two years later.

Irène had admired her mother above anyone else and yearned to follow in her footsteps. The Nobel Prize may have been richly deserved, but Irène knew that she had achieved her dream when she and Frédéric made their great discovery. As Frédéric wrote, "I will never forget the expression of intense joy which overtook [Marie] when Irène and I showed her the first 'artificially produced' radioactive element in a little glass tube… This was without a doubt the last great satisfaction of her life."[14]

amilies who send their sons and daughters to medical school aren't rare in the history of medicine, but they are if you belong to an African-American family living in New York City at the turn of the 20th century. **Jane Cooke Wright** (1919–2013) just happened to belong to one such exceptional family.

Her paternal grandfather was born into slavery and qualified as a doctor at the first medical school open to black students in the South; her step-grandfather was the first black man to graduate from Yale Medical College and her father, Dr Louis T Wright, was among the first batch of African-American graduates at Harvard Medical School. When Jane was only one year old, her illustrious surgeon father became the first black man to be appointed as medical staff in a New York hospital, where he set up the Harlem Hospital Cancer Research Foundation in 1948.

Medicine ran in Jane's blood, but it took a while for her to heed its call. Born in Harlem in 1919, she initially fancied herself as an artist and enrolled at Smith College in Massachusetts; after a little gentle persuasion from her father, however, she swapped her paintbrushes for a stethoscope.

Wright soon completed her pre-med course and earned a full academic scholarship to New York Medical College. She impressed her fellow students, supervisors and – most importantly – her father, who asked her to join him at his research centre in 1949.

At the time, oncology – the treatment of cancer – was primarily a surgical speciality. Doctors could remove tumours and growths, but non-surgical methods of treatment were rare. A chemical agent known as nitrogen mustard – the key compound in mustard gas – showed initial promise as a means of attacking the cancerous white blood cells associated with leukaemia, but doctors were still figuring out the dosage and combination of chemicals that worked best.

Both father and daughter relished the challenge; together, they were pioneers in the emerging field of chemotherapy, which Jane described as "the 'Cinderella' of cancer research".[15] She wrote with urgency in a medical paper:

"Cancer is of major concern today because of its high mortality and progressively increasing death toll…It ranks second as a cause of death among men and women of all ages in the United States. Among women between the ages of 30 and 54 years, cancer is the most frequent cause of death."[16]

With Louis in the lab and Jane administering patient trials, they experimented with new anticancer treatments that led to remission in patients with blood cancers such as lymphoma and Hodgkin's disease, and solid tumours such as breast cancer and lung cancer. Their breakthrough drug, methotrexate, is still in use today and is widely regarded as one of the most revolutionary chemotherapy treatments available.

When her father died just four years into their research, Jane took over as director of his centre at the age of 33. In 1955 she was appointed as director of cancer research at the New York University Medical Center, where she made another important discovery. She surgically removed samples of patients' tumours, carefully culturing the cells in petri dishes before experimenting to see which anticancer drug would kill off the most growth. This deceptively simple innovation meant that patients could

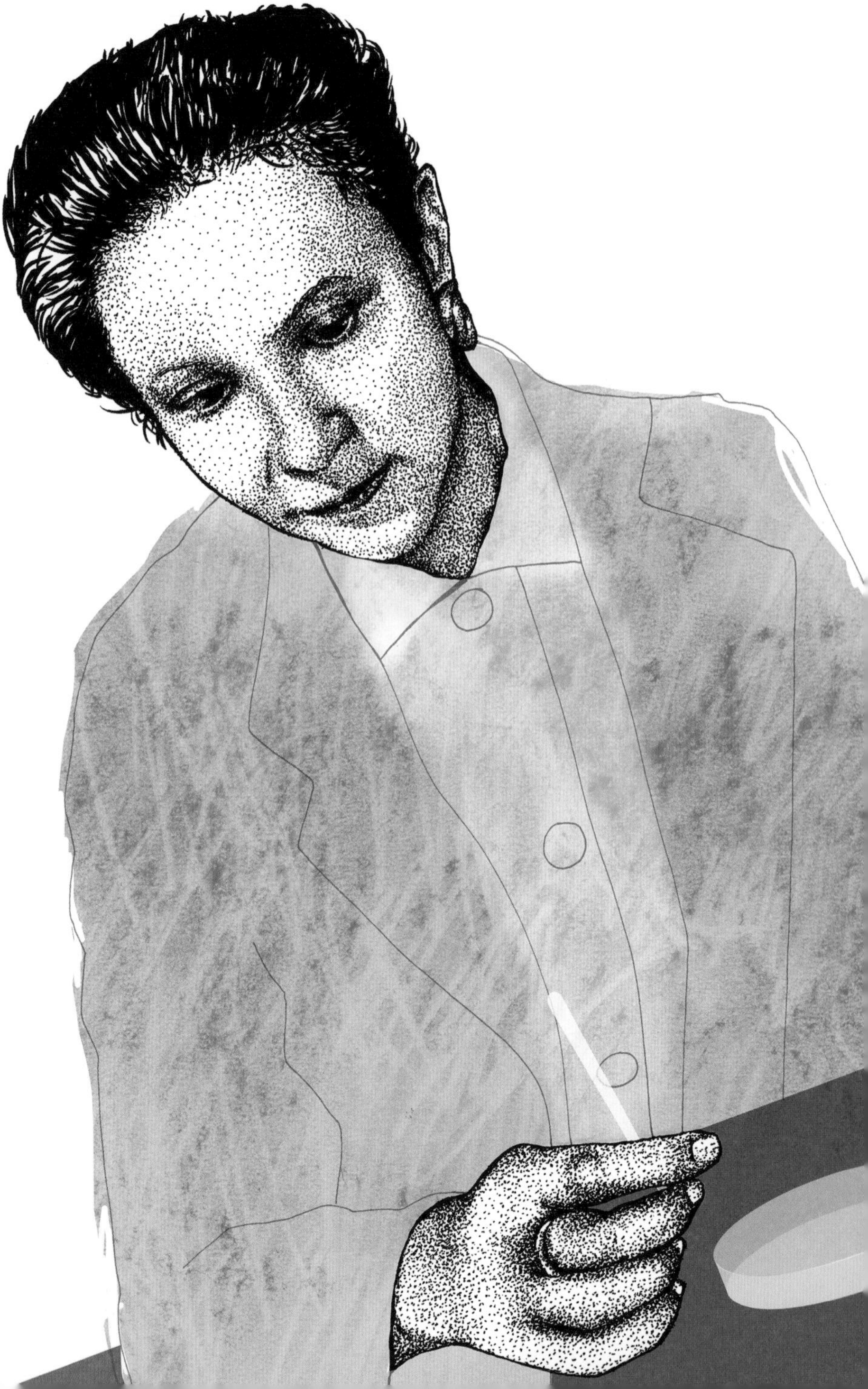

be treated with a chemotherapy regime tailored to their specific physiology. Later, she also pioneered a non-surgical way of using a catheter to administer chemo drugs to hard-to-reach organs such as the spleen.

By the time she turned 48, Wright had been appointed by US president Lyndon B Johnson to a presidential commission investigating heart disease, cancer and stroke. She became the highest-ranked black female doctor in the US with a prestigious job as the associate dean of her old alma mater, New York Medical College. She also flew up the ranks of the New York Cancer Society to become its first female president in 1971.

Wright's achievements were exceptional, not least because she worked in a field that was traditionally dominated by men, and white men in particular. Her success is all the more remarkable given that black people still make up only six per cent of all physicians. But Wright was always sanguine about the barriers that life had thrown in her way. "I know I'm a member of two minority groups, but I don't think of myself that way," she told the New York Post in 1967. "Sure, a woman has to try twice as hard. But – racial prejudice? I've met very little of it. It could be I met it – and wasn't intelligent enough to recognize it."[17]

Maybe it had something to do with the fact that Wright was born during the Harlem Renaissance, the explosion of art and culture in the New York borough that allowed countless black men and women to dream of a world bigger and better than the one they had been born into. But while the movement can lay claim to artists and poets alike, maybe its biggest success lay in Wright, a self-effacingly modest but groundbreaking scientist.

f you are one of the millions of people worldwide who rely on hay fever medication to get through spring and summer, you have **Ruby Hirose** (1904–1960) to thank. The Japanese-American scientist conducted vital research on treatments for pollen allergies and later helped to develop a vaccine for infantile paralysis, also known as polio. Hirose's accomplishments were no small feat, given that she had to live through the worst years of anti-Japanese sentiment in America: a tide of racism that saw most of her family imprisoned and sent to internment camps.

Hirose's parents were among the thousands of Japanese immigrants who had arrived in the Pacific Northwest at the turn of the 20th century, seeking job prospects and a better future for their children. In the White River Valley near Seattle, her mother and father took on new lives as *issei* (first-generation Japanese immigrants) and leased several hectares of land for a farm.

Growing up as a second-generation immigrant (*nisei*) wasn't easy. Under the law, Japanese and Chinese settlers were not allowed to become US citizens and were barred from owning property. "Mother did not want to go to this place in the beginning but we had no other place to go," she said in an early interview. "Other Japanese have tried to farm the place we are on now and they all failed, so Mother did not see how we could hope to succeed, but it was the only place we could find so we took it."[18]

But Hirose was clearly bound for greater things than tilling the soil. She was the first *nisei* to graduate from her local high school, and earned her bachelor's and master's degrees from the University of Washington. Growing up, Hirose was the only Japanese-American girl in her school and experienced little discrimination against her, but grew dissatisfied with rising anti-Japanese sentiment once she reached her university years. In 1924 she signed up to the Japanese-Christian Student Association (JCSA), a college organization

that was initially set up for foreign-born Japanese students, to "mingle with my own...who understand my problems and frustration".[19]

Hirose joined a JCSA committee that produced a 39-page booklet documenting the issues faced by young *nisei* and their struggle to find acceptance among their parents and wider American society. "If the second generation of Japanese are by nature incapable of being absorbed by the Japanese community and if they are not accepted as Americans by American society," its author Roy Akagi mused, "where should they belong? Thus, they are truly men and women without a country."[20]

Anti-Japanese racism reached its peak when Japan attacked Pearl Harbor and the US declared war against the Axis powers. Thanks to the Second World War, anybody who looked even remotely Japanese was immediately suspect. In 1942 the president, Franklin D Roosevelt, issued an executive order that authorized the incarceration of 117,000 Pacific Northwest and West Coast residents of Japanese descent, two-thirds of them American-born *nisei*. None of the Hirose children had ever set foot in Japan, but Ruby's brother and sister were forced to leave their homes and relocate to internment camps far away. Ruby was spared imprisonment only because she had moved to Ohio.

Despite the hysteria around Japanese immigrants and their families, Hirose's research and academic work flourished. In the Midwest, she completed her doctorate at the University of Cincinnati and was employed by the William S Merrell Laboratories, where she worked to develop serums and antitoxins for the most common and debilitating health conditions. The research Hirose did on polio – once one of the most widespread and feared illnesses among children – helped to pave the way for a vaccine.

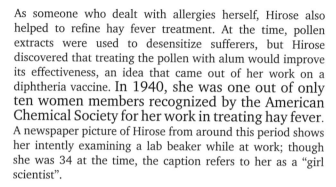

As someone who dealt with allergies herself, Hirose also helped to refine hay fever treatment. At the time, pollen extracts were used to desensitize sufferers, but Hirose discovered that treating the pollen with alum would improve its effectiveness, an idea that came out of her work on a diphtheria vaccine. In 1940, she was one out of only ten women members recognized by the American Chemical Society for her work in treating hay fever. A newspaper picture of Hirose from around this period shows her intently examining a lab beaker while at work; though she was 34 at the time, the caption refers to her as a "girl scientist".

It was only a twist of fate that allowed Hirose a lucky escape from the internment programme that ensnared her family and thousands of others. But she also overcame the struggles of being one of the first generations of American-born Japanese people to become a *nisei* scientific pioneer. In her college years, the JCSA report she contributed to put this almost prophetically: "Men [sic] can only be what he wills and can go only as far as his sense of responsibility will lead him. The members of the second generation should demonstrate to the world that great things will emerge from their ranks through their lives."[21]

hen **Kamala Sohonie** (1912–1998) was born into a family of eminent Indian chemists, it seemed like her future career was all but guaranteed. Unfortunately, she was up against centuries of prejudice that had relegated generations of girls to destinies as housewives and homemakers. As Sohonie put it, an Indian woman was "expected to look after the house, do all the household chores and raise a family. She had no place in the outside world."[22] It was left to Sohonie to break down the door, which she did with a little inspiration from an unexpected source: Mahatma Gandhi.

When Sohonie came top of her undergraduate year at Bombay University, she naturally assumed that she was assured a place at the prestigious Indian Institute of Science (IISc) in Bangalore, where her father and uncle had previously studied chemistry. But her 1933 application was turned down by IISc director C V Raman, a Nobel Prize-winning physicist who reportedly thundered in response: "I am not going to take any girls in my institute!"[23]

Sohonie wasn't going to give up easily. At this point, the Indian independence movement led by Gandhi was almost two decades old. The Gujarat-born political leader espoused a policy of non-violent political resistance called *satyagraha*; just three years earlier, he had led thousands of people on a peaceful 390-kilometre (240-mile) march to protest against an unfair British colonial policy. Sohonie was a fervent admirer of Gandhi and launched her own personal *satyagraha* against the IISc. She began a one-woman sit-in in front of Raman's office, steadfast in the belief that there was no legitimate reason for her rejection.

A reluctant Raman was forced to backtrack and let Sohonie into his institute, but he wasn't going to make it easy for her. Sohonie was admitted on a year-long probation period; she would only be recognized as a full student if Raman was happy with her work. She was also under strict orders not to distract the male students, as if she had come to the IISc only to eye up boys.

"Though Raman was a great scientist, he was very narrow-minded," Sohonie later said. "I can never forget the way he treated me just because I was a woman. Even then, Raman didn't admit me as a regular student. This was a great insult to me. The bias against women was so bad at that time. What can one expect if even a Nobel Laureate behaves in such a way?"[24]

Sohonie threw herself into work and began to carve out her niche in the study of nutritional elements in common foods such as milk, legumes and pulses: a field of biochemistry with wide-ranging implications for public health. After a year, Raman allowed her to stay on as a full student; shortly afterward, he began admitting women into the institute. Sohonie scored a distinction in her course and headed for Cambridge University, England; 14 months later, she submitted a 40-page Ph.D that succinctly outlined how an enzyme called cytochrome C was present in every plant cell and explained its role in plant respiration.

Sohonie's paper astonished her professors and she soon became the first Indian woman to graduate with a doctorate from the university.

By this point, Sohonie had the academic world at her feet and had received several lucrative offers from big pharmaceutical companies, to boot. But she returned to her homeland in 1939, compelled by something deeper than financial success. "She was patriotic and actually returned home from Cambridge to give her might to the freedom movement,"[25] her son Anil Sohonie said, adding that she might even have earned the Nobel if she'd stayed in America.

It was in India that Sohonie's work had the greatest effect. With its millions-strong population, the country had struggled with starvation and famine in the past. As a biochemistry professor at the Royal Institute of Science in Bombay, Sohonie began looking into a popular Indian drink made from the nectar of palm trees: Neera. She discovered that the sweet drink was full of nutrients such as vitamin C and that adding it to the diet of malnourished pregnant women and children could single-handedly turn around their health. It wasn't the only common Indian plant to have startling health benefits; Sohonie found that *gur* (palm) molasses was also a fantastic source of nutrition, and she became a huge advocate for the food as a quick and cheap solution for malnutrition.

For this achievement, she was rewarded with the Rashtrapati Award: one of the highest presidential honours given to civilians. Even today, the Indian government promotes these substances as health foods and subsidizes their production to feed the public. It's no exaggeration to say that Sohonie found a way of helping to feed the nation.

argaret Sanger (1879–1966) was born towards the end of the 19th century in Corning, New York, when condoms weren't just seen as obscene and immoral – they were actually banned. Under the 1873 Comstock Act, it was illegal to send any device or item for the "prevention of conception" through the post.[26] Contraception was a dirty word and Sanger witnessed the effects of that prudishness first-hand. She had ten brothers and sisters and was born into a poor Irish Catholic family to a mother who struggled with her health. By the age of 50, Sanger's mother had died of tuberculosis; her health had crumbled as a result of repeated pregnancy and childbirth. It was little wonder that Sanger once said: "Enforced motherhood is the most complete denial of a woman's right to life and liberty."[27]

Sanger was determined to leave her birthplace and found her escape by qualifying as a nurse in 1902 and marrying an architect named William Sanger that same year. By 1910, Sanger and her family had moved to the bright lights of New York City and discovered their place among the radical intellectuals and bohemians of Greenwich Village. Change bristled in the air. A new political culture was flourishing around them: one that was concerned with social inequality and had a vision of a better world. Sanger – now a mother of three – signed up to the Liberal Club and joined the Socialist Party of New York, travelling to New Jersey and Massachusetts to take part in labour strikes.

It was around this time that she also began working as a midwife and nurse in some of the most deprived neighbourhoods in the city. On the Lower East Side, she saw women forced into destitution and despair by the same forces that had driven her mother to the grave.

They had no choice over their reproductive health; like a lightning strike, pregnancy was something that simply happened to them, whether they wanted it to or not.

One day, a doctor that Sanger worked with advised a patient that she should force her husband to sleep on the roof if she didn't want another child: "You can't have your cake and eat it too!" he laughed.[28] In Sanger's autobiography, she wrote that the desperate woman pleaded with her after the doctor left the room: "Tell me the secret – and I'll never breathe it to a soul!"[29] Sanger had no answer to give. Several weeks later, the woman was dead: she had contracted a fatal infection after attempting to self-induce an abortion.

The death of this patient weighed heavily on Sanger's soul; she stayed up all night, unable to stop thinking of the injustice of it all. It would set her on a path to become one of the world's leading medical pioneers in contraception and sexual health.

In 1912 Sanger started writing a column for the *New York Call*, a left-wing daily newspaper, in which she dispensed advice about sexual health and contraception. Two years later, she began publishing *The Woman Rebel*, a feminist journal that primarily advocated better contraception and a woman's right to choose. "I believed it was my duty to place motherhood on a higher level than enslavement and accident," she said.[30]

Just a few months later, the Comstock Act came crashing down on her head. **Sanger was indicted on nine counts of sending birth-control-related material through the post. But she didn't wait around to be sent to prison: the day before her trial, she fled the country and made for Europe.** In the Netherlands, she visited a family planning clinic and was convinced by the effectiveness of the diaphragm. When the charges against her were dropped in 1916, she returned to set up the first birth control clinic in Brooklyn, New York. Her dream of a network of centres that offered a range of contraceptive services was later realized when she set up the American Birth Control League in 1921 – now known as Planned Parenthood – and made its mission global with the 1952 formation of the International Planned Parenthood Foundation. She was also involved behind the scenes in scientific research, supporting and raising funds for newer and more advanced contraceptive methods: efforts that eventually led to the creation of the Pill.

Over her lifetime, Sanger was arrested, hounded out of her own country and even threatened with jail for what she believed in. But she lived to see her life's work vindicated: in 1965, a year before she died, the US Supreme Court ruled that a state contraception ban violated the right to privacy, thereby legalizing birth control. She never lost faith that the country would come around to her belief that contraceptive choice would mean freeing women from the cycle of childbirth and poverty.

"I was convinced we must care about people; we must reach out to help them in their despair...For these beliefs I was denounced, arrested, I was in and out of police courts and higher courts, and indictments hung over my life for several years. But nothing could alter my beliefs. Because I saw these as truths, I stubbornly stuck to my convictions."[31]

f you've ever been unlucky enough to have chickenpox, shingles or herpes, your doctor might have prescribed you aciclovir: an antiviral medication that the World Health Organization considers one of the safest and most important essential medicines in any healthcare system. And you have **Gertrude B Elion** (1918–1999) – Trudy to her friends and family – to thank for it.

Elion was born in New York City, the first child of a Lithuanian dentist and a Polish immigrant. Her Bronx upbringing as a "child with an insatiable thirst for knowledge",[32] as she put it, meant that she excelled at school and could have easily picked any subject when it came to choosing her degree. That summer, however, her beloved grandfather passed away of stomach cancer. "The suffering I witnessed during his last months made a great impression on me," she said. "I decided that a worthwhile goal for my life would be to do something to help cure this terrible disease."[33]

She didn't quite discover a cure for cancer, but she came close. The drugs that Elion developed over the course of her decades-long career in pharmaceutical research and medicine included treatments for leukaemia, gout, rheumatoid arthritis, malaria and HIV/AIDS, as well as immunosuppressant drugs that stop the body from rejecting donated organs. She was given the Nobel Prize in Physiology or Medicine in 1988 – and she did this all without a doctorate.

In 1944, biochemist Dr George H Hitchings – with whom she would later share the Nobel Prize – employed her as his assistant at the Burroughs Wellcome research lab. It was a once-in-a-lifetime opportunity in more ways than one. When Elion had graduated from Hunter College in 1937 with her chemistry degree, nobody wanted to employ women in the lab: "They wondered why in the world I wanted to be a chemist when no women were doing that," she recalled. "The world was not waiting for me."[34] Instead, she took on a series of teaching jobs at a school and a hospital while working on her master's degree in the evenings. But the advent of the Second World War changed everything: all men between the ages of 21 and 35 were conscripted for military service, leaving the factories, businesses and research labs of America empty of staff. Women like Elion answered the call.

"My thirst for knowledge stood me in good stead in that laboratory, because Dr Hitchings permitted me to learn as rapidly as I could and to take on more and more responsibility when I was ready for it...From being solely an organic chemist, I soon became very much involved in microbiology and in the biological activities of the compounds I was synthesizing."[35]

In the 1940s, Elion's fiance passed away of a bacterial infection that would have been easily treated by penicillin (the drug was only developed after his death). The tragedy served only to underscore her desire to develop drugs that would treat the sick.

Elion was still desperate to get her Ph.D and spent long evenings commuting between home, the lab and night classes at Brooklyn Polytechnic Institute. Eventually her professors gave her an ultimatum: commit full-time to the doctorate, or give it up. She chose to stay at Burroughs Wellcome, where she remained for the next 39 years and rose to become head of department of experimental therapy in 1967. "Years later," she said, "when I received three honorary doctorate degrees from George Washington University, Brown University and the University of Michigan, I decided that perhaps that decision had been the right one after all."[36]

At Burroughs Wellcome, she blazed a new trail in the development of drugs. When it came to tackling viruses such as herpes simplex and herpes zoster, the majority of scientists believed that most antivirals would indiscriminately attack the DNA of healthy cells, too. After years of research, she came up with acyclovir, which stops the virus from multiplying with no effect on the body's own cells. It was the development of medicines like this that led to the Nobel Prize for her and Hitchings. "In awarding them the Nobel," one of their colleagues at the lab said, "the prize committee said that their work was so important that each of the drugs for which they were honored could have won the prize in itself...This record of drug discovery is unlikely ever to be equaled."[37]

During her career, Elion received 23 honorary degrees and never stopped trying to inspire medical students and young women to take her path. In her notes, she jotted down the motivational speech she often delivered to any aspiring scientists: "There may be those who try to deter you and discourage you along the way. But keep your eye on the goal. And in the words of Admiral Farragut, 'Damn the torpedoes, full speed ahead!'"[38]

hen Dr **Helen Rodríguez-Trías** (1929–2001) was a medical intern in San Juan, Puerto Rico, she witnessed the inequalities in women's health for herself. It was the 1950s and abortion was still two decades away from being legalized in the US. Thanks to Puerto Rico's relatively liberal law on terminations, those with money would head to abortion clinics in the US territory:

"I saw that anybody who could afford an abortion could get a perfectly fine one. It would be written up as an appendectomy… If a poor woman needed an abortion, she came to the University Hospital in the middle of the night and said she had fallen and was having a miscarriage."[39]

If a woman was extremely desperate, she could resort to self-inducing a miscarriage: a risky procedure that could lead to a fatal infection. On the ward at San Juan's University Hospital, where Rodríguez-Trías was training as a doctor, a mother of five passed away after attempting to perform her own abortion.

For Rodríguez-Trías, who wanted to go into medicine as it "combined the things I loved the most, science and people", this was unacceptable.[40] As a medical resident, she founded Puerto Rico's first health centre for the care of newborns, which led to a 50 per cent decrease in the infant mortality rate of children at University Hospital.

Rodríguez-Trías was born in New York City in 1929 and her family instilled in her a strong sense of Puerto Rican identity. After qualifying as a doctor in San Juan, she returned to New York and began working as the head of paediatrics at Lincoln Hospital, which predominantly served the poor working-class Puerto Rican community in the Bronx.

Unlike many of her non-Puerto Rican colleagues at the hospital, she understood how poverty and lack of opportunity in the Latino community contributed directly to poor health: "I try to emphasize the need to improve health conditions: Where we work, where we live, what our environment is like," she said. "All of these elements in life are determinants and definers of our health."[41]

In the 1970s, Rodríguez-Trías joined the American women's health movement and became a leading figure in the national campaign to end sterilization abuse. In the US and its territories abroad, poor and disadvantaged women of colour were often coerced or tricked by the government into agreeing to permanent sterilization. In Puerto Rico alone, a grotesque US policy on population control saw a third of women of childbearing age sterilized over a period of 30 years. Many of the women involved were told by doctors that sterilization was the only birth control option available. Back on US shores, the federal government frequently threatened to remove women's benefits if they failed to comply with the procedure. In the South, the involuntary sterilization of African-American women was so widespread that it was nicknamed the "Mississippi appendectomy"; in one horrifying case from Alabama, two black girls, aged 12 and 14, with learning disabilities went into a clinic for routine contraception and came out robbed of their ability to have children. Doctors told their mother that they were being given a contraceptive shot.

As Rodríguez-Trías began speaking out about sterilization abuse, more women and survivors started to object in voices of outrage and desperation. She remembered going on radio shows to raise awareness of the issue: "Someone would call in and say, 'Three years ago, I was told I had something wrong with my uterus and they took it out and I don't have any children and I'm only 22 years old and I don't know what's happening."[42] Her advice to women was, "Be informed, read all you can, talk to others, know your rights, and speak up."[43]

Rodríguez-Trías co-founded the Committee to End Sterilization Abuse and the Committee for Abortion Rights and Against Sterilization Abuse, and lobbied for stricter federal guidelines on the procedure. To stop the abuse of the past, she helped to create rules that specifically protected the rights of women patients, including a 30-day wait between the signing of consent and the actual operation, and a guarantee that counselling and forms would be provided in their language of choice.

"I think you have to have the heart to say, 'I care a lot about this issue'...That's the first thing: feeling committed. The second thing is to look around to see who else feels like you do and thinks like you do, or if there's something going on already that you can become part of."[44]

After she won the battle on sterilization rights, Rodríguez-Trías headed up the New York State AIDS Institute and the New York Women in AIDS Task Force in the 1980s, focused on making sure that even the most marginalized and poorest communities could access help at the height of the epidemic. She also became the first Latina woman to lead the American Public Health Association, the world's oldest group of public health professionals. In recognition of her decades of work in making healthcare available to all – regardless of race, gender or class – then-president Bill Clinton awarded her the Presidential Citizen's Medal in 2001.

nervous Dr **Elisabeth Kübler-Ross** (1926–2004) first began teaching medical students at the University of Colorado in Denver when she filled in for a professor whose lectures were enormously popular. Her teaching style was unconventional, to say the least. Instead of holding forth at the lectern or handing out assignments, Kübler-Ross invited a 16-year-old girl with terminal leukaemia to meet her class. "Ask her some questions," she told her students.

The would-be doctors tentatively quizzed the teen about her medical regime until she lost her temper. *Why wasn't anybody talking to her about how she was going to die?* she asked. The dying girl's outburst left the students in tears. "Why won't people tell you the truth?" she said accusingly.[45] She would die before ever getting the chance to grow up; why weren't any of her doctors talking to her about that? The dying girl's words moved the class to tears. "Now you're acting like human beings, instead of scientists," Kübler-Ross said approvingly.[46] The Swiss-born psychiatrist's deeply empathetic, person-centred approach to medicine would go on to revolutionize how we look at death.

Kübler-Ross was born in Switzerland as the first of triplets. She had an early encounter with death when a family friend, severely injured from a fall, invited his neighbours and associates to visit him on his deathbed. He asked them to take care of his wife and children after he died, showing no trace of fear in the face of death. "My last visit with him filled me with great pride and joy," she said later.[47]

Kübler-Ross was 12 when she told her parents that she wanted to be a doctor. After she left school, she volunteered in Europe as a relief worker and helped to treat Second World War refugees. At a Polish concentration camp, she found hundreds of butterflies etched into its walls: a symbol of hope amid inconceivable violence. This experience solidified her desire to become a psychiatrist and help people better understand death.

In 1958 Kübler-Ross moved to the US and began training as a psychiatrist in New York, where she was shocked by how doctors routinely treated dying patients. According to Kübler-Ross, medical staff "shunned and abused" those with terminal illnesses.[48] At the time, palliative care was in its infancy; many doctors refused to face up to the truth that their patients might be dying. Keenly aware that people approaching death needed specialized care, she began to create counselling programmes that would accord dying individuals the respect and health care that they deserved. She asked:

"What is it like to be dying?" Not from the nurse's point of view, nor from the doctor's, nor the family's, but from the patient's point of view: what is it like? Because, if we have some idea of what the answer might be, then we're going to be in a better position to help."[49]

When she was appointed as an assistant professor at the University of Chicago Medical School, she led a controversial series of seminars where terminally ill patients were interviewed about their thoughts and feelings about death. She hoped that the doctors watching would learn something about how to better treat their other patients. From these sessions, she developed the theory that would go down in history: the five stages of grief. In her book *On Death and Dying* (1969), Kübler-Ross proposed that people would travel through five phases before coming to terms with their forthcoming death: denial, anger, bargaining, depression and finally acceptance.

"Dying patients generally go through a series of stages," she wrote. "The stages don't always follow one another; they overlap sometimes and sometimes they go back and forth."[50] In a world where all talk of dying was frowned upon, the book became a bestseller, cementing Kübler-Ross's reputation as the leading expert on thanatology, the study of death. In her later work, she detailed how the five stages could also apply to bereavement and emotional trauma, such as after a devastating divorce.

Medical experts now question the accuracy of Kübler-Ross's theory, pointing out that her sessions and subsequent conclusions lacked scientific rigour. Later on in life, she also grew convinced of the existence of life beyond death after meeting a patient who had been through a near-death experience. Kubler-Ross dabbled with spirit guides and even began doing business with a man who claimed to be a spiritual healer. (He was later outed as a fraud and investigated over allegations of sexual misconduct.) These professional associations and her new-found eccentricity damaged her credibility, and she struggled to regain the respect of the medical profession.

Despite her late swerve into spiritualism, Kübler-Ross remained a tireless advocate for the rights of terminally ill patients and inspired the work of countless hospices. Her work gave a voice to the dying and dragged the taboo subject of death into the sunlight, forcing the medical establishment to improve the way it treated dying people and their families. Kübler-Ross never gave up on finding death's deepest and truest meaning. "For those who seek to understand it, death is a highly creative force," she said. "The highest spiritual values of life can originate from the thought and study of death."[51]

eta Hollingworth (1886–1939) spent her childhood on the wild and open plains of Nebraska, and often spoke of the benefits of growing up on a seemingly limitless frontier. "To grow up on their expanse means to 'see in long stretches,' to scorn boundaries, to go 'free' all one's life," she said. It was only when she left the prairie that she encountered the crushing and unjust gender norms of the modern century, and she would spend most of her life using science to prove these stereotypes wrong.

Born in 1886, Hollingworth was a precocious child who could sit up at 21 weeks of age and say "Mama" and "Papa" by the time she reached her seventh month. Her early childhood, as she put it, consisted of "Texas longhorns, Sioux Indians, blizzards, sod-houses and the one-room schoolhouse" where she received an excellent education.[52] After graduating from the University of Nebraska at the age of 19, she worked as a schoolteacher for two years before relocating to New York to marry an ex-classmate, Henry Hollingworth, who was working as a graduate assistant to a Columbia University professor. So far, so easy, but Leta received a rude shock when she realized that no public school in New York would hire a married woman as a teacher. Left cooped up at home and confined to the drudgery of housework, she soon felt the sting of resentment. Henry wrote sympathetically of her frustrations as a newlywed:

"Almost always she effectually stifled her own eager longing for intellectual activity like that of her husband…Day after day, and many long evenings, she led her solitary life in the meagerly furnished quarters, while he was away at regular duties… 'Staying at home eating a lone pork chop' was the way she sometimes facetiously described her experience in these days."[53]

At that time, however, women weren't just expected to stay at home; it was genuinely thought that it was all that they were capable of doing. Some of science's leading thinkers even claimed to have found empirical proof that the female intellect did not match up to that of the male. French social psychologist Gustave Le Bon declared in 1879 that "all psychologists who have studied the intelligence of women...recognize today that they represent the most inferior forms of human evolution and that they are closer to children and savages than to an adult, civilized man."[54]

If there was one thing Hollingworth loved, it was a challenge. After she and her husband had saved up enough money to send her to graduate school at Columbia, she decided to take on these supposed truths about female intelligence one by one, finding that the so-called variability hypothesis lay at their root. Men, the argument went, exhibited wider variability in all aspects than women and were equally capable of great intellect and immense stupidity. Women, however, were limited in their range of ability and this was why there were fewer of them hailed as geniuses or locked up in mental institutions and prisons.

Hollingworth challenged this orthodoxy step by step. In 1913 she worked as a clinical psychologist carrying out intelligence tests on individuals at the Clearing-House for Mental Defectives. Over the course of assessing some 1,000 people with learning difficulties, she found out that there were more young men than young women in the institution, but that the reverse was true among the older demographic. This had nothing to do with the intelligence of either sex, but occurred because such boys were identified as a burden on the family and sent away, while girls were retained in the home to serve as domestic help until they reached old age. In short, their social contexts had more to do with them ending up in the Clearing-House than their actual intellectual ability. This was a theme that Hollingworth would emphasize consistently in all her research:

"The lives of men and women are lived under conditions so different as to constitute practically different environments... We should expect to find adult males more variable than adult females, because the males are free to follow a great variety of trades, professions and industries, while women have been confined to the single

occupation of housekeeping...A woman of natural herculean strength does not wash dishes, cook meals, or rear children much more successfully than a woman of ordinary muscle. But a man of natural herculean strength is free to abandon carpentry or agriculture and become a prize fighter or a blacksmith."[55]

Another common belief about the ability of women was that their periods made them feeble in body and mind, and Hollingworth staked her doctoral dissertation on the premise that they didn't. Over three months, she administered tests on motor ability and mental faculty to a group of men and women, discovering that there was zero difference in performance at any point in any of their menstrual cycles. It was groundbreaking research such as this that led to Hollingworth's reputation as the "scientific pillar" of the women's rights movement: a reputation that, given her membership of the Women's Suffrage Party, she must have been delighted to receive.[56]

After gaining her doctorate, Hollingworth focused on the psychology of gifted children and how best to utilize and develop their talents, even founding her own school to put her theories into practice. Much of what we now take for granted regarding how to nurture intelligence in children is due to Hollingworth's work. At her Speyer School in Manhattan, creativity and independent study were paramount, and teachers guided children to design their own curriculum and investigate their chosen topics with as much freedom as they desired. For Hollingworth, it wasn't simply enough to be born smart: society had to nourish the minds of women and children, just as she had sought to enrich her own and, in the process, challenge the orthodoxy of those around her: "I was intellectually curious, I worked hard, was honest except for those benign chicaneries which are occasionally necessary when authority is stupid, disliked waste, and was never afraid to undertake an experiment or to change my mind. My family motto, translated from the Latin, reads "I love to test"."[57]

Elements & genetics

n surveying the history of scientific accomplishment, it's easy to feel irritated by the long list of people who showed promise early on in their lives: the wunderkinds who were already reading Sir Isaac Newton's work in the original Latin by age eight, or the geniuses who were creating experimental set-ups before they turned twelve. But if there's anything that **Nettie Stevens's** (1861–1912) story shows, it's that age has no bearing on achievement.

Stevens was born into a middle-class New England family in 1861, and counted herself fortunate to be able to attend school and graduate at 19 with a career in teaching ahead of her. But the life of a schoolteacher was never going to satisfy Stevens, though her obvious passion for her subject shone through in the classroom. "How could you think your questions would bother me?" she once told a nervous student. "They never will, so long as I keep my enthusiasm for biology; and that, I hope will be as long as I live."[1]

After spending most of the next two decades teaching, scrimping on her hard-earned wages to pursue further education and then returning to work to save some more, Stevens finally made it to Stanford University in 1896 as she turned 35. By the time she completed her doctorate in 1903 at Pennsylvania's Bryn Mawr College, 41-year-old Stevens's new career as a scientist was in full swing: she had published nine papers, been awarded a biology scholarship and was sponsored to travel abroad to study in Italy and Germany. One of her essays won a $1,000 top prize from an organization dedicated to promoting women in science.

Despite being a relatively small women's college, Bryn Mawr was home to a brilliant biology department undertaking cutting-edge research into chromosomes, the thread-like coil of DNA that carries our genetic information. Today we know that the X and Y chromosomes are what determine our sex. But back then people attributed this to everything from the temperature and the season (boys were thought more likely to be born during winter) to the mother's diet: better eating habits, it was proposed, resulted in females.[2] In 1900, however, Gregor Mendel's laws of inheritance had been rediscovered and the scientific world was abuzz with the idea that genetic traits – like the colour of seeds in Mendel's pea plant experiments – could be passed on through successive generations. Could sex, too, be an inherited trait? Stevens was determined to find out.

Her plans were almost scuppered when she ran out of money. Writing to the Carnegie Institution of Washington, she requested financial support so that she could experience the "freedom from [the] anxiety over the money question".[3] Her advisor and the head of the biology faculty at Bryn Mawr, Thomas H Morgan, urged the Institution to sponsor one of his most talented students. "Miss Stevens has not only the training but she has also the natural talent that is I believe much harder to find," he wrote. "She has an independent and original mind and does thoroughly whatever she undertakes. I fear to say more lest it may appear that I am overstating her case."[4]

Carnegie awarded Stevens the grant in 1904 and she plunged blissfully into full-time research. When she began investigating the tricky question of sex determination, she

set her sights small: on *Tenebrio molitor*, otherwise known as the common mealworm. When examining the female and male insect under a microscope, she realized that the female always had 20 large chromosomes, while the male always possessed 19 large chromosomes and a single small one: what we now know as X and Y chromosomes respectively. It stood to reason, Stevens argued, that the presence of the small chromosome in sperm was what determined male offspring. "This seems to be a clear case of sex determination," she wrote in *Studies in Spermatogenesis*.[5]

In a cruel twist of fate, Stevens was actually one of two scientists who had discovered the mystery of sex determination. In the same year, Edmund Beecher Wilson at Columbia University had arrived at similar conclusions, thanks to his work on *Hemiptera* bugs. Even though Stevens presented a more convincing argument and was more far sighted in grasping the extensive implications of her hypothesis, it is Wilson's name that is now more commonly associated with the discovery.

Stevens did not live to see her hypothesis confirmed or to witness how it revolutionized our understanding of biology and sex. Two years after she was ranked among the top 1,000 scientists in *American Men of Science*, a kind of Who's Who of the industry, she passed away. Bryn Mawr still holds on to her Carl Zeiss microscope, which is affectionately nicknamed "Nettie Maria" in her honour.

da Noddack (1869–1978) was never supposed to be a scientist. Her father had groomed her for a job in his small varnish factory on the Rhine and Ida had dutifully studied organic chemistry in preparation for the family business. Luckily, destiny had other plans for her and it would eventually lead to her discovering a new element, named after the river close to where she grew up.

In 1922, she met Walter Noddack and found in him a kindred spirit. The German chemist was three years older than Ida and was the director of the chemistry lab at the Physico-Technical Research Agency in Berlin at the time. Two years later, she left her job in the lab of an AEG turbine factory and joined Walter, adopting his quest to discover two unknown elements that remained in the periodic table: a chase that had eluded many scientists before them.

For most of the 19th century, scientists stumbled upon new elements more or less by accident. But in 1896, Russian chemist Dmitri Mendeleev published what later became the modern periodic table. By arranging the known elements of the time in increasing order of atomic mass, he found that he was able to group them into six columns. But there were also spaces in his table, which he theorized were the result of missing elements.

By Ida Noddack's time, there were only two left unclaimed: Elements 43 and 75, both in the manganese group. The race was on. "From spring 1923 on," Noddack remembered, "I spent ten months from early morning to late night in the Berlin State Library ploughing through almost 100 years of literature in inorganic chemistry."[6]

Scientists had previously scoured manganese ore for the elements, but their rigorous studies of the field led Ida and Walter to believe that the missing two would bear little resemblance to manganese. Instead, they looked at elements that were horizontal neighbours to the two mystery elements: metals like molybdenum and tungsten. Ida called on her factory connections to access cutting-edge X-ray spectroscopy equipment and analysed more than 400 enriched samples in search of Element 43 and 75.

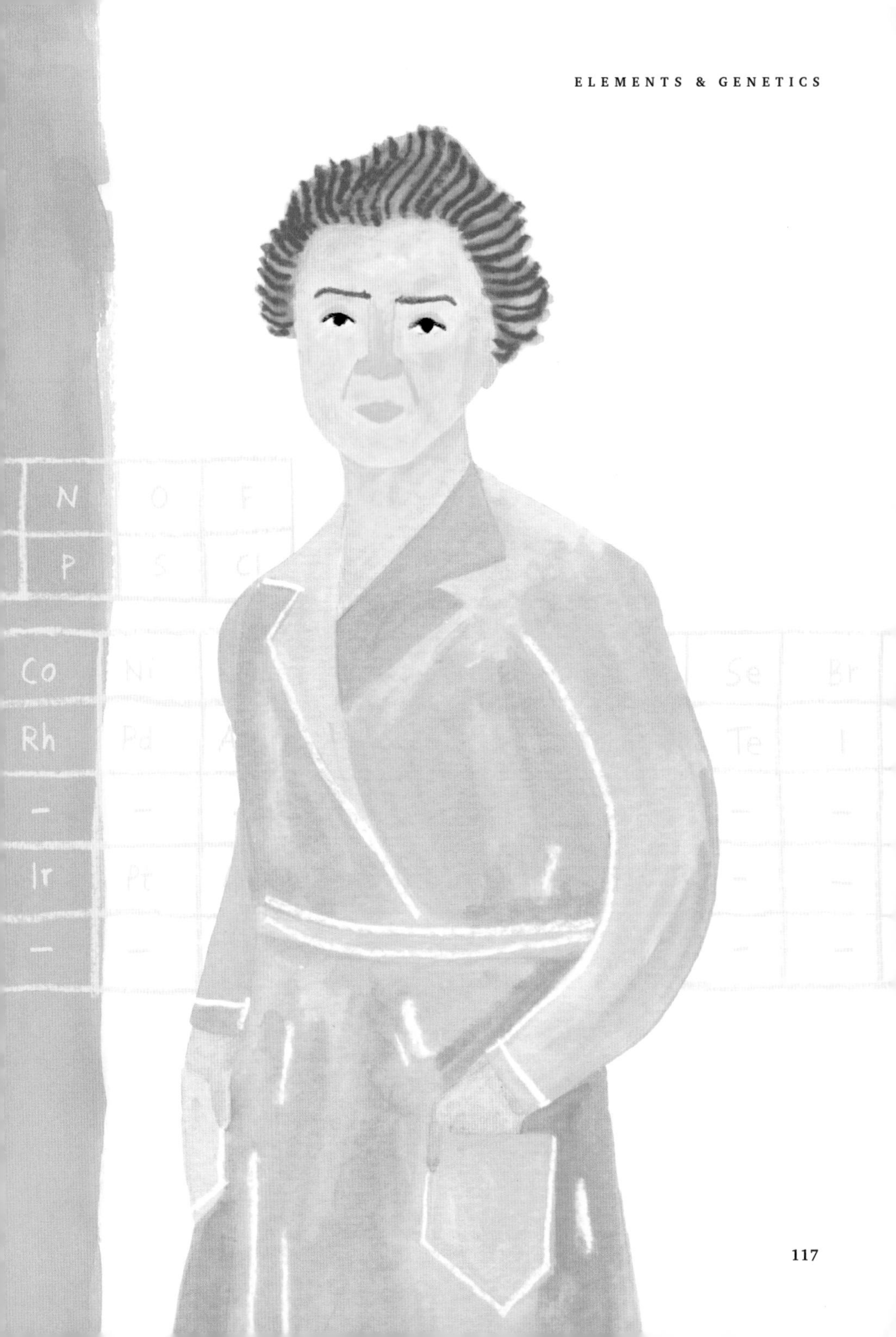
N
O
F
P
S
Cl
Co
Ni
Se
Br
Rh
Pd
Te
I
Ir
Pt

Finally, in June 1925, they hit the jackpot with a sample of a Norwegian columbite ore and the help of X-ray specialist Otto Berg. It was Element 75, one of the two missing elements. They named it rhenium after the Rhine, the European river that flows through the Swiss Alps, Germany and the Netherlands. It took them a year – and 660 kilos (104 stones) of ore – to extract a single gram (three-hundredths of an ounce) of the new element. Ida Noddack outlined the major discovery in an address to the Society of German Chemists – the first woman to do so – and became the third woman ever nominated for the Nobel Prize.

By rights, the discovery should have made Ida and Walter international sensations. However, they made the fatal error of trying to kill two birds with one stone. They also claimed that they had discovered Element 43, which they named masurium. But Ida and Walter failed to extract any masurium, and when other scientists tried to replicate their initial results, their attempts fell flat. Their chosen name for the element also proved controversial. It was ostensibly named after Masuria, Walter's birthplace in East Prussia (now northern Poland), but other scientists believed that the name masurium had overwhelmingly nationalistic overtones, harking back to a battle during the First World War in which Germany defeated Russia. (After the Second World War, Walter was exonerated of any involvement with National Socialism by a denazification court.) Either way, the disputed element tarnished Ida and Walter's reputation, and Element 43 was properly discovered in 1936 by researchers at the University of Palermo.

Ida married Walter in 1926 and ran straight into sexist employment legislation, designed to keep married women out of jobs. After the First World War, Germany had passed a law that forced women to resign from their jobs after they wed, lest they deprive a hard-up man of the position. As a result, Ida would spend the following decades dependent on her husband's connections and position to ensure access to equipment, labouring for most of her career as an unpaid researcher, a glorified assistant to her husband. But in fact, Ida and Walter's partnership was utterly collaborative, and Ida coined the term *Arbeitsgemeinschaft*, which translates as "work unit", to describe it.

But even though both partners saw each other as absolute scientific equals, the rest of the world didn't see it that way. In the 1930s, Noddack became interested in a newly emerging field: nuclear physics. Italian physicist Enrico Fermi claimed to have discovered Element 93, a new transuranium element, by bombarding uranium with neutrons. The periodic table was, of course, Noddack's speciality and she could see immediately where Fermi had gone wrong. "It is conceivable, that the bombardment of heavy nuclei by neutrons cause them to break up into larger fragments, which would be isotopes of known elements, but now close neighbours of the irradiated element," she concluded.[7] In other words, Fermi wasn't producing a new element; he was observing nuclear fission. She put the idea forth in a paper titled "On Element 93".

Noddack had no formal position or recognition at a scientific institution, and she was completely derided by leading scientists such as Otto Hahn, who were convinced of the existence of transuranium elements. Noddack said later:

"When in 1935 or 1936 my husband suggested to Hahn by word of mouth that he should make some reference, in his lectures and publications, to my criticism of Fermi's experiments, Hahn answered that he did not want to make me look ridiculous as my assumption of the bursting of the uranium nucleus into larger fragments was really absurd."[8]

In the end, it was two women who elucidated the theory of nuclear fission: Ida Noddack, who first glimpsed it in 1934, and Lise Meitner, who worked it out four years later (see page 132). When the discovery of nuclear fission was finally claimed by Hahn and Fritz Strassman (see page 135), Noddack wrote to a scientific journal to state that she had suggested that the nucleus of uranium had been split some years earlier. Both men refused to comment, leading the journal's editor to note regretfully: "Otto Hahn and Fritz Strassman informed us that they have neither the time nor the interest to answer the preceding note... They have their own opinion on the correctness of the views of Frau Ida Noddack and the way she expressed them to the peers."[9]

n 1962 James Watson and Francis Crick jointly received the Nobel Prize in Physiology or Medicine for the discovery of DNA with the help of one woman: **Rosalind Franklin** (1920– 1958), who had died four years earlier of cancer. It would be decades until the true extent of her role was discovered, thanks to Watson's negative comments about her in his autobiography, *The Double Helix* (1968).

The great scientist, who Watson dismissed as a "belligerent" bluestocking unable to "keep her emotions under control",[10] was born in London in 1920. "All her life," her mother later said, "Rosalind knew exactly where she was going, and at sixteen, she took science for her subject."[11] She studied at Newnham College, Cambridge, at the same time as Joan Clarke, who would go on to become a brilliant codebreaker at Bletchley Park (see page 160). Like Clarke, Franklin played her part in the war effort. By the time she turned 26, she had published five scientific papers from her work at the British Coal Utilisation Research Association (BCURA), where she undertook vital research that helped to improve the gas masks used by soldiers.

But it was at King's College in London where Franklin made one of her most significant contributions to science: the discovery of the unique double-helix shape of DNA. Two research teams were locked in a race to unveil the building blocks that make up all life on earth: one at Cambridge, consisting of Watson and Crick, and another at King's College. Thanks to her time previously working as a researcher under X-ray crystallographer Jacques Mering, at the Laboratoire Centrale des Services Chimiques de l'Etat in Paris, Franklin was an expert in X-ray crystallography, a scientific technique that uses X-rays to determine the structure of a crystal. One of her former colleagues described the photographs she produced from her work as "among the most beautiful of any substances ever taken".[12]

But while Franklin thrived in the egalitarian and collegiate atmosphere of French academia, the same was not true in staid, stuffy England. At King's, this was best exemplified by the fact that men and women had separate common rooms. (The women's, of course, was the shabbier of the two.) That didn't sit well with Franklin. Neither did the fact that the director of King's Medical Research Council (MRC), John Randall, had told her that she would be the sole researcher looking into DNA, without mentioning that Maurice Wilkins, a molecular biologist and physicist, would also be working on the problem.

The two were thrown together by an unfortunate omission on Randall's part and immediately wanted little to do with each other. Wilkins was reserved and timid, while Franklin was formidably direct. The general consensus at King's was that Franklin had become "too French".[13] But she was not interested in being popular in the lab; she was determined to get down to work. Assisted by a graduate student named Raymond Gosling, Franklin meticulously extracted individual DNA fibres from a sample for X-ray analysis. By toying with different levels of humidity in the lab, she realized that there wasn't just a single form of DNA: there were two. At 95 per cent humidity, the DNA sample stretched like a piece of warm toffee, resulting in a longer molecule that she and Gosling called the "B" form. "Either the structure is a big helix or a smaller helix consisting of several chains,"[14] she mused.

Was Franklin well on her way to cracking the double-helix structure of DNA? Perhaps. But she was an exacting and precise scientist; first she wanted to confirm that the helix proposal held true of DNA's drier and more crystalline form.

Unfortunately, her professional relationship with Wilkins derailed her plan. When Watson visited King's, Wilkins let slip Franklin's "B" form discovery in the middle of a diatribe about his recalcitrant colleague, and even pulled out a high-quality photograph of the pattern to prove his point.

"The instant I saw the picture my mouth fell open and my pulse began to race," Watson recounted in his memoirs.[15] Photograph 51, as the print was known, set Watson and Crick well ahead of Franklin on the path of discovery. Franklin also helped to nudge them along to another crucial breakthrough without even knowing it. Thanks to another MRC-funded scientist, an unpublished paper that Franklin had prepared for a government committee in summary of her DNA work ended up in the hands of the two Cambridge scientists. Watson was remarkably frank about it: "Rosy, of course, did not directly give us her data. For that matter, no one at King's realized they were in our hands."[16]

On 25 April 1953, Watson and Crick announced the double-helix discovery, just as Franklin was in the middle of a transfer to Birkbeck College, where she swapped the study of DNA for viruses such as polio. She never disputed Watson and Crick's DNA model and in fact enjoyed a good friendship with Crick and his wife, Odile. It wasn't until Watson's book that the full extent of Franklin's contribution to the discovery of DNA became clear and, for all his grumpiness about her, even Watson paid her a grudging respect for the uncompromising approach that had helped him and Crick on the way to a world-changing discovery. As he put it: "[It] reflected first-rate science, not the outpourings of a misguided feminist."[17]

hen **Rita Levi-Montalcini** (1909–2012) turned a hundred in 2009, she was still going to work every day at the European Brain Research Institute (EBRI) in Rome, which she had founded seven years prior. As a colleague commented to a journalist, Levi-Montalcini's boundless energy could only be due to one thing: her daily dose of nerve growth factor (NGF), which she administered in the form of eye drops.[18] Why wouldn't she? After all, she was the one who discovered it.

Born in 1909 into a Jewish family governed by Victorian morals, Levi-Montalcini overcame an incredible number of obstacles in pursuit of her scientific career. "It was a very patriarchal society, and I simply resented, from early childhood, that women were reared in such a way that everything was decided by the man," she told *Scientific American*.[19] But when her father decided that Rita and her two sisters would skip university to focus on homemaking, something in her rebelled.

"At 20, I realized that I could not possibly adjust to a feminine role as conceived by my father, and asked him permission to engage in a professional career," she said. Levi-Montalcini's father listened intently to her request and finally acceded. "In eight months I filled my gaps in Latin, Greek and mathematics, graduated from high school, and entered medical school in Turin."[20]

Her triumph in graduating with distinction from the University of Turin was short-lived. Two years after she decided to go into medical research, the fascist dictator Benito Mussolini passed anti-Semitic laws that expelled Jewish people from all academic and cultural institutions. Lesser scientists would have been scared off by Mussolini's threats of prison or execution, but Levi-Montalcini was undeterred. She set up a lab in her bedroom at her parents' house and began to research her chosen field of nerve development.

Levi-Montalcini had read a paper by Viktor Hamburger, a leading neurobiologist based in St Louis, Missouri, who was using chick embryos to work out how newly developing nerve tissue knew how to reach its final destination from its starting point in the spinal cord. She wanted to replicate Hamburger's experiments, and while she didn't have access to a lab or a university, Levi-Montalcini did possess boundless ingenuity.

She approached farmers and told them that she was looking for eggs for her children; she fashioned her own surgical equipment out of miniature tools, such as a watchmaker's tiny tweezers. She used these to surgically excise the budding limbs of the embryo to work out why nerve cells didn't proliferate in these areas of amputation as much as they did in others.

Levi-Montalcini proposed that it was because these nerves were actually dying off: some nutrient that would have ordinarily been produced by the limb wasn't able to do its job to encourage the differentiation of nerve cells. It wasn't long before her research brought her to the attention of the international scientific community, including Hamburger himself. After the Second World War came to an end, he invited her to join him for a few months at Washington University in St Louis to continue her embryo research. She ended up staying there for three decades.

When one of Hamburger's graduate students stitched a chick embryo to a mouse sarcoma tumour and found that embryonic nerves started growing uncontrollably, Levi-Montalcini began to suspect that the tumour and all those limb buds she had excised in Turin were both secreting the same factor. With the biochemist Stanley Cohen, she worked for years to identify and isolate the mysterious nerve-boosting nutrient, which they named nerve growth factor (NGF). She even smuggled two tumour-ridden mice in her handbag on a plane to Rio de Janeiro, where an old student ran one of the only labs in the world with the equipment to confirm her hypothesis.

Levi-Montalcini and Cohen were finally proven right in 1959, when they developed an antiserum that worked against NGF and effectively eradicated nerve growth when administered to newborn mice. They shared the Nobel Prize in 1986, and their discovery has been instrumental for the research and treatment of diseases such as Alzheimer's and cancer.

For Levi-Montalcini, the Nobel in Physiology or Medicine was a means to an end. She used it to speak up about the lack of women in science and fought for better recognition of the sciences in her native Italy. When she celebrated her hundredth birthday some 20 years later, she received the honour of being the oldest ever Nobel Prize winner. "I am not afraid of death – I am privileged to have been able to work for so long," she said. "If I die tomorrow or in a year, it is the same – it is the message you leave behind you that counts, and the young scientists who carry on your work."[21]

hen **Chien-Shiung Wu** (1912–1997) was a student at the prestigious Suzhou Girls' High School in the Chinese city of Suzhou, she encountered a biography of Marie Curie, the great chemist and physicist who became the first woman to win a Nobel Prize and the only woman to win it twice. Curie's achievements ignited a lifelong passion in a teenager who was already so devoted to science that she spent her free time teaching herself physics from textbooks borrowed from friends. But Wu probably never imagined that she would grow up to be a scientific pioneer just like her hero, or that her contributions would earn her the nickname "the Chinese Madame Curie".

Born in 1912 to two politically progressive parents, Wu came to symbolize their hopes for the future of the country. With the overthrow of the weak and corrupt Qing dynasty and the inauguration of the Republic of China, her parents saw an opportunity to challenge the long-held prejudice against women's education. They founded the Mingde School for Girls together, with Wu's father taking on the job of principal and her mother tasked with persuading families in the region to enrol their daughters. Wu was one of their first students, and she whizzed through the elementary grades on offer and left home at the age of 10 or 11 to continue her education at Suzhou Girls' High, some 50 miles away from her birthplace of Liuhe. Her grades in high school were so impressive that she was immediately offered a place at the National Central University in Nanjing, the usual entrance examination requirement having been waived.

By the time she graduated with top marks in 1934, her chosen subject of physics had become one of the liveliest and most exciting disciplines in the world: breakthroughs like Albert Einstein's theory of relativity had revolutionized the field and each year promised ever more astounding discoveries. But China had no graduate programme for aspiring physicists and she quickly realized that she would have to fly the nest to pursue her dream. In August 1936, she waved goodbye to her family and friends from the *President Hoover* ocean liner, bound for the distant shores of America.

It was the last time she saw her mother and father. After switching from the University of Michigan to the University of California, Berkeley, Wu immersed herself in her graduate degree, only to receive news a year in that Japan had invaded China. She didn't hear from her parents for eight years and the conflict between the two nations would later merge into the Second World War with the bombing of Pearl Harbor in 1941.

Wu was extremely worried about her family, but work provided a much-needed distraction. She carved out a reputation as a meticulous and dogged experimental physicist of the highest calibre. When future Nobel Prize winner Enrico Fermi had trouble with his experiments, he was told to call on Wu. Among physicists, the saying went: "If the experiment was done by Wu, it must be correct."[1] In his autobiography, her mentor Emilio Segrè recalled: "Wu's will power and devotion to work are reminiscent of Marie Curie, but she is more worldly, elegant, and witty."[2]

In 1944, Wu was invited to join the top-secret Manhattan Project under the auspices of her former professor, Robert Oppenheimer, to work on crucial problems including uranium enrichment and radiation detection at Columbia University. She was the only Chinese person to work in the war department and one of the only women among its senior researchers. In 1945, she saw the culmination of her efforts with the development of the atomic bomb. Though she later expressed regret over its use on Hiroshima and Nagasaki, the work that she did helped to usher the Second World War to a much earlier close and allowed her to finally receive word that her family was safe. She expressed the hope that the devastating bomb was a one-off: "Do you think that people are so stupid and self-destructive? No. I have confidence in humankind. I believe we will one day live together peacefully."[3]

When the war ended, Wu stayed on at Columbia University to teach and continue her research into beta decay, a radioactive process in which the nucleus of an atom emits beta particles, forcing the atom to change into a new element. Nobody actually knew how beta decay worked and Wu was on the cutting edge of this new science. Her expertise brought her to the attention of Tsung-Dao Lee and Chen-Ning Yang, two scientists who were investigating a law in physics known as the conservation of parity. It was believed that fundamental symmetry governed everything in nature, including the behaviour of atomic particles. But Lee and Yang theorized that parity might not exist with beta decay; they just needed someone to prove it.

Enter Wu. Using super-cooled radioactive cobalt, she devised a series of experiments that later proved this so-called fundamental law of science wrong. If the law of parity was true, the cobalt nuclei would break down and jettison the same number of electrons in symmetrical directions. After months of operating on only a few hours of sleep a night – she even cancelled a long-awaited return visit to China – Wu was able to prove that this wasn't the case. The explosive news landed Wu on the cover of the *New York Times*. "We learn one lesson," she later said, "never accept any 'self-evident' principle."[4]

Lee and Yang were later awarded the Nobel Prize in Physics in 1954, but Wu's efforts in proving their theory right went unacknowledged. "Although I did not do research just for the prize, it still hurts me a lot that my work was overlooked for certain reasons," she wrote to Jack Steinberger, a fellow physicist who steadfastly maintained that Wu should have shared in the Nobel triumph.[5] She was decorated with honours in every other way, including the National Medal of Science and the Wolf Prize in Physics (the latter is considered the second most prestigious award in the sciences, after the Nobel Prize). She even had an asteroid named after her in 1990. But as she told a biographer, the glory of scientific discovery was its own award. "These are moments of exaltation and ecstasy," she said of her findings about parity. "A glimpse of this wonder can be the reward of a lifetime."[6]

ne July morning in 1938, **Lise Meitner** (1878–1968) boarded the train that would take her out of Germany and into Holland. She had only ten marks in her pocket and carried two small suitcases that she had hastily packed. The only thing of value that she had was a diamond ring that her "colleague-brother"[7], the chemist Otto Hahn, had given her: it was his mother's heirloom, to be pawned or traded in case of emergency. Meitner was fleeing the Nazis.

"I have left Germany forever," the physicist mused in a letter to a friend.[8] Adolf Hitler's diabolical rise to power meant that Jewish people in Germany were in grave danger, and that also included Austrian Jews, even those who had converted to Protestantism, as Meitner had in 1908. At the Kaiser Wilhelm Institute for Chemistry, whispers were growing about the "Jewess" undertaking research into radioactivity.

When it looked increasingly likely that she might be dismissed from the Institute as part of a purge of German universities, she tentatively applied for permission to leave the country. It was rejected. According to the Ministry of the Interior, it was "undesirable that well-known Jews leave Germany to travel abroad where they appear to be representatives of German science".[9] Meitner knew then that she had to run. After her academic colleagues successfully smuggled her out over the border, she ended up in Stockholm, forced to start a new life at the age of 60.

It wasn't meant to be like this. Born into a middle-class Viennese family in 1878, Meitner grew up in the circle of writers, lawyers and intellectuals inhabited by her smart, upwardly mobile parents. At a time when most European universities were barred to women, she was one of only four girls who passed the Matura, an entrance examination for the University of Vienna. Still, the thought of further study was difficult to grasp: "I was very uneasy in my mind as to whether I would be able to become a scientist," she said later. "So I also took my teaching diploma and did my year's trial at a girls' high school, in order to keep these possibilities open."[10]

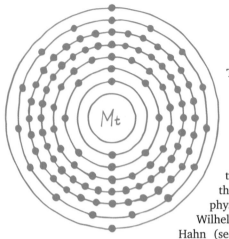

Thankfully, Meitner's aptitude for science was clear to everyone around her. Armed with a doctorate in physics – the discipline that "brought light and fullness into my life",[11] as she put it – she was able to travel to Berlin in 1907 to study under the renowned German theoretical physicist Max Planck at the Friedrich-Wilhelms-Universität, where she met Hahn (see page 119). She brought her intimate knowledge of physics to his chemistry know-how and they began researching the emerging field of radioactivity together, although Meitner had to work in the basement for a year before the university department allowed women into its labs. As the decades wore on, she was chosen to lead the physics department of the Kaiser Wilhelm Institute for Chemistry and grew closer to Hahn as a friend and colleague. The First World War interrupted their research when Hahn was called up for military service and Meitner volunteered as a nurse, but the two tried to take their periods of leave together so they could continue their work in Berlin.

This fruitful partnership would see its culmination in the discovery of nuclear fission, a scientific landmark that would lead to Hahn, but not Meitner, receiving the Nobel Prize in Chemistry in 1944.

By the time Meitner sought refuge in Sweden, she had spent years on an investigation into uranium, the heaviest naturally occurring element on earth. She persuaded Hahn to join her on the project and together they bombarded uranium with neutrons to see if they could artificially create even heavier elements. They were up against the clock; several leading physicists and chemists, including Irène and Frédéric Joliot-Curie, were trying to discover these so-called transuranium elements.

Unfortunately, the Nazi threat in Germany effectively put an end to Meitner and Hahn's lab partnership, though they began exchanging letters in an attempt to work on the uranium problem long distance.

As Meitner struggled to find her feet in Stockholm, Hahn continued working with German scientist Fritz Strassmann on Meitner's investigation, though the two chemists were somewhat hampered by their lack of physics experience.

In December 1938, Hahn wrote to her about a "frightful conclusion"[12] that he and Strassmann had encountered during their experiments: instead of creating even heavier elements, colliding neutrons with uranium had produced smaller ones. "Perhaps you can come up with some fantastic explanation," he pleaded, adding in another letter, "If there is anything you could propose that you could publish, then it would still in a way be work by the three of us!"[13]

During a bracing Christmas-time walk through the snow, Meitner and her visiting nephew and physicist Otto Robert Frisch teased out the theory of nuclear fission for the first time. What if, they mused, firing neutrons at the nucleus of uranium wasn't producing heavier elements, but rather it was splitting the atom into smaller parts and expending huge amounts of energy while doing it? Forget the transuranics: this was nuclear fission at work!

Though Strassmann would later describe Meitner as the "intellectual leader of our team",[14] Hahn claimed full credit for this discovery. As far as he was concerned, it was irrelevant that the uranium project was Meitner's idea to begin with and that she had helped him puzzle out the mysterious results in his lab. In 1944 Hahn was named the sole recipient of the Nobel Prize in Chemistry, though, as Meitner put it:

"Surely Hahn fully deserved the Nobel Prize for chemistry. There is really no doubt about it. But I believe that Otto Robert Frisch and I contributed something not insignificant to the clarification of the process of uranium fission – how it originates and that it produces so much energy and that was something very remote to Hahn."[15]

When the records of the Nobel Prize committee were unsealed in the 1990s, historians like Ruth Lewin Sime excavated the true extent to which Meitner had been overlooked in the Nobel judgment. In 1997 she was rewarded for her contributions to science with her own element: meitnerium, with a half-life of just a few seconds.

Leona Woods Marshall Libby (1919–1986) looks out of the black-and-white photograph from underneath a thick mop of dark hair, a slight grin on her lips. It was 2 December 1946. Libby and her colleagues had plenty to smile about: they were celebrating the fourth anniversary of their world-changing achievement. They were the people behind the world's first self-sustained nuclear fission reaction, led by the Italian physicist Enrico Fermi, and Libby was the only woman and the youngest member of the team.

The momentous day took place in secret, in the less than impressive surroundings of a squash court sunk beneath the stands of the University of Chicago's football field. The world's first nuclear reactor was tiny by modern-day standards; only 2.4 metres (8 feet) long and 3.4 metres (11 feet) tall, it was made from graphite bricks and timber, and powered by uranium. Chicago Pile-1 (or CP-1 for short) paved the way for the end of the Second World War and it couldn't have happened without Libby's help.

Born in 1919, Libby grew up in suburban Illinois and studied chemistry at the University of Chicago, specializing in molecular spectroscopy. Her expertise brought her to the attention of the Manhattan Project (see also page 130), which was competing with Nazi Germany to develop the first atomic bomb after the discovery of nuclear fission in 1938 (see page 135) cracked open the possibility of nuclear weapons. The Manhattan Project needed someone well versed in molecular behaviour to join the top-secret Chicago Metallurgical Laboratory to build detectors that tracked the nuclear reaction. Libby – a brilliant doctoral student – was the best person for the job. She was only 23.

When CP-1 went critical, it was Libby's instruments that determined that the experiment was a success, even if it created only about half a watt of energy, which is not enough to light up an average light bulb. The team marked the occasion with a small bottle of Chianti (Italian, just like their leader Fermi) decanted into paper cups. "[We] passed them around in the midst of that dingy, gray-black surrounding without any word whatsoever. No toast, nothing, and everyone had a few memorable sips,"[16] she recalled. One by one, they signed the label of the wine bottle to commemorate the day.

CP-1 was dismantled and rebuilt at a more remote location, while Libby continued to work on other nuclear piles. She was so committed that she was still working two days before she went into labour with her son, Peter, and promptly returned a week after his birth. (She kept the bump hidden underneath a pair of overalls and a blue denim jacket, and would arrive at the reactor just in time to vomit from morning sickness before beginning her day.)

Libby and her husband, John Marshall Jr, worked together to construct other nuclear reactors at Hanford in Washington State, which were crucial for producing the plutonium for bombs. Once again, she was one of the only women at the centre of the action. Women were such a rare sight in the production plant that Libby had to have a private toilet built for her on-site.

The Manhattan Project culminated in the creation of the first atomic bomb and its deployment on the Japanese cities of Hiroshima and Nagasaki. While other scientists who worked on the bomb, such as Chien-Shiung Wu (see page 128), expressed regret that their contributions to nuclear fission had led to the death of thousands of people, Libby was more pragmatic; the bombings, she maintained, were necessary for an immediate end to the Second World War. "I certainly do recall how I felt when the atomic bombs were used," she said later. "My brother-in-law was captain of the first minesweeper scheduled into Sasebo Harbor...It was pretty clear the war would continue [otherwise], with half a million of our fighting men dead, not to say how many Japanese."[17]

After the bombings of Hiroshima and Nagasaki, Japan surrendered to the Allies, ushering in the end of the war. Libby returned to the University of Chicago to work with Fermi at the Institute for Nuclear Studies. When her old mentor died in 1954, she took up fellowships at institutions such as New York University and the University of California, Los Angeles, and published more than 200 scientific papers, including the autobiographical book *The Uranium People* (1979), which documented the behind-the-scenes history of the atom bomb. She also became an outspoken advocate for nuclear power and never lost faith that the Manhattan Project changed the course of history for the better, even if it was at an enormous cost: "If the Germans had got [the bomb] before we did, I don't know what would have happened to the world," she said. "I have no regrets. I think we did right, and we couldn't have done it differently."[18]

he history of women in science doesn't just go back to tales of female scientists and philosophers such as Hypatia of Alexandria (see page 152); it also extends some 6,000 years back to ancient empires in Mesopotamia, the cradle of civilization. Many of these women's names have since been lost in time and all that remains of them are depictions of their likenesses in stone carvings. But one of the first women whose name we do know belongs to that of a Babylonian chemist: **Tapputi-Belatekallim** (c.1200 BC)

Archaeologists found a record of her work in clay cuneiform texts dating back to 1200 BC. In ancient Babylon, perfumes were not just cosmetic scents for beauty purposes: they were fragranced substances that were required for medicinal purposes and religious rituals alike. As a royal perfume-maker, Tapputi wasn't just the head of her own household (which is what "Belatekallim" means); she is spoken of as being an authority in her field and the official overseer of perfumery in the royal palace.

As any modern-day perfumer will tell you, the creation of perfumes – even for cosmetic reasons alone – doesn't just entail mixing up scents to see what smells nicest. It requires an intimate knowledge of chemistry and an understanding of technical processes such as extraction and sublimation. Tapputi wielded these skills well over a millennia ago.

We know little of Tapputi's background or personal life, but history has left us with one of her recipes: a fragrant salve for the Babylonian king. In this fascinating relic, Tapputi takes the reader through the step-by-step routine necessary to produce a royal ointment containing, water, flowers, oil and calamus, which may either refer to lemongrass or a reed-like plant that is still used in perfumes today. She describes the process of refining the ingredients in her 'still': a chemical apparatus for distilling and filtering liquids. Advanced versions of such equipment remain in use in labs today, but Tapputi's reference to a still is the oldest in human history. That makes her one of the earliest chemical engineers that we know of.

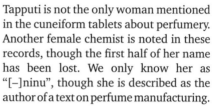

Tapputi is not the only woman mentioned in the cuneiform tablets about perfumery. Another female chemist is noted in these records, though the first half of her name has been lost. We only know her as "[–]ninu", though she is described as the author of a text on perfume manufacturing.

It's not surprising that women were so intimately involved with chemistry. The list of equipment used seems to be co-opted straight from a Babylonian kitchen or adapted and modified from everyday utensils and cookware. This appears to suggest that women were chemistry's earliest adopters and innovators, and that there is a lot less separating the art of cuisine from the science of chemistry than many people may think.

efore **Laura Bassi** (1711–1778) turned 21, the streets of her native Bologna, Italy, were awash with talk of the polymath who could speak flawless Latin and expound on Cartesian and Newtonian logic. She was duly summoned to present herself and argue her case before a council of curious intellectuals, including five University of Bologna academics and the future Pope Benedict XIV. They were so dazzled by her performance that they awarded the young woman with a doctorate in philosophy and appointed her as a university chair a few months afterward.

It was a pretty remarkable feat for a woman of her age. What was even more astounding was that it happened in 1732, exactly 213 years before women got the vote in Italy. The liberal city of Bologna had always prided itself on its intellectually progressive history and now it hailed Bassi as its most extraordinary daughter. A silver crown of laurels was placed on her head during her degree ceremony, and a bronze medal bearing her image and comparing her to Minerva, the goddess of wisdom, was stamped in her honour. The attendance list of her award ceremony and her inaugural lecture reads like a Who's Who of Bolognese society, including the archbishop of the city, government senators and noble dignitaries. "All the gentlemen of Bologna make a great display of this girl, and depict her everywhere as the miracle of our age," wrote the Italian scientist Giovanni Bianchi.[19]

Born to a lawyer and his sickly wife in 1711, Bassi demonstrated an early aptitude for Latin and sought refuge in her father's books. The Bassi family doctor was so taken with her obvious intelligence that he began teaching her philosophy free of charge. As the years passed, the young Laura could be found in fierce intellectual debate with visiting scholars in the privacy of the Bassi home.

When the University of Bologna awarded her the doctorate, she was only the second woman in history to gain a degree and subsequently Europe's first female professor in experimental physics (or, as she called it, "la nostra Fisica"[20]).

Word of her genius soon spread across Europe, with Voltaire sending her letters begging her to help him get into the Bolognese Academy of Sciences:

"I have been wishing to journey to Bologna in order to be able one day to tell my countrymen I have seen Signora Bassi... There is no Bassi in London, and I would be much happier to be added to your Academy of Bologna than to that of the English, even though it has produced a Newton."[21]

Of course, 18th-century Europe was still no haven for a woman scientist, no matter how well she could speak Latin or hold forth on Sir Isaac Newton's new and exciting theories of natural philosophy. Bassi was not allowed to lecture at the university as frequently as her male peers; the governing board asked her to give a lecture three times a year "by reason of sex".[22] Although her peers fêted her as the "new light of philosophy" and the "luminous mirror of Science",[23] she understandably felt compelled to strike out on her own.

After marrying her fellow professor Giuseppe Veratti – a man she once sweetly described in a letter as "a person who walks the same path of learning, and who, from long experience, I was certain would not dissuade me from it"[24] – she set about transforming their house on Via Barberia into a laboratory where she could conduct Newton-influenced experiments on electricity and light. In 1749 Bassi began a private school in her own home, where aspiring scientists could combine experimental study with a more traditional framework of natural philosophy. Its unique programme was unlike anything else on offer in Bologna and students from all over Europe soon came knocking on her door.

In a letter to a friend in 1755 she mused:

"It is six years since I began giving private physics classes in my house daily, for eight months of the year…I support these myself, paying for all the necessary equipment apart from that which my husband had made when he was lecturing in philosophy. The classes have gathered such momentum that they are now attended by people of considerable education, including foreigners, rather than by youths."[25]

Unfortunately, little remains of Bassi's scientific work: she did not publish many research papers, and there is scant documentation of her public lectures and private classes. But her greatest achievement could be seen in her influence on her students, many of whom went on to become physicists themselves. "In our time," she proclaimed, "experimental physics has become such a useful and necessary science".[26] A large part of this was down to Bassi herself.

orothy Hodgkin (1910–1994) was just 10 when her teacher showed her how to mix copper sulphate and alum. Over the next few days, she was hypnotized by the sight of glittering crystals forming in the solution. "I was captured for life by chemistry and by crystals," she later said.[27]

This basic science experiment is performed by thousands of schoolchildren every year, but few of them go on to become Nobel-Prize-winning scientists. When UNESCO designated 2014 as the International Year of Crystallography, few people outside the field of biochemistry understood what the term "crystallography" meant, or why it was important enough to merit its own centenary year. But X-ray crystallography has been responsible for some of the greatest scientific revelations of the 20th century, including the discovery of DNA in 1953, and nobody wielded this dark art better than Hodgkin.

Hodgkin was only a child when Max von Laue and father–son duo William and Lawrence Bragg consecutively won the Nobel Prize (in 1914 and 1915) for pioneering the scientific technique that would bring us one step closer to understanding the atomic structure of all matter on earth. These men had found that passing X-ray beams through a crystal created a distinctive pattern of spots on a photographic plate, enabling them to see that each crystal was made of a three-dimensional lattice of atoms. The discovery had dramatic implications: if scientists could induce a substance to crystallize, they could conceivably use X-ray crystallography to tease out the invisible arrangements of atoms that held it together.

Her father was determined that Dorothy – the eldest of three daughters – should receive the same education as a firstborn son, and she didn't let him down. At Somerville College, Oxford, she even spent her twenty-first birthday in the labs deep in study; when people begged her to put down her books and have some fun, her standard response was, "Don't you understand, I've got to know!"[28] She was introduced to X-ray crystallography for the first time at Somerville and travelled to Germany to study under renowned crystallographer Victor Goldschmidt, who was such a devotee of his subject that he had written "Crystallography is the Queen of the Sciences" on the walls of his lab.

By the time Somerville awarded Hodgkin a research fellowship in 1933, scientists were beginning to use X-ray crystallography to unravel the inner makings of biological molecules: a daunting and complex task. When she received a rare sample of crystallized insulin, she took a year to work out a recipe to make them large enough for photographic analysis. When she finally managed to take a picture of insulin after a late night in the lab, she wandered through Oxford in a joyful daze. Hodgkin published an article in *Nature* just a month before her twenty-fifth birthday.

X-ray crystallography wasn't as straightforward as just coaxing the growth of crystals and photographing them. For every picture, Hodgkin had to undertake huge amounts of calculations to work out if the diffraction pattern in the image matched up to her hypothesis of the molecule's atomic structure. Bigger molecules demanded even more arduous and time-consuming mathematical work, and Hodgkin was working long before the advent of the personal computer. It often took her years to disentangle complicated proteins and molecules; she spent more than three decades attempting to tease out the atomic structure of insulin alone.

Hodgkin was a well-loved professor at Oxford – former student Margaret Thatcher, who disagreed with her left-wing pacifist teacher on pretty much everything, nonetheless respected her so much that she apparently

kept a picture of Hodgkin at 10 Downing Street, London –
but her findings weren't always welcomed by the scientific
establishment. When she cracked the structure of penicillin
in 1945, a chemist named John Cornforth reportedly
declared, "If that's the formula of penicillin, I'll give up
chemistry and grow mushrooms."[29]

Hodgkin was right, of course, and while Cornforth didn't
leave science to farm mushrooms, her discovery did pave
the way for the creation of semi-synthetic penicillin, which
can be chemically modified for specific treatments and
forms the basis of many life saving antibiotics. To this
day, Hodgkin's breakthroughs continue to affect
the lives of millions of people around the world,
not least when she finally puzzled out the
structure of insulin in 1969, just one year short
of turning 60.

In 1964, Hodgkin was awarded the Nobel Prize for her
discoveries of the structure of penicillin and vitamin B12. At
the prize-giving ceremony in Stockholm, Hodgkin displayed
her characteristic humility and warm sense
of humour: "I should not like to leave
an impression that all structural
problems can be settled by X-ray
analysis or that all crystal structures
are easy to solve," she said in her
Nobel lecture. "I seem to
have spent much more of
my life not solving
structures   than
solving them."[30]

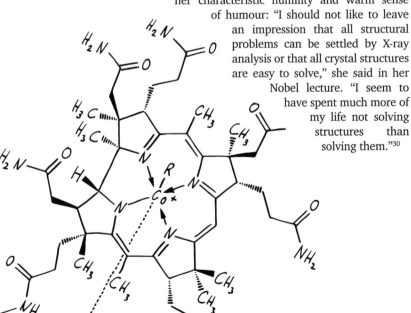

Mathematics

lexandria, the great Mediterranean city believed to have been founded by Alexander the Great around 331 BC, was home to between 300,000 and a million people of all faiths and backgrounds[1]: Christians, Jews and pagans lived and worked in its thriving ports, markets and temples. It was also the birthplace of one of antiquity's most extraordinary – and most tragic – philosophers and mathematicians.

Hypatia of Alexandria (c.AD 355) was born into the elite ranks of Alexandria's upper class; her father was Theon, a prominent public intellectual and the head of a school of philosophy. At the time, most upper-class women finished their schooling in their late teens, as soon as they married, but Hypatia must have demonstrated a knack for learning early on. Theon tutored her when she was a child and she quickly "far surpassed her teacher".[2] She soon graduated from private tuition to attending lessons at Theon's school and then moved on to teaching at the institution herself, eventually taking over her father's position.

Under Hypatia's lead, the school began to teach an inventive and sophisticated blend of mathematics and Platonic philosophy, attracting scholars from all corners of the Roman empire. She was adored by her students and respected by the people of Alexandria. In her traditional philosopher's cloak, she would hold forth on Plato and Aristotle in lectures that were open to the public, which was in sharp contrast to the exclusivity and closed halls of other schools. The *Suda*, a 10th-century dictionary and encyclopedia, notes that she was "both skilful and eloquent in words and prudent and civil in deeds", "loved and honoured… exceptionally" by all who encountered her.[3]

Hypatia was so devoted to academia that she is thought to have spurned marriage, preferring books and celibacy to married life. In accordance with philosophical principles, Hypatia and her students nurtured a strictly non-sexual love for each other, bound by intellect and love of the divine.

On one occasion, however, a student was struck with lust for Hypatia and confessed his love for her. When she failed to put him off, she showed the would-be philosopher a menstrual rag and declared: "It is this that you love, not something beautiful."[4] It was her way of reminding him of the baseness of the human body, far removed from the sanctity of the mind; sufficiently rebuked, the student turned away and forgot his lust.

But as Hypatia grew into an esteemed intellectual, her birthplace was also changing beyond recognition. The balance of power in the bustling metropolis was beginning to favour the Christian faith: traditional religious practices such as night sacrifices were banned, and pagan temples and shrines to the east were ransacked and destroyed. These religious divisions worsened in AD 385, when a young bishop named Theophilus became patriarch of the city and religious leader of its booming Christian population.

Theophilus openly mocked Alexandria's pagans; when an old shrine was discovered, he laughingly paraded its religious symbols through the city as a joke. As a full-blown riot broke out, a pagan mob seized Christian prisoners and retreated to the Serapeum, an enormous temple to the Greco-Egyptian god Serapis. Just as the emperor threatened a military siege, the pagan occupiers fled in panic, only to see a horde of Christians ransack their temple and pull down its statue.

The patriarch set Alexandria on a dangerous course with his actions, and his successor and nephew, Cyril, came to power with no reservations about threatening enemies of his faith with violence. Alexandria's governor, Orestes, desperately needed to find a mediator and wise counsellor who could defuse the tensions in the city. This duty fell to Hypatia – and would have devastating consequences.

In many ways, Hypatia was a perfect candidate for soothing the fraying tempers in the city. She was a pagan, but practised a form of philosophy that encouraged contemplation of the divine through intellectual activity, not via the traditional rituals preached by other philosophers. Her school of thought was neither pagan nor Christian; it trod a fine line between the two. In fact, her teachings drew many Christians to her school, who happily sat alongside their pagan brothers in classes.

As Hypatia and Orestes attempted to find a way to reconcile the warring communities, Cyril's supporters grew convinced that Hypatia had enchanted the governor and was engineering a plot against their leader. In the spring of AD 415, a group of Christians led by a church official named Peter approached her house, probably intending to intimidate her and drive her away from Orestes.

Instead, fate conspired to have the mob encounter Hypatia in public. Fuelled by rage and paranoia, they dragged her through the streets and stripped her naked; her body was hacked apart with broken tiles and her remains set alight. It was a gruesome end to one of antiquity's greatest philosophers and mathematicians, and an especially horrifying one for someone whose school embodied the tolerance and mutual respect that could exist between pagans and Christians.

Sadly, her untimely demise meant that she left behind no successor. The unique school founded by one of the greatest mathematicians in the Greco-Roman world was left in ruins.

f history were kinder to the fairer sex, Paris-born **Émilie du Châtelet** (1706–1749) would go down as one of the Enlightenment's most brilliant polymaths. Instead, she is more often remembered as one of Voltaire's lovers, and while the playwright, philosopher and writer is saluted as one of the 18th century's greatest minds, it is likely he would have been more than a little disappointed not to find Du Châtelet on the list with him.

The Marquise du Châtelet was a formidable author, scientist and mathematician: a true *femme savant*. But she was also no high-society female confined indoors; she conducted torrid love affairs, went to glamorous parties, collected Meissen porcelain and fanciful snuffboxes, dressed in fine ermine and marten-trimmed gowns,[5] and gambled with other aristocrats, shocking them with her impressive ability to carry out speedy mental calculations. (She used the profits to purchase scientific equipment and books.) To Voltaire's astonishment, she once divided a nine-figure number by nine other figures in her head. He shouldn't have been surprised; after all, this was the woman who had learned to speak six languages by the time she was twelve.

Du Châtelet's greatest achievement, however, lay in her translation of Sir Isaac Newton's *Principia* (1687), the revolutionary text that introduced the laws of motion and gravity to the world. Du Châtelet was born 19 years after Newton published his seminal work in Latin, but France was still in thrall to Cartesian science by the time she grew up and began her studies. She laboured harder than anyone to bring Newton's ideas to the public, producing the first French translation and commentary on *Principia* in 1759, which remains the standard text in the country today. It was no easy feat to translate Newton into French, but Du Châtelet excelled at the task, finding ways to express his complicated proofs in elegant, accessible language. In combining Anglo-Dutch research with the work of German mathematician Gottfried Leibniz, some believe that she also laid the foundations for Albert Einstein to come up with the equation $E=mc^2$ a century or so later.

Du Châtelet's accomplishments were all the more startling given the lack of opportunities for women of her rank. Her father was unusual in encouraging his child's interest in education and books, hiring tutors for his gifted daughter and disregarding her mother's suggestion of sending the unruly girl to a convent. He even helped to arrange a suitable marriage to the Marquis du Chastellet-Lomont, an older army officer who was, conveniently, often away for battle.

As an adult, Du Châtelet resourcefully sought some of France's best tutors and scholars to mentor her in mathematics, and wasn't averse to flouting convention in her quest for knowledge, too. On one occasion, Café Gradot, a Paris watering hole for men to gather for intellectual discussion, politely ejected her when she attempted to join one of her teachers. Undeterred, she simply had some men's clothing made and strolled back in drag.

At a time when most women were not expected to expend much energy on intellectual pursuits, Du Châtelet argued for all to receive the education that she herself had pursued so tenaciously. In the preface for her translation of Bernard Mandeville's *The Fable of the Bees* (1714), she wrote passionately:

"I confess that if I were king, I would conduct the following experiment…I would get women to participate in all the privileges of humanity, especially those of the mind. It's as though women were born only to flirt, so they are given nothing but that activity to exercise their minds. The new education I propose would do all of humanity a great deal of good. Women would be better off for it, and men would gain a new source of competition."[6]

When she and Voltaire fell in love, it was both romantic and intellectual. (Like a true Frenchman, Du Châtelet's husband was supremely unbothered by the affair, even when the pair of lovers moved to Cirey, a country estate that he owned in eastern France.)

At Cirey, both of them plunged into their work, transforming the house into a place of research. They stacked its shelves with more than 20,000 books and built a laboratory in its corridors. Du Châtelet was devoted to the pursuit of science; if she had trouble staying up all night to work, she would simply sink her hands into iced water to jolt herself awake.

Voltaire both admired and respected her ferocious intellect, explicitly acknowledging her contributions in the *Elements of the Philosophy of Newton*: she appears as a radiant muse in the frontispiece for the 1738 book, reflecting the light of Newton's discoveries onto Voltaire, who is depicted writing at his desk. Two years later, however, she had well surpassed the role; her book, *Institutions de Physique* (1740), was translated into German shortly after its publication and was later cited by philosopher Immanuel Kant.[7]

Voltaire and Du Châtelet lived together for 15 years, but when the relationship fizzled out, she took on a young poet as a lover at the age of 42. Du Châtelet, a master at dealing with difficult social as well as scientific proofs, was able to remain friends with her former lover. But her new love affair ended in unexpected pregnancy. She began fearing that she might not survive childbirth – few women of her age did – despite still slaving over her magnum opus, the translation of *Principia*.

Du Châtelet intensified her work on her book, finishing it at the end of August, but she was still at her writing desk even when she gave birth in September (Voltaire wrote that the baby daughter was temporarily laid on a geometry book). It seemed, at least for the moment, that her sense of foreboding was misplaced. But a week later, Du Châtelet suddenly passed away, and the child soon followed. Voltaire, on the other hand, lived to 83 and secured his reputation as one of the Enlightenment's most famous minds.

As for Du Châtelet, she is only now shaking off her reputation as Voltaire's favourite mistress. It's lucky that she has Newton – and the law of gravity – on her side.

ntil the 1970s, most people thought that Bletchley Park was just a run-of-the-mill stately home in suburban Buckinghamshire, UK. But when former MI6 officer F W Winterbotham wrote an explosive tell-all titled *The Ultra Secret* (1974), the code-breaking operation stationed at this unassuming country estate was exposed. During the tail end of the Second World War, thousands of people were stationed at Bletchley and tasked with cracking the secret communications of the Axis powers.

Essayist and scholar George Steiner once described Bletchley as "the single greatest achievement of Britain during 1939–45, perhaps during the [20th] century as a whole."[8] It is even believed that the efforts of those at Bletchley shortened the war by two years. What everyone forgets, however, is that the majority of people at Bletchley were women.

Today, Bletchley Park is better remembered as the home of the computing genius Alan Turing, and films like *The Imitation Game* (2014) imply that the war on German intelligence was won mainly by a small circle of gifted male mathematicians. In truth, there were some 9,000 people working at Bletchley by the end of the war and three-quarters of them were women. Over a period of four years, the code-breakers toiled away in cramped wooden huts to mine enemy communications for anything that might give Britain the advantage over its enemies.

These dedicated women have come to be known as **The Bletchleyettes**; back then, they were simply known to the male employees as "the girls". They were mostly young and educated women recruited from schools, universities, department stores and banks to assist in the war effort. Some were only 15 years old, having lied about their age during the enlistment process. Several had degrees in mathematics or foreign languages such as German and Japanese; others had been pulled from secretarial colleges.

In nearby hostels and rooms rented in local homes, upper-class debutantes shared sleeping quarters with East End girls and were bused into "Station X" every day. All of them had signed the Official Secrets Act and were sworn to lifelong secrecy; as former decoder Rozanne Colchester put it: "You were told that if you talked about it, you could be shot. It was all terribly exciting."[9]

The Park's leading team of female code-breakers, known as Dilly's Girls, was assembled at the request of Dillwyn "Dilly" Knox, an eccentric academic whose motto was "nothing is impossible". "He was sat by the window wreathed in smoke," recalls Mavis Lever of her first encounter with him. "He said: 'Hello. Have you got a pencil? We're breaking machines.'"[10]

Lever would go on to crack a message link between Belgrade and Berlin, a breakthrough that would later pave the way to unlock the communications of the German secret service. The mathematician Margaret Rock also joined Lever's team; together, the two women formed an indomitable pair and served as an inspiration to the other women in the team. Dilly once boasted about his all-star group: "Give me a Rock and a Lever and I can move the universe."[11]

Dilly's Girls went on to hand the Royal Navy one of its greatest victories in the war, when Lever cracked an Italian Navy message that simply read: "Today's the day minus three." They worked through three complete days and nights, pausing only to take short naps and grab quick bites of food.

Thanks to their work, the British fleet was able to surprise the enemy off the Greek coast, sinking three Italian heavy cruisers and two destroyers.

As victory dawned in the Mediterranean, a British admiral sent a grateful message to Bletchley Park: "Tell Dilly, we have won a great victory...and it's all thanks to him and his girls."[12]

Rock and Lever were not the only women to excel at Bletchley Park. Joan Clarke was assigned to Turing's team after being recruited by her Cambridge professor, becoming one of the first senior female cryptanalysts at the Park. There was little to no protocol for a woman to ascend to this rank. Instead, Clarke was classed as a linguist and the mathematics graduate took extra glee in marking "grade: linguist, languages: none" on official forms.[13]

Despite their best efforts, the women struggled to get the same pay and opportunities as their male peers. The men in Clarke's hut, for instance, were still on a higher salary even after she was promoted to deputy head. This inequality applied to all the women who made up the ranks of clerks, bomb operators and other technical jobs that received and transmitted the secret communications that oiled the British war machine.

As soon as the war ended, the women were ejected into regular society and expected to go back to being housewives. "We all heard stories of the young mothers with good brains who suddenly found they had a husband at work all day and two small children at home and went nearly batty with frustration," one female code-breaker explained. "It was a quite severe social problem after the war."[14]

In 2009 the Government Communications Headquarters (GCHQ) finally recognized the contributions of the Bletchleyettes by awarding female veterans with gold 'We Also Served' badges. A remote station listener named Betty Gilbert recently went to Bletchley to receive her salutation and award. "I always said, 'All I want is a thank you for what I did,'" she commented. "They couldn't have done it without us, and finally I've got that thank you!"[15]

n 1916 the German-born physicist Albert Einstein published his groundbreaking paper on the general theory of relativity. At the University of Göttingen in Germany, a 34-year-old mathematician by the name of **Emmy Noether** (1882–1935) read Einstein's work with great interest and began to apply her prodigious mind to the wider complexities of his theory. Einstein was impressed by the results: "It would not have done the Old Guard at Göttingen any harm had they picked up a thing or two from her," he wrote. "She certainly knows what she is doing."[16]

Emmy's resulting theory is known as Noether's theorem. It is now taught on university campuses all over the world, and some scientists believe it to be just as important as the theory of relativity. Noether herself has been described by *New York Times* as the "mighty mathematician you've never heard of". Through published work and lectures well-attended by eager students, she essentially created abstract algebra: a relatively young field of study that uses algebraic structures, such as groups, vector spaces and rings, rather than numbers.

You might think this would be enough to transform Noether into the mathematics equivalent of a celebrity. Despite her groundbreaking work and the love and respect of her immediate colleagues, Noether was 41 by the time the university administrators finally awarded her with the official title of *nicht beamteter ausserordentlicher* professor; essentially, she was the equivalent of a lowly tenured research assistant. The post was also unpaid.

One Göttingen co-worker tried in vain to fight her corner. "I was ashamed to occupy such a preferred position beside her whom I knew to be my superior as a mathematician in many respects," the mathematician Hermann Weyl once said. "Tradition, prejudice, external considerations weighted the balance against her scientific merits and scientific greatness, by that time denied by no one."[17]

To her credit, Noether was already a trailblazer in university education by the time she arrived at Göttingen. As the oldest daughter in a middle-class Jewish family residing in Erlangen, a town in southern Germany, Noether had qualified as a language teacher in 1900 when she heard that women were finally allowed to go to lectures at the local university, though they could not matriculate. Just two years previously, the Academic Senate at Erlangen had pronounced that letting women on campus would "overthrow all academic order",[18] but Noether was undeterred. Once women were allowed to sit examinations alongside men, she went on to receive a doctorate at Erlangen and began teaching and supervising students.

By the time leading mathematician David Hilbert invited Noether to join his team at Göttingen, she had been toiling away in Erlangen unpaid for seven years. But the university refused Hilbert's request for Noether to be employed as a junior professor, citing her gender. "I don't see why the sex of the candidate is relevant," Hilbert famously retorted. "This is after all an academic institution, not a bath house."[19] The institution refused to budge. Throughout her 18-year teaching career at Göttingen, Noether was never officially paid as a professor, though Hilbert scraped together a small stipend for her to lecture on algebra.

If Noether was disheartened by this, she never let it show. After all, she was doing some of the most important and revolutionary work of her life at Göttingen.

With her theorem, she uncovered the hidden relationship between symmetry and conservation, discovering that when an object or system in nature possesses symmetry – that is, the ability to look and behave as before even after undergoing change – there is also a corresponding law of conservation, such as the conservation of energy. Noether's theorem would go on to revolutionize science; it is now woven into our understanding of everything from the orbit of the planets to our search for the Higgs boson.

In 1933 Adolf Hitler was appointed Chancellor of Germany and ordered that all Jewish civil servants – including professors and teachers – had to be dismissed, unless they had served in the First World War. Noether, who once snickered when students turned up to lectures in Brownshirts, realized that Germany was quickly turning against the Jewish community. As a Jewish pacifist who had visited Moscow to meet Soviet mathematicians, she was right in the firing line.

Turned out of her own university, Noether fled the Nazis and gained employment at Bryn Mawr College in the US as a visiting professor. But she found brief respite on American shores and died less than two years after her arrival. In a letter to the *New York Times*, Einstein wrote of his dismay and sadness: "In the judgment of the most competent living mathematicians, Fräulein Noether was the most significant creative mathematical genius thus far produced since the higher education of women began."[20]

S **ofia Kovalevskaya** (1850–1891) was introduced to numbers through a complete act of fate. As a child, she was far more enamoured with literature: "By the time I was twelve," she wrote in her memoirs, "I was unshakeably convinced that I was going to become a poet."[21] One day, her family accidentally ordered too little wallpaper for her childhood nursery and her father decided to paper over a bare wall with scrap paper from their attic, including his old lecture notes on differential and integral calculus.

Kovalevskaya was entranced by the wall. She would stand for hours in front of its mysterious symbols, trying to interpret their meaning. "Indeed, their very text left a deep trace in my brain, although they were incomprehensible to me while I was reading them."[22] Though her father abhorred "learned women" and shooed children away from the family library, Kovalevskaya was lucky enough to have an uncle who adored his bright and inquisitive niece. He mentioned mathematical concepts to her such as "squaring the circle…[and] many other things which were quite unintelligible to me and yet seemed mysterious and at the same time deeply attractive."[23]

When a neighbouring professor gave the family his textbook on elementary physics, Kovalevskaya threw herself into trying to understand it. But she was hindered by the dense trigonometric language, which she had never encountered before: what was a sine? Kovalevskaya eventually arrived at an answer herself through trial and error, which she explained to the astounded professor on his next visit. At 13, Kovalevskaya had independently figured out the meaning of a sine in exactly the same way that trained mathematicians had in the past.

SOFIA KOVALEVSKAYA

Thanks to the professor's protestations at her wasted genius, Kovalevskaya's father reluctantly arranged for her to take private lessons in mathematics. But when it came to further education, 19th-century Russia did not welcome intelligent young women, including those who belonged to the landed gentry. Even travelling abroad was forbidden unless a woman was accompanied by a male chaperone.

Sofia was able to circumvent the ban with a bogus marriage to Vladimir Kovalevskaya, a women's rights advocate who believed that women should have access to education. Thanks to her fake nuptials, she was able to leave for Germany in 1869 to pursue mathematics. At the University of Heidelberg, Kovalevskaya's professors were enraptured by her brilliance. As one classmate remembered, "talk of the amazing Russian woman spread through the little town, so that people would often stop in the street to stare at her."[24]

European universities, however, were still as stuck in the past as Russian society. Kovalevskaya could go to lectures at Heidelberg only in an unofficial capacity; the University of Berlin, where she was desperate to study under the great Karl Weierstrass, didn't allow women to enter the lecture hall at all. Fortunately, Weierstrass was so impressed with Kovalevskaya's ability that he agreed to take her on as a private student. Under his tutelage, she produced three doctoral dissertations and, with some arm-twisting on Weierstrass's part, she was able to present them at the University of Göttingen, which had awarded degrees to women and foreigners in the past. In the summer of 1874, Kovalevskaya became the first woman in Europe with a Ph.D in mathematics based solely on the strength of her three pieces of work, all without attending a single class at Göttingen.

For the next six years, however, Kovalevskaya's intelligence would be rerouted into family life as her marriage of convenience blossomed into a real romance. But she was never cut out for "the soft slime of bourgeois existence,"[25] as she put it. Her marriage to Kovalevsky collapsed and she finally gained a teaching position at a more welcoming university in 1883. Even so, as an assistant professor at the University of Stockholm, she drew no staff salary except for private fees paid by students. Six months after her first lecture, however, the university was impressed enough to appoint her as a full professor of mathematics.

Her talent finally recognized, Kovalevskaya plunged into intellectual life and promptly pursued one of mathematics' greatest challenges.

The French Academy of Sciences offered 3,000 francs to anyone who could make a significant contribution toward explaining the "rotation of a solid body around a fixed point",[26] a problem in mechanical physics that had dogged academics for so long that it was known as "the mathematical mermaid".[27] With great fanfare, Kovalevskaya's work was selected out of 15 anonymous entries as the winner. It was judged so outstanding that her cash prize was increased to 5,000 francs.

In a move that would have delighted her 12-year-old self, Kovalevskaya also began to dabble in writing, including a play, journalistic articles, an acclaimed fiction book and even her own childhood memoirs. "You are surprised at my working simultaneously in literature and in mathematics," she wrote in a letter to a friend. "It seems to me that the poet must see what others do not see, must see more deeply than other people. And the mathematician must do the same."[28]

Kovalevskaya had finally found a way to reconcile her childhood dream of letters with her adult passion of numbers. But in 1891, she caught pneumonia – a death sentence in a world before antibiotics. She died six days after her diagnosis. If she hadn't passed away at the age of 41, who knows how she would have gone on to reshape her discipline? As she put it herself: "Mathematics has always seemed to me a science which opens up completely new horizons."[29]

ophie Germain (1776–1831) was only 13 when the French Revolution quite literally began in her Parisian neighbourhood. Violent riots against Louis XVI engulfed the streets seconds away from her family home on rue Saint-Denis, and she lived only 500 metres (550 yards) away from La Conciergerie, where Marie Antoinette was locked up shortly before her execution in 1793, when Germain was 17 years old.

Germain's parents were relatively well off and did their best to protect their children from the anarchy happening beyond the walls of their house. As the Reign of Terror raged outside, Germain retreated to the family library, where she read a book on the history of mathematics that laid out the grisly killing of Archimedes at the Siege of Syracuse. She was spellbound by the story of the Greek mathematician so wrapped up in a geometry problem that he failed to notice the murderous Roman soldier in his room; it made her determined to study the discipline for which Archimedes had sacrificed his life.

Much to the consternation of her family, she began studying every book on mathematics in the library. This was behaviour most unbecoming of both her age and gender. Her parents tried to discourage it by removing her warm clothes and all sources of heat and light from her bedroom, reasoning that this would stop her from staying up and reading through the night.

But they had underestimated just how starved their daughter was of intellectual stimulation. Once everyone in the house had gone to bed, Germain would wrap bedsheets around herself and begin her studies by candlelight. In the mornings, she was found fast sleep over a desk of calculations, her ink frozen in its well. Her parents eventually yielded and allowed her to do as she wished.

This victory wasn't as straightforward as it seemed. To lay her hands on actual academic material, Germain had to become a master of subterfuge. Though women were not admitted to the newly established École Polytechnique in Paris, she managed to obtain the lecture notes and began corresponding with a professor named Joseph-Louis Lagrange under the pretence that she was a male student named Monsieur Le Blanc. At some point, however, the ruse was discovered and Germain became an academic sensation; scholars including Lagrange attempted to assist in her learning, passing her papers and notes. Crucially, however, none of them were able to get her into any schools of higher learning where she might receive what she sought most: a professional scientific education.

Instead, Germain contented herself with writing letters to various experts and intellectuals, including the German mathematician Carl Friedrich Gauss. Fearing "the ridicule associated with being a female scholar",[30] she again resorted to her old pen name of Le Blanc and struck up a correspondence with Gauss, who was widely believed to be the greatest mathematician since antiquity. In her letters she made bold inroads in proving Fermat's Last Theorem and unknowingly became the first woman to attempt to tackle the famously sticky proof.

$$N^2 \left(\frac{\partial^4 z}{\partial x^4} + \frac{\partial^4 z}{\partial x^2 \partial y^2} + \frac{\partial^4 z}{\partial y^4} \right) + \frac{\partial^2 z}{\partial t^2} = 0$$

"Unfortunately," she wrote to Gauss, "the depth of my intellect does not equal the voracity of my appetite, and I feel a kind of temerity in troubling a man of genius when I have no other claim to his attention than an admiration necessarily shared by all his readers."[31]

Gauss was delighted by the letters and began swapping work with his young admirer, encouraging and offering critical feedback to "Monsieur Le Blanc". When Germain's true identity was rumbled, her older mentor was astonished: "The scientific notes with which your letters are so richly filled have given me a thousand pleasures. I have studied them with attention, and I admire the ease with which you penetrate all branches of arithmetic, and the wisdom with which you generalize and perfect."[32]

When Germain was 33, Napoléon Bonaparte became fascinated by a discovery made by physicist Ernst Chladni, who found that sand on a glass plate would vibrate and collect in strange geometric formations when a bow was rubbed against the glass. He ordered that the French Academy of Sciences should award a one-kilogram (approximately one-and-a-quarter-pound) gold medal to anyone who could explain the mysterious phenomena.

Never one to back down from a challenge, Germain became the competition's first and only entrant, but her equation was off. When the competition was extended, she made a second attempt – again as the only entrant – and received an honourable mention. A third go won her the prize and the admiration of her scientific colleagues.

She was finally allowed into lectures at the École Polytechnique and became the first unmarried woman to attend sessions at the Academy of Sciences. Her work on the vibration of surfaces is used today in to build skyscrapers and in the field of acoustics. In the words of her mentor Gauss: "A woman because of her sex and our prejudices encounters infinitely more obstacles than a man in familiarizing herself with complicated problems. Yet when she overcomes these barriers and penetrates that which is most hidden, she undoubtedly possesses the most noble courage, extraordinary talent and superior genius."[33]

$$N^2 \left(\frac{\partial^4 z}{\partial x^4} + \frac{\partial^4 z}{\partial x^2 \partial y^2} + \frac{\partial^4 z}{\partial y^4} \right) + \frac{\partial^2 z}{\partial t^2} = 0$$

Technology & Inventions

ny good scientist knows that you're only as good as your tools, but few people are aware that some of the world's earliest lab apparatus was invented in the 2nd or 3rd century AD by a woman. In her day, **Maria the Jewess** (c.AD 2nd–3rd century), also known as Maria the Prophetess or Maria Prophetissa), was revered as one of the great alchemists of the ancient world.

She is believed to have published major works of alchemy – making her history's first female Jewish author – including one called *Maria Practica*, though little remains of her writing and research. What we do know of her comes from second-hand accounts of admiring followers such as Zosimus of Panopolis, the 4th-century Egyptian alchemist who quoted her work extensively in his writings and nicknamed her "the Divine Maria".

Before chemistry became better associated with white lab coats and precision-engineered equipment, it existed in the murky world of alchemy. Here, the study of elements had as much to do with magic and spirituality as it did with science. As Maria noted: "Just as man is composed of four elements, likewise is copper; and just as a man results [from the association of] liquids, of solids, and of the spirit, so does copper."[1] Alchemists like Maria saw God in the transmutation of chemicals; in their search for the Philosopher's Stone – the mysterious substance able to transform base metals into gold – a quest for divinity. Maria is said to have been one of four women capable of conjuring the legendary Stone, which was also rumoured to bestow immortality. According to Zosimus, she was the first alchemist to prepare copper and sulphur to create the raw material required for gold.

Maria saw religion as instrumental to her journey to discover what alchemists referred to as the "Great Work".

Jews, after all, were seen as God's chosen people and Maria believed that only they could hope to understand the innermost secrets of alchemy. She warned gentile alchemists not to touch the Philosopher's Stone with their bare hands: "If you are not of our race, you cannot touch it, for the Art is special, not common."[2] She must have guarded its mysteries closely, for the obsession to discover the Philosopher's Stone consumed alchemists up until the 17th century.

But Maria's work does live on in scientific instruments that people continue to use today: if you've ever used a double boiler in the kitchen, you can already count yourself familiar with one of her greatest inventions. In fact, the alternative name for a double boiler should provide a clue: the bain-marie, which derives its name from the Latin *balneum Mariae*, or "Mary's bath". Maria is thought to have devised this water bath, which allows a substance in an inner vessel to be slowly and evenly heated by steam arising from water boiling in an outer vessel.

Along with the Babylonian female chemist Tapputi (see page 140), Maria was one of the first people to describe the use of a still: a three-pronged apparatus that enables the distillation of substances by means of evaporation and condensation. She was constantly seeking to improve her lab equipment, concocting ovens and stills from various materials, refining and caulking them with everything from clay to wax. Her *tribikos* – an alchemical still with three separate copper spouts – allowed vaporized chemicals to condense and drip down these ports and on to plates of different metals, so that Maria could note their reaction to the original chemical. The observations she made about the equipment still hold up today. She explained her preference for glass vessels because they "see without touching" and allowed her to handle substances without contamination, as well as otherwise dangerous ingredients such as mercury.

Maria's work was cited by alchemists into the Middle Ages. After her death, the legends around her grew so convoluted and epic that at one point there were various competing reports that she was Moses' sister Miriam; that she had received a vision of Christ on a mountain; that she was the daughter of an Arabic king; and that she carried the baby Jesus on her own shoulder. In recent times, she languished in obscurity until she was rediscovered by the cultural anthropologist and Jewish scholar Raphael Patai, who said that she "deserves to be styled the founding mother of Western alchemy".[3]

Today, the quest for the Philosopher's Stone has long passed into the realm of apocryphal myth and children's fantasy, but Maria's great inventions are still used in households around the world every day. The next time you reach for the double boiler in your kitchen, remember that you're using a piece of equipment made by a woman whose fantastical exploits were nearly lost to the world.

ary Beatrice Davidson Kenner (1912–2006) always had trouble sleeping when she was growing up in Charlotte, North Carolina. Her mother would leave for work in the morning through the squeaky door at the back of their house and the noise would wake Kenner up. "So I said one day, 'Mom, don't you think someone could invent a self-oiling door hinge?'"[4] She was only six at the time, but she set about the task with all the seriousness of a born inventor. "I [hurt] my hands trying to make something that, in my mind, would be good for the door," she said. "After that I dropped it, but never forgot it."[5]

You could say that skill and ingenuity was in Kenner's blood. Her maternal grandfather had invented a tricolour light signal to guide trains, and her sister, Mildred Davidson Austin Smith, grew up to patent her own family board game and sell it commercially. Her preacher father, Sidney Nathaniel Davidson, even made a go of transforming the family hobby into a full-time career. Around 1914, Sidney patented a clothes presser that would fit in a suitcase and press trousers while a traveller was en route to his destination, but he turned down a New York company's $20,000 offer in favour of attempting to manufacture and sell it himself. The result was a failure: he produced only a single presser, which he sold for the paltry sum of $14.

Her father's experience didn't put Kenner off inventing, and her idea for the door hinge ignited a spark deep inside her. New ideas for inventions would wake her up from sleep. She occupied herself drawing up models and building them.. While other children her age were drawing fanciful aeroplanes and sports cars,

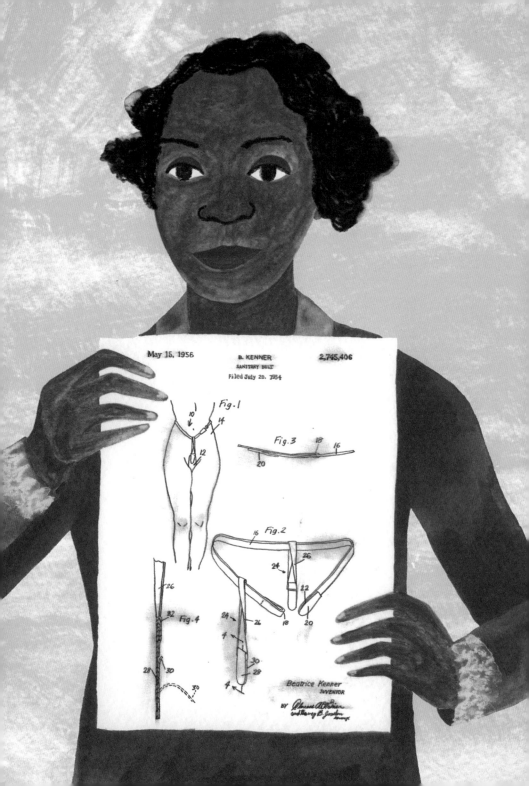

Kenner was making thoughtful plans for a convertible roof that would go over the folding rumble seat of a car, where back-seat passengers were usually exposed to the elements. When she saw water dripping off a closed umbrella and onto the floor, she came up with a sponge tip that would go on the end and soak up the rainwater. She even drew up plans for a portable ashtray that would attach itself to a cigarette packet.

This pragmatic, do-it-yourself approach defined her inventions for the rest of her life. But while her creations were often geared toward sensible solutions for everyday problems, Kenner could tell from an early age that she had a skill that not many possessed. When her family moved to Washington DC in 1924, Kenner would stalk the halls of the United States Patent and Trademark Office, trying to work out if someone had beaten her to it and filed a patent for an invention first. The 12-year-old didn't find any that had done so.

In 1931 Kenner graduated from high school and earned a place at the prestigious Howard University, but was forced to drop out a year and a half into her course due to financial pressures. She took on odd jobs such as babysitting before landing a position as a federal employee, but she continued tinkering in her spare time. The perennial problem was money; filing a patent was, and is, an expensive business. Today, a basic utility patent can cost several hundred dollars.

By 1957 Kenner had saved enough money to file her first ever patent: a belt for sanitary napkins. It was long before the advent of disposable pads, and women were still using cloth pads and rags during their period. Kenner proposed an adjustable belt with an inbuilt, moisture-proof napkin pocket, making it less likely that menstrual blood could leak and stain clothes.

"One day I was contacted by a company that expressed an interest in marketing my idea. I was so jubilant," she said. "I saw houses, cars, and everything about to come my way." A company rep drove to Kenner's house in Washington to meet with their prospective client. "Sorry to say, when they found out I was black, their interest dropped. The representative went back to New York and informed me the company was no longer interested."[6]

Undeterred, Kenner continued inventing for all her adult life. She eventually filed five patents in total, more than any other African-American woman in history. Again, she continued to draw inspiration from her daily life. When her sister Mildred developed multiple sclerosis and had to get around with a walking frame, Kenner patented a serving tray and a soft pocket that could be attached to the frame, allowing Mildred to carry things around with her. She also patented a toilet tissue holder that made sure that the loose end of a roll was always within reach, and a back washer that could be attached to the wall of a shower to help people clean hard-to-reach parts of their back.

Kenner did not receive any college degree or professional training, and she never became rich from her inventions. But that was incidental; like her father and grandfather before her, she did it out of love for the craft. Most of all, she believed that anyone could become an inventor as long as they put their mind to it: "Every person is born with a creative mind," she said. "Everyone has that ability."[7]

n 1890, a London housewife named **Hertha Ayrton** (1854–1923) was struggling to balance the demands of domesticity, her newborn daughter and her true love: science. As the daughter of a Jewish watchmaker from Poland, Ayrton had spent time tinkering with various devices while studying for her mathematics degree at Cambridge; she had invented a line-divider that could split a line into equal sections and even constructed a sphygmograph for recording one's pulse. Her brilliant mind won her a nickname from her family: B.G., or Beautiful Genius. But now she had little free time to focus on her studies and it seemed like she would have to give up altogether.

Then Madame Barbara Bodichon stepped in. As the co-founder of the first women's college at Cambridge, Madame Bodichon was the one who had interviewed Ayrton during her application and arranged a loan for the promising student to attend university. When Ayrton wanted to take out a patent on her line-divider, it was Madame Bodichon who provided the cash for it. Even after her death, she was looking out for Ayrton: when Madame Bodichon died in 1891, she bequeathed enough money to her friend and protégée to hire a housekeeper, freeing her up to pursue research.

Ayrton had a knack for divining the truth from everyday mysteries and then extrapolating an invention from there. A holiday to the English seaside town of Margate inspired her to examine the link between the water's waves and the corresponding ripples in sandbanks. When Ayrton heard that chlorine and mustard gas were slaughtering British soldiers fighting in the First World War, she applied her theory about water ripples to a device that could use the movement of air to push away the deadly airborne weapon. The resulting device, the Ayrton fan, was mass-produced and shipped in vast quantities to the Western Front, saving countless lives.

One of her greatest discoveries quite literally illuminated London. In the late 1800s arc lighting had replaced gas and oil in street lamps as the first commercially viable form of electric light. But the technology wasn't perfect: the lamps constantly hissed and flickered. Ayrton's husband William – an electrical engineer by training and a professor at Finsbury Technical College – was trying to work out a way to make a more reliable arc light. Unfortunately, his research was destroyed when a maid accidentally used the notes as kindling for a fire. When William was too busy to start again, Ayrton decided to tackle the challenge alone.

As she duplicated William's experiments, she realized that the annoying hiss could be traced to the oxidation of carbon rods used in an arc lamp. By redesigning the rods and making sure that they didn't come into direct contact with the oxygen, she could dramatically reduce the noise and flickering. Between 1895 and 1896, she published 12 articles in *The Electrician*. In the same year, she was the first woman to present a paper to the Institution of Electrical Engineers and was immediately elected a member as a result.

It would be a longer and more torturous road to wider recognition, beginning with the Royal Society. At its headquarters in Burlington House, the top scientists gathered to discuss its fellows' research. Women, however, had never been admitted past its doors. In fact, when Ayrton's paper, *The Mechanism of the Electric Arc*, was to be presented to the Society in 1901, its members enlisted a man to read it out. When she was proposed as a fellow, the Royal Society decided to exclude her: "We are of the opinion that married women are not eligible as Fellows of the Royal Society…Whether the Charters admit of the election of unmarried women appears to us to be very doubtful."[8]

"Personally I do not agree with sex being brought into science at all," she told a journalist at the time. "The idea of 'women and science' is entirely irrelevant. Either a woman is a good scientist or she is not; in any case she should be given opportunities, and her work should be studied from the scientific, not the sex, point of view."[9] She was still denied Royal Society membership, even after the Society awarded her the Hughes Medal for her work on electricity.

It was little wonder that Ayrton took up the suffragette cause around this time. She joined the Women's Social and Political Union in 1906 and was attacked by a police officer while marching to Downing Street with Emmeline Pankhurst. When her daughter Barbara was arrested, she gushed in a letter, "Barbie is in Holloway…I am *very* proud of her."[10] When Pankhurst and other hunger strikers left prison, starved and frail, Ayrton helped to nurse them back to recovery.

Ayrton never forgot her first woman mentor, the one who had done so much to advance her career. When her book *The Electric Arc* was published in 1902, she dedicated it to Madame Bodichon, "whose clearsighted enthusiasm for the freedom and enlightenment of women enabled her to strike away so many barriers from their path…to her whose friendship changed and beautified my whole life".[11]

n the autumn of 1947, **Admiral Grace Hopper** (1906–1992) found a bug in her computer. It was a literal insect; a moth, to be precise. The United States Navy lieutenant retrieved its body from the bowels of the malfunctioning Harvard Mark I machine and taped it firmly into her logbook, noting wryly: "First actual case of bug being found."[12]

Throughout her trailblazing career as a pioneer of computer coding, Hopper retained her droll sense of humour. When asked if there was a celebration party when she left the Navy at the age of 80, the decorated US rear admiral replied: "I was asleep. It's something you learn in your first boot camp: if they put you down somewhere with nothing to do, go to sleep."[13]

Hopper was 37 when she enlisted in the Navy, spurred on by the idea of helping her country during the Second World War. She left behind a promising career as a college professor to report for duty at a Navy officer school and was initially deemed too advanced in age and too petite to serve in the military. Fortunately, she was also in the unique position of being one of the only women in the US with a mathematics doctorate. Hopper assumed that would make her a natural fit in a code-breaking unit, but her commanding officers had bigger plans for her: she was sent to a basement in Harvard to work on a gargantuan IBM machine called the Automatic Sequence Controlled Calculator, or Mark I for short. Hopper didn't realize it at the time, but she was to become one of three programmers of the world's first computer.

The Mark I was 15 metres (51 feet) long, weighed almost 4550 kilograms (10,000 pounds) and was theoretically capable of performing the kind of complex calculations the Navy needed in order to work out tricky problems such as rocket trajectories, wind speeds and ship infrastructure. In short, all the difficult sums that were necessary to win a war. But the Mark I was a temperamental beast: anything could throw off its calculations, including frayed machine parts or aforementioned insects, and Hopper often went hunting along the length of the machine for hardware bugs with a small mirror. She grew to recognize every whirr, creak and sigh of the Mark I as if it were her own child. By the time the war ended, Hopper was asked to write the first operation manual for the Mark I, as well as for its successor, the Mark II.

When Hopper left the Navy, she worked for Remington Rand, a private company that had started out in the typewriter business. As the senior programmer, she grew convinced that the programming language needed to be simplified so that it was quicker to write and easier to learn. Computers could already store bits of code that could be conveniently re-used: why not assign these so-called subroutines specific call numbers so that they could be deployed more efficiently? Come to think of it, why not just allocate them words in English?

"No-one thought of that earlier, because they weren't as lazy as I was," Hopper claimed modestly.[14] She developed the first compiler in her spare time: a library of automated computing language that was constantly expanding, thanks to a community of mathematicians and programmers who would develop and contribute bits of new code.

Hopper's user-generated compiler led to the development of COBOL (Common Business Oriented Language), the first programming language for business. And, just as Hopper wished, you didn't need to have a mathematics doctorate to understand it: most of it was written in English.

Over Hopper's lifetime, she saw computers shrink from huge machines to desktop PCs. In 1992, the year of her death, another revolution in computing was taking place in the form of the first smartphone: IBM's Simon Personal Communicator. Today, smart home devices such as Alexa and Google Home promise hands-free computing. Hopper, who always wanted to make computing usable by everyone, would have been delighted by the leap in technology. By the time she passed away, she had gained recognition as an early pioneer of the computer revolution and had been awarded eight medals for her service to the US. In 2016, the Presidential Medal of Freedom was added to her list posthumously.

As for Hopper's bug, it found a distinguished resting place appropriate for its role in computing science; it now sits in the Smithsonian's National Museum of American History in Washington DC.

ong before the word "computer" came to denote a desktop PC or Mac, it was used to refer to people – in fact, mostly women – who could perform the kind of complicated mathematical calculations that would leave the brainiest number-puzzle enthusiast scratching their head.

With the advent of the Second World War and the military call-up, companies and businesses across the US began opening their doors to women and ethnic minorities who had been otherwise excluded from industry. The Langley Research Center at NASA (National Aeronautics and Space Administration), then known as the National Advisory Committee for Aeronautics (NACA), was no different; by 1946, Langley had employed 400 women computers, many of them science graduates attracted to the relatively high pay and the promise of working in aeronautics at America's premier space agency.

At the time, women found it almost impossible to secure a job as a scientist or engineer, and many a smart and ambitious college leaver had to settle for a job teaching high school science instead. And if you were a black woman? Well, you could pretty much forget it, which makes the story of **The West Computers** even more remarkable.

When necessity prompted Langley to start adding women of colour to its computing pool, segregation was still standard office policy. Despite doing exactly the same work as their white counterparts, the West Computers were cloistered in the West Area of Langley (hence their nickname) and had separate bathrooms and cafeteria tables. One computer, Miriam Mann of Covington, Georgia, was so incensed by the sign denoting where the "coloured girls" should sit while dining that she repeatedly removed it. "She brought the first one home, but there was a replacement the next day," her daughter, Miriam Mann Harris, remembered.[15]

Mann wasn't the only West Computer who engaged in small but vital acts of rebellion. When Katherine Johnson – a West Virginia State College maths graduate, who was so exceptional that her professor was compelled to put on advanced courses just for her – was appointed as computer to the Flight Research Division, she simply refused to use the segregated facilities. Instead, she used the unmarked bathroom and ate her lunch at her desk, just like her white colleagues.

If a missile or aeroplane ever took off successfully, you could bet that the pencils of the West Computers had worked out the sums that kept it in the air. Though the calculations that the West Computers performed were bafflingly complex and sophisticated, the women were categorized as sub-professional aides and almost always regarded as anonymous tools. The real stars of the show – the aerospace engineers – would pass on huge chunks of data and expect the women to churn out analysis, often without even explaining how the research was being used.

But as the work grew increasingly complicated, an outstanding computer could catch the attention of engineers working on specific projects. Former bookkeeper and clerk typist Mary Jackson was one of these women. Two years after she was initially employed, she was assigned to the Langley wind tunnels dedicated to cracking supersonic and hypersonic flight, and was deemed impressive enough to attend Langley's engineer training programme. She had to petition local government to allow her to attend the required classes at the all-white Hampton High School, and after graduating she became one of the first female engineers at NACA.

By the mid-1950s, the ranks of the West Computers had shrunk as members found new opportunities in Langley's engineering labs. The agency had already shut down the East Computing pool in 1947, and West Computing followed suit in 1958 as NACA was transformed into NASA.

If Dorothy "Dot" Vaughan was saddened by the closure of her department, she didn't let it show. The former head of the West Computers had joined in 1943 and was the first black supervisor at the agency, fighting all the way for the equal pay and rights of the women under her.

Vaughan transformed herself into one of NASA's leading computer programmers, overseeing the IBM machines that would soon replace human computers altogether. (In the beginning, even astronaut John Glenn didn't trust the newfangled contraptions. Before he became the first American to orbit earth, he famously weighed up the mathematical prowess of Johnson against an electronic computer and said: "Get the girl to check the numbers."[16])

As the decades wore on, the former West Computers distinguished themselves as researchers and engineers as well as advocates for women in science. Johnson's brainpower helped to send Glenn into space, but she carved out time to visit students and inspire them with her story. At the age of 58, Jackson chose to give up her job as an engineer to become the Federal Women's Programme Manager at NASA, to make it easier for other women and minorities to make it in her field.

Johnson is one of the few West Computers still alive and, at the age of 99, she was catapulted to international fame with the biography and Oscar-winning biopic *Hidden Figures* (2016), which dramatized the heady decades of the space race. "There's nothing to it – I was just doing my job," she shrugged when the *Washington Post* came knocking. "They needed information and I had it, and it didn't matter that I found it. At the time, it was just a question and an answer."[17]

f you log on to the internet on your smartphone or desktop every day, it's easy to forget that you're accessing the world's biggest repository of information: bigger than the Library of Alexandria, more in-depth than any collection of encyclopedias and more knowledgable than any human on the planet. Imagine a massive network of millions of computers humming with activity, communicating with each other from countries all over the world. Who helped to make that happen? **Rose Dieng-Kuntz** (1956–2008), that's who.

Dieng-Kuntz grew up in Dakar, the busy capital of Senegal, as one of seven siblings. Her father was born to an illiterate and impoverished single mother; school was the only way out for him and he passed on that lesson to all his children. It was something that Dieng-Kuntz never forgot (she ended up dedicating her Irène Joliot-Curie Prize to him in 2005). When a primary school teacher admonished her in class saying, "You Africans are less clever than the whites. You should make sure you pay attention!",[18] Dieng-Kuntz didn't just sit up and pay closer attention. She came top in her high school class in mathematics, French and Latin, and won a scholarship to the prestigious École Polytechnique in Paris (the same institution that had denied women including French mathematician Sophie Germain a place almost two hundred years earlier, see page 172). In the process, she became the first African woman to walk through its halls as a student.

Dieng-Kuntz had originally dreamed of becoming a writer, but her teachers nudged her in the direction of mathematics. She graduated with a doctorate degree in information technology and joined the French Institute for Research in Computer Science and Automation (INRIA) as a computer scientist. In 1985 she began conducting research into artificial intelligence (AI). At the time, AI research was dominated by a type of program known as an expert system, which relied on a set knowledge base to make the same kind of decisions and logical inferences as a human expert. Dieng-Kuntz was one of the leaders in the field when it came to making expert systems as efficient and effective as possible.

"A woman, a black woman, and a specialist in artificial intelligence: I found myself smack bang in the middle of a lot of minority groups," Dieng-Kuntz once told *Le Monde* newspaper. "They thought I was some kind of masochist...But I haven't suffered in my work."[19]

When the world wide web was invented in 1989, Dieng-Kuntz quickly grasped its revolutionary potential. After all, she was interested in the communication – how information is acquired, classified and shared – and how best to nurture the networks that foster the vital broadening of knowledge. Her work had life-changing implications for society. At the INRIA Sophia Antipolis – Méditerranée research centre in Nice, she headed up the multidisciplinary Acacia project and worked to create healthcare software that gave doctors and medical staff a virtual way to share information about cases, allowing them to build a better understanding of a patient's needs and determine the best possible treatments. Dieng-Kuntz's research on knowledge modelling and acquisition – which she laid out in dozens of scientific articles and books – now forms part of the backbone of the web.

Despite settling in France, the internet pioneer never lost sight of her roots or her own journey from Senegal, a former French colony. "It's a history based on a lot of suffering," she said. "My generation, which didn't know colonialism first hand, should always have it in our minds… I believe in the strength of symbols," she added. To Dieng-Kuntz, speaking out and being visible were vital to "demonstrate that a black woman can blossom in the world of scientific research, in France, and take on responsibilities, and transfer this passion on to young people, particularly to young girls."[20]

When she passed away in 2008, INRIA Sophia Antipolis – Méditerranée's director, Michel Cosnard, hailed Dieng-Kuntz's visionary spirit: "Just after the invention of the web and well before its widespread use around the world, what insight [she had] to envisage its applications, understand its limits and decipher its evolution."[21] But in the 21st century, there's no better tribute to Dieng-Kuntz than to see her dream of "a web of knowledge linking individuals, organisations, countries and continents"[22] more alive than ever.

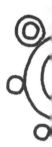

y 1843, **Ada Lovelace** (1815–1852) had hypothesized that a machine could be more than just a number-crunching object: it could compose elaborate music, predict lunar cycles and perform all kinds of complicated mathematical and scientific tasks. In short, it could do everything that computers can do now. Today, the Victorian founder of modern computing is celebrated as the world's first computer programmer, but it took more than a century for her visionary ideas to be recognized.

In 1815 Lovelace was born to the Romantic poet Lord Byron and his wife, Annabella Byron. Both parents were wildly intelligent polar opposites: Byron, as former lover Lady Caroline Lamb described him, the "mad, bad, and dangerous to know" writer[23], and Annabella the strict and morally upright baroness. When Byron abandoned both Ada and Annabella two months after Ada's birth, Annabella grew deeply concerned that their daughter would inherit Byron's worst excesses, both emotionally and morally. (Given that Byron's first words to his child were "what an implement of torture have I acquired in you", this was perhaps understandable.[24]) To this end, she shied away from cultivating Ada's creative imagination and instead nurtured her skill in mathematics. It was clear that Lovelace had the unique ability to synthesize the two from an early age; at 12, she dreamed up a winged, steam-powered flying machine inspired by her study of birds, illustrated with careful reference to potentially airborne materials such as feathers and silk. One of her tutors, the English mathematician Augustus De Morgan, even warned her mother that Lovelace's capacity for scientific thinking could affect her health: "The very great tension of mind which [mathematics] require is beyond the strength of a woman's physical power of application."[25]

Just before she turned 18, Lovelace made her society debut at the royal court and met a 44-year-old mathematician named Charles Babbage, a co-founder of the Royal Astronomical Society. Babbage had created a prototype for a hand-cranked contraption he called the Difference Engine, which was intended to calculate mathematical tables automatically.

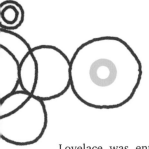

Lovelace was enthralled when she saw the device in Babbage's drawing room at Dorset Street, London, though it was far from a working specimen. This chance encounter launched a long and fruitful friendship and a lengthy correspondence between the two great minds. Babbage was deeply impressed by Lovelace's intellect, gushing to the inventor Michael Faraday that she was an "Enchantress who has thrown her magical spell around the most abstract of Sciences and has grasped it with a force which few masculine intellects (in our own country at least) could have exerted over it."[26]

In 1834 Babbage began working on something he called the Analytical Engine, which he envisaged as a great improvement on the Difference Engine in terms of accuracy. He sketched out ideas for a huge device containing 20,000 cogwheels and operated by a punch-card system, like the Jacquard weaving looms that had come into fashion in Victorian England.

Family obligations briefly interrupted Lovelace's correspondence with Babbage – she married in 1835 and gave birth to three children soon after – but she never lost her taste for mathematics. By this time, her old friend's machine had run into difficulties; for one thing, it was far too expensive for Babbage to build by himself. He hoped that by giving lectures to publicize his proposal, he might entice the government or a wealthy donor to invest. When an Italian scientist wrote a paper about the engine based on one such lecture, Lovelace went above and beyond the call of friendship in translating it: she penned a 20,000-word series of notes intended to enhance the understanding of the paper, which ended up laying the foundations for modern computing.

Babbage had envisaged the engine as nothing more than a highly accurate device to carry out mathematical calculations, but Lovelace glimpsed something deeper and more profound in its whirring cogs and gear shafts. She saw the future: "The science of operations, as derived from mathematics more especially," she wrote, "is a science of itself, and has its own abstract truth and value." This "science of operations," as historian James Essinger notes[27], is no less than the science of computing itself.

If a Jacquard loom could translate and create complex patterns from punch cards in silk, the same could be done with Babbage's machine. Any information – numbers, musical notation and the like – could be digitized, translated and processed into such patterns. One section of Lovelace's *Notes* even lays out the step-by-step "operations" necessary for the punch cards to automate a long sequence of Bernoulli numbers, a type of sequence of rational numbers, now thought to be the first example of a computer program.

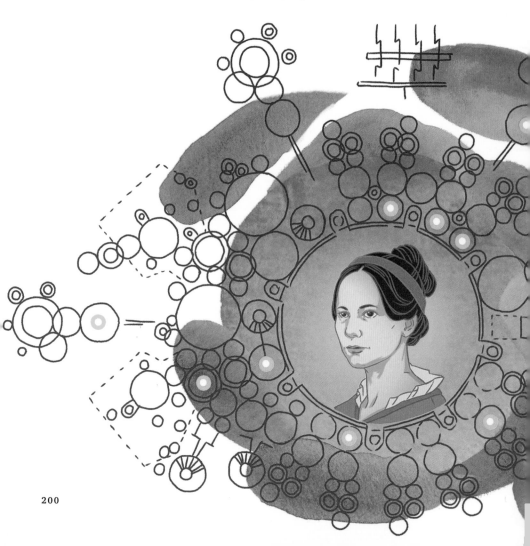

While Babbage had invented the Engine, it was Lovelace who saw its potential to create a whole field of science in itself. She hadn't even meant to take credit for it, either: it was her husband who had to prompt her to sign her lengthy treatise. She dutifully inserted the initials AAL: Augusta Ada Lovelace.

The Difference Engine was never built, and Lovelace became fatally ill in 1852 and died that winter. Her *Notes* languished in obscurity before it was republished as part of English scientist B V Bowden's 1953 book *Faster Than Thought: A Symposium on Digital Computing Machines*. The advent of "electronic brains,"[28] as Bowden puts it, had more in common with Lovelace's genius foresight than with Babbage's Engine. As for the "vast… and a powerful language" that she predicted[29], a variation of it now bears her name in the form of a programming language called Ada. Today, it powers underground trains, Boeing 777s, satellites and rockets: a fitting tribute for someone whose first scientific forays were inspired by flight.

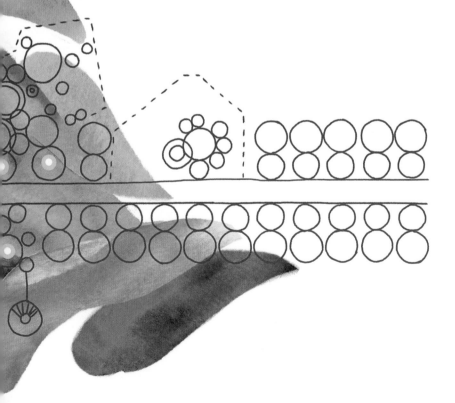

Introduction

1 Chambers, David Wade. "Stereotypic images of the scientist: The Draw-a-Scientist Test". *Science Education* 67.2, 1983: 255–65.

2 www.wisecampaign.org.uk/resources/2016/11/women-in-the-stem-workforce-2016. Accessed 17 September, 2017

3 www.esa.doc.gov/reports/women-stem-gender-gap-innovation. Accessed 17 September, 2017

4 www.varsity.co.uk/news/6433. Accessed 17 September, 2017

5 Payne-Gaposchkin, Cecilia. *Cecilia Payne-Gaposchkin: an autobiography and other recollections.* Cambridge University Press, 1996: 219

THE EARTH & THE UNIVERSE

1. Sobel, Dava. *The Glass Universe: The Hidden History of the Women Who Took the Measure of the Stars*, HarperCollins Publishers.
2. Lehmann, Inge. "Seismology in the days of old". *Eos, Transactions American Geophysical Union* 68.3, 1987: 35.
3. Bolt, Bruce A. "Inge Lehmann. 13 May 1888 – 21 February 1993". 1997: 287–301.
4. www.amnh.org/explore/resource-collections/earth-inside-and-out/inge-lehmann-discoverer-of-the-earth-s-inner-core/. Accessed 31 August, 2017
5. Lehmann, Inge. "Seismology in the days of old". *Eos, Transactions American Geophysical Union* 68.3, 1987: 33–5.

6. Bolt, Bruce A. "Inge Lehmann. 13 May 1888–21 February 1993". 1997: 287–301.
7. Haramundanis, Katherine (ed.). Cecilia Payne-Gaposchkin: *An Autobiography and Other Recollections*, Cambridge University Press, 1996: 86.
8. Ibid.: 227
9. Ibid.: 220.
10. Ibid.: 219.
11. Ibid.: 221.
12. Ibid.: 163.
13. Ibid.: 165.
14. Struve, Otto, and Zebergs, Velta. *Astronomy of the 20th Century*, Macmillan, 1962: 220.
15. Haramundanis, Katherine (ed.). Cecilia Payne-Gaposchkin: *An Autobiography and Other Recollections*, Cambridge University Press, 1996: 221.
16. Ibid.: 190.
17. Ibid.: 197.
18. Ibid.: 227.
19. Peterson, Barbara Bennett. *Notable Women of China: Shang Dynasty to the Early Twentieth Century*, Routledge, 2016.
20. Ko, Dorothy. "Pursuing talent and virtue: education and women's culture in seventeenth-and eighteenth-century China". *Late Imperial China* 13.1, 1992: 9–39.
21. Bernardi, Gabriella. *The Unforgotten Sisters: Female Astronomers and Scientists Before Caroline Herschel*, Springer, 2016: 158.
22. Ibid.: 156.
23. Peterson, Barbara Bennett. *Notable Women of China: Shang Dynasty to the Early Twentieth Century*, Routledge, 2016.
24. Bernardi, Gabriella. *The Unforgotten Sisters: Female Astronomers and Scientists Before Caroline Herschel*, Springer, 2016: 158.
25. Bruck, Mary T. "Alice Everett and Annie Russell Maunder torch bearing women astronomers". *Irish Astronomical Journal* 21, 1994: 281.
26. Ibid.
27. Ibid.
28. Evershed, M A. "Obituary notices:– Maunder, Annie Scott Dill". *Monthly Notices of the Royal Astronomical Society* 108: 48.
29. Maunder, Annie S D and E Walter. *The Heavens and Their Story*, R Culley, 1908: 7
30. Maunder, Annie S.D. and E. Walter. *The Heavens and Their Story*. R. Culley, 1908: 346

31. www.naa.gov.au/collection/snapshots/find-of-the-month/2009-march.aspx Accessed 22 August, 2017
32. Ibid.
33. www.abc.net.au/radionational/programs/scienceshow/ruby-payne-scott---radio-astronomer/3403336#transcript Accessed 22 August, 2017

BIOLOGY & NATURAL SCIENCES

1. Torrens, Hugh. "Presidential address: Mary Anning (1799–1847) of Lyme; 'the greatest fossilist the world ever knew'". *The British Journal for the History of Science* 28.3, 1995: 269, www.jstor.org/stable/4027645. Accessed 30 July, 2017
2. Taylor, Michael A, and Hugh S Torrens. "An anonymous account of Mary Anning (1799–1847), fossil collector of Lyme Regis, Dorset, England, published in all the year round in 1865, and its attribution to Henry Stuart Fagan (1827–1890), schoolmaster, parson and author". *Proceedings of the Dorset Natural History & Archaeological Society* 135, 2014, Dorset Natural History and Archaeological Society: 72
3. Torrens, Hugh. "Presidential address: Mary Anning (1799–1847) of Lyme; 'the greatest fossilist the world ever knew'". *The British Journal for the History of Science* 28.3, 1995: 257–84, www.jstor.org/stable/4027645. Accessed 30 July, 2017
4. www.royalcollection.org.uk/collection/themes//maria-merians-butterflies/the-queens-gallery-buckingham-palace/branch-of-pomelo-with-green-banded-urania-moth. Accessed 23 July, 2017
5. www.theguardian.com/artanddesign/2016/apr/01/flora-fauna-and-fortitude-the-extraordinary-mission-of-maria-sibylla-merian#img-4. Accessed 23 July, 2017
6. Pieters, Florence F J M, and Diny Winthagen. "Maria Sibylla Merian, naturalist and artist (1647–1717): a commemoration on the occasion of the 350th anniversary of her birth". *Archives of natural history* 26.1, 1999: 1–18.
7. www.nationalgeographic.com/magazine/1970/01/mountain-gorillas-study-dian-fossey-virunga/

8. Ibid.
9. Ibid.
10. Montgomery, Sy. *Walking with the Great Apes: Jane Goodall, Dian Fossey, Biruté Galdikas*, Chelsea Green Publishing, 2007: 158.
11. Oakes, Elizabeth H. *Encyclopedia of World Scientists*, Infobase Publishing, 2007: 244.
12. www.un.org/en/sections/un-charter/un-charter-full-text/. Accessed 12 July, 2017
13. apnews.com/049889e630b7482 29887b91c8f21e3d2/researchers-latin-american-women-got-women-un-charter. Accessed 12 July, 2017
14. www.ipsnews.net/2016/09/how-latin-american-women-fought-for-womens-rights-in-the-un-charter/. Accessed 22 July, 2017
15. Kennedy, J P. "Ber tha Lutz, 1894–1976", *Copeia*, 1977: 209.
16. Hahner, June Edith. *Emancipating the Female Sex: The Struggle for Women's Rights in Brazil, 1850–1940*, Duke University Press, 1990: 149.
17. www.ipsnews.net/2016/09/how-latin-american-women-fought-for-womens-rights-in-the-un-charter/. Accessed 22 July, 2017
18. Vail, Anna Murray. "Jane Colden, an early New York botanist". *Torreya* 7.2, 1907: 21–34, www.jstor.org/stable/40594571. Accessed 1 September, 2017
19. Smith, Beatrice Scheer. "Jane Colden (1724–1766) and her botanic manuscript". *American Journal of Botany*, 1988: 1093, www.jstor.org/stable/2443778 Accessed 1 September, 2017
20. Harrison, Mary. "Jane Colden: colonial American botanist". *Arnoldia* 55.2, 1995: 25.
21. Smith, Beatrice Scheer. "Jane Colden (1724–1766) and her botanic manuscript". *American Journal of Botany*, 1988: 1091, www.jstor.org/stable/2443778. Accessed 1 September, 2017
22. www.estherlederberg.com/Oparin/EML%20Interview%20p2.html. Accessed 24 September, 2017
23. Ibid.
24. Bonta, Marcia (ed.). *American Women Afield: Writings by Pioneering Women Naturalists*, Vol. 20, Texas A&M University Press, 1995: 136.
25. Ibid.: 147.
26. Ibid.: 138.

27. www.nobelprize.org/nobel_prizes/peace/laureates/2004/maathai-lecture-text.html. Accessed 23 July, 2017
28. Vidal, John. "Wangari Maathai obituary" in *Guardian* (26 September, 2011). Available at: www.theguardian.com/world/2011/sep/26/wangari-maathai. Accessed 23 July, 2017
29. Perlez, Jane. "Nairobi Journal; Skyscraper's Enemy Draws a Daily Dose of Scorn" in *New York Times* (6 December, 1989). Available at: www.nytimes.com/1989/12/06/world/nairobi-journal-skyscraper-s-enemy-draws-a-daily-dose-of-scorn.html. Accessed 23 July, 2017
30. www.theguardian.com/world/2011/sep/26/wangari-maathai. Accessed 23 July, 2017
31. www.nobelprize.org/nobel_prizes/peace/laureates/2004/maathai-lecture-text.html. Accessed 23 July, 2017
32. www.theguardian.com/environment/2009/may/30/africa-women-climate-change-wangari-maathai .Accessed 23 July, 2017

MEDICINE & PSYCHOLOGY

1. Parker, Holt. "Women doctors in Greece, Rome, and the Byzantine empire". *Women Healers and Physicians: Climbing a Long Hill*, 1997: 133.
2. Tsoucalas, Gregory, Antonis A Kousoulis, and George Androutsos. "Innovative surgical techniques of Aspasia, the early Greek gynecologist". *Surgical innovation* 19.3, 2012: 337.
3. Ibid.
4. wire.ama-assn.org/education/how-medical-specialties-vary-gender Accessed 26 September, 2017
5. Sander, Kathleen Waters. *Mary Elizabeth Garrett: Society and Philanthropy in the Gilded Age*, JHU Press, 2011: 154.
6. www.gmanetwork.com/news/news/specialreports/55128/pcij-dr-fe-del-mundo-a-woman-of-many-firsts/story/. Accessed 13 August, 2017
7. Ibid.
8. Ibid.
9. Ibid.
10. Emling, Shelley. *Marie Curie and Her Daughters: The Private Lives of Science's First Family*, St Martin's Press.

11. Ibid.
12. Ibid.
13. Ibid.
14. Gilmer, Penny J. "Irène Joliot-Curie, a Nobel laureate in artificial radioactivity". *Celebrating the 100th Anniversary of Madame Marie Sklodowska Curie's Nobel Prize in Chemistry*, 2011: 49.
15. www.jax.org/news-and-insights/jax-blog/2016/november/women-in-science-jane-wright. Accessed 27 July, 2017
16. Wright, Jane C. "Cancer chemotherapy: past, present, and future – part I". *Journal of the National Medical Association* 76.8, 1984: 773.
17. Weber, Bruce. "Jane Wright, Oncology Pioneer, Dies at 93" in *New York Times*, 2 March, 2013
18. "Interview with Ruby Hirose, 1924, Stanford Survey on Race Relations 1924–1927", Box 27, Item 159.
19. Hinnershitz, Stephanie. *Race, Religion, and Civil Rights: Asian Students on the West Coast, 1900–1968*, Rutgers University Press, 2015: 49.
20. Akagi, Roy Hidemichi. *The Second Generation Problem: Some Suggestions Toward its Solution*, No. 1, Japanese Students' Christian Association in North America, 1926: 10.
21. Ibid.: 40
22. Sohonie, K. "Opportunities for women scientists in India", in Richter, D (ed.). *Women Scientists: The Road to Liberation*, Palgrave, 1982: 14.
23. Gupta, Arvind. *Bright sparks: inspiring Indian scientists from the past*, Indian National Science Academy, 2009: 114-118.
24. Ibid.: 116.
25. Mitra, Anirban. "The life and times of Kamala Bhagvat Sohonie". *Resonance* 21.4, 2016: 307.
26. www.collectorsweekly.com/articles/getting-it-on-the-covert-history-of-the-american-condom/. Accessed 6 September, 2017
27. www.nyu.edu/projects/sanger/webedition/app/documents/show.php?sangerDoc=420004.xml. Accessed 6 September, 2017
28. www.nyu.edu/projects/sanger/webedition/app/documents/show.php?sangerDoc=101919.xml. Accessed 6 September, 2017
29. Ibid.
30. www.nyu.edu/projects/sanger/documents/this_i_believe.php. Accessed 6 September, 2017

31. Ibid.
32. www.nobelprize.org/nobel_
prizes/medicine/laureates/1988/
elion-bio.html.
Accessed 20 August, 2017
33. Elion, Gertrude B. "The quest
for a cure". *Annual Review of
Pharmacology and Toxicology* 33.1,
1993: 22.
34. Avery, Mary Ellen. "Gertrude
Belle Elion. 23 January 1918 – 21
February 1999", *Biographical
Memoirs* 78, 2008.
35. www.nobelprize.org/nobel_
prizes/medicine/laureates/1988/
elion-bio.html.
Accessed 20 August, 2017
36. www.nobelprize.org/nobel_
prizes/medicine/laureates/1988/
elion-bio.html.
Accessed 20 August, 2017
37. Ingram, Robert A, et al.
"Tributes to Gertrude Elion".
The Oncologist 4.2, 1999: 0i–6a.
Accessed 20 August, 2017
38. Avery, Mary Ellen. "Gertrude
Belle Elion. 23 January 1918 – 21
February 1999", *Biographical
Memoirs* 78, 2008: 25.
39. Wilcox, Joyce. "The face
of women's health: Helen
Rodriguez-Trias". *American
Journal of Public Health* 92.4,
2002: 567.
40. Ibid.: 566
41. Ketenjian, Tanya. "Helen
Rodriguez-Trias" in ed. Eldridge,
Laura and Seaman, Barbara.
*Voices of the Women's Health
Movement* 1, Seven Stories Press,
2012.
42. Ibid.
43. Ibid.
44. Ibid.
45. www.nytimes.com/2004/
08/25/health/dr-kblerross-who-
changed-perspectives-on-death-
dies-at-78.html?_r=0.
Accessed 7 August, 2017
46. Ibid.
47. Ibid.
48. Ibid.
49. Kubler-Ross, Elisabeth. "What
is it like to be dying?". *The
American Journal of Nursing*
71.1, 1971: 54–62, www.jstor.
org/stable/3421555. Accessed
7 August, 2017
50. Ibid.: 56
51. Kubler-Ross, Elisabeth. *Death:
The Final Stage.* Simon &
Schuster, 1975: 1.
52. Silverman, Linda Kreger. "It all
began with Leta Hollingworth:
the story of giftedness in
women". *Journal for the*

Education of the Gifted 12.2,
1989: 88.
53. Ludy T Benjamin, Jr. "The
pioneering work of Leta
Hollingworth in the psychology
of women". *Nebraska History* 56,
1975: 494.
54. Silverman, Linda Kreger. "It all
began with Leta Hollingworth:
the story of giftedness in
women". *Journal for the
Education of the Gifted* 12.2,
1989: 87.
55. Ludy T Benjamin, Jr. "The
pioneering work of Leta
Hollingworth in the psychology
of women", *Nebraska History* 56,
1975: 494.
56. Ibid.: 501.
57. Silverman, Linda Kreger. "It all
began with Leta Hollingworth:
the story of giftedness in
women". *Journal for the
Education of the Gifted* 12.2,
1989: 90.

ELEMENTS & GENETICS

1. www.nature.com/scitable/
topicpage/nettie-stevens-
a-discoverer-of-sex-
chromosomes-6580266 Accessed
29 August, 2017
2. Mittwoch, Ursula. "Erroneous
theories of sex determination".
Journal of Medical Genetics 22.3,
1985: 167.
3. Brush, Stephen G. "Nettie M.
Stevens and the discovery of sex
determination by chromosomes".
Isis 69.2, 1978: 171, www.jstor.
org/stable/230427.
Accessed 29 August, 2017
4. Ibid.
5. Ibid.: 167
6. Van Tiggelen, Brigitte, and
Annette Lykknes. "Ida and Walter
Noddack through better and
worse: an *Arbeitsgemeinschaft* in
chemistry", in Lykknes A., Opitz D.,
and Van Tiggelen B. (eds). *For
Better or For Worse? Collaborative
Couples in the Sciences*, Science
Networks. Historical Studies,
Vol. 44, Springer, 2012: 108.
7. Habashi, Fathi. "Ida Noddack:
proposer of nuclear fission", in
Rayner-Canham, Marelene F,
and Geoffrey W Rayner-Canham.
*A Devotion to Their Science:
Pioneer Women of Radioactivity*,
McGill-Queen's University Press,
1997: 180.
8. Ibid.:221.
9. Ibid.
10. Watson, James. *The Double*

Helix, Orion, 2012.
11. profiles.nlm.nih.gov/ps/
retrieve/Narrative/KR/p-nid/183
Accessed 27 August, 2017
12. Elkin, Lynne Osman. "Rosalind
Franklin and the double helix".
Physics Today 56.3, 2003: 42.
13. Ibid.: 45.
14. profiles.nlm.nih.gov/ps/
retrieve/Narrative/KR/p-nid/187
15. Watson, James. *The Double
Helix*, Orion, 2012.
16. Ibid.
17. Ibid.
18. www.scientificamerican.com/
article/finding-the-good-rita-levi-
montalcini/.
Accessed 28 August, 2017
19 www.independent.co.uk/news/
science/is-this-the-secret-of-
eternal-life-1674005.html.
Accessed 28 August, 2017
20. www.nobelprize.org/nobel_
prizes/medicine/laureates/1986/
levi-montalcini-bio.html.
Accessed 28 August, 2017
21. www.nature.com/news/
2009/090401/full/458564a.html.
Accessed 28 August, 2017

PHYSICS & CHEMISTRY

1. Chiang, Tsai-Chien. *Madame Wu
Chien-Shiung: The First Lady of
Physics Research*, World Scientific,
2013: 116.
2. Ibid.: 90.
3. Ibid.: 98.
4. Ibid.: 141.
5. Ibid.: 147.
6. blogs.scientificamerican.com/
guest-blog/channeling-ada-
lovelace-chien-shiung-wu-
courageous-hero-of-physics/.
Accessed 19 August, 2017
7. Sime, Ruth Lewin. "Lise Meitner
and the discovery of fission"
Journal of Chemical Education,
*Reflections on Nuclear Fission
At the Half Century* 66:5,
May 1989: 373.
8. Sime, Ruth Lewin. "Lise Meitner's
escape from Germany". *American
Journal of Physics* 58.3,1990: 266.
9. Ibid.:263
10. Meitner, Lise. "Lise Meitner
looks back". *Advancement of
Science* 21, 1964: 36.
11. Ibid.:12.
12. Sime, Ruth Lewin. "Lise Meitner
and the discovery of fission",
Journal of Chemical Education 66,
1989: 373.
13. Ibid.
14. Ibid.
15. Sime, Ruth Lewin. Lise Meitner:

A Life in Physics, Vol. 11, University of California Press, 1996: 327.
16. Julie, Des. *The Madame Curie Complex: The Hidden History of Women in Science*, The Feminist Press at CUNY, 2010: 137
17. manhattanprojectvoices.org/oral-histories/leona-marshall-libbys-interview. Accessed 19 August, 2017
18. Ibid.
19. Findlen, Paula. "Science as a career in Enlightenment Italy: the strategies of Laura Bassi". *Isis* 84.3, 1993: 451, www.jstor.org/stable/235642. Accessed 12 September, 2017
20. Elena, Alberto. "'In lode della filosofessa di Bologna': an introduction to Laura Bassi". *Isis* 82.3, 1991: 510–18, www.jstor.org/stable/233228. Accessed 12 September, 2017
21. Cieślak-Golonka, Maria, and Bruno Morten. "The women scientists of Bologna: eighteenth-century Bologna provided a rare liberal environment in which brilliant women could flourish". *American Scientist* 88.1, 2000: 70, www.jstor.org/stable/27857965. Accessed 12 September, 2017
22. Findlen, Paula. "Laura Bassi and the city of learning". *Physics World* 26.09, 2013: 30.
23. Findlen, Paula. "Science as a career in Enlightenment Italy: the strategies of Laura Bassi". *Isis* 84.3, 1993: 455, www.jstor.org/stable/235642. Accessed 12 September, 2017
24. Findlen, Paula. "Laura Bassi and the city of learning". *Physics World* 26.9, 2013: 30.
25. Elena, Alberto. "'In lode della filosofessa di Bologna': an introduction to Laura Bassi". *Isis* 82.3, 1991: 513, www.jstor.org/stable/233228. Accessed 12 September, 2017
26. Findlen, Paula "Laura Bassi and the city of learning" *Physics World* 26.9, 2013:33
27. Ferry, Georgina. *Dorothy Hodgkin: A Life*, Bloomsbury Academic, 2014: 2.
28. Ibid.: 65.
29. www.independent.co.uk/news/people/obituary-professor-dorothy-hodgkin-1373624.html. Accessed 29 August, 2017
30. www.nobelprize.org/nobel_prizes/chemistry/laureates/1964/hodgkin-lecture.pdf. Accessed 29 August, 2017

MATHEMATICS

1. Watts, Edward J. *Hypatia* Oxford University Press, 2017: 15
2. Watts, Edward J. *City and School in Late Antique Athens and Alexandria*, Vol. 41, University of California Press, 2008: 187.
3. www.stoa.org/sol-bin/search.pl?login=guest&enlogin=guest&db=REAL&field=adlerhw_gr&searchstr=upsilon,166. Accessed 12 July, 2017
4. Watts, Edward J. *Hypatia*. Oxford University Press, 2017: 75.
5. Zinsser, Judith P. *Emilie Du Châtelet: Daring Genius of the Enlightenment*, Penguin, 2007: 54.
6. faculty.humanities.uci.edu/bjbecker/RevoltingIdeas/emilie.html. Accessed 6 September, 2017
7. Hagengruber, Ruth. *Emilie du Châtelet between Leibniz and Newton*, Springer, 2012: 184.
8. Steiner, George. "Machines and the man", *Sunday Times* (London, 23 October, 1983)
9. www.telegraph.co.uk/history/world-war-two/11323312/Bletchley-the-womens-story.html. Accessed 29 July, 2017
10. Smith, Michael. *The Debs of Bletchley Park and Other Stories*, Aurum Press Ltd, 2015: 172.
11. Ibid.: 187.
12. Ibid.: 181.
13. Ibid.: 154.
14. Ibid.: 236
15. Dunlop, Tessa. *The Bletchley Girls: War, Secrecy, Love and Loss: The Women of Bletchley Park Tell Their Story*, Hodder & Stoughton, 2015.
16. arxiv.org/pdf/hep-th/9411110.pdf. Accessed 12 July, 2017
17. Ibid.: 21
18. Ibid.
19. Angier, Natalie. "The mighty mathematician you've never heard of". *New York Times* (26 March, 2012).
20. Kimberling, Clark H. "Emmy Noether". *The American Mathematical Monthly* 79.2, 1972: 137.
21. Kovalevskaya, Sofya. *A Russian Childhood*, Springer Science & Business Media, 2013: 57.
22. Ibid.: 77.
23. Ibid.: 170.
24. Swaby, Rachel. *Headstrong: 52 Women who Changed Science – and the World*, Crown/Archetype, 2015, Broadway Books.
25. Kovalevskaya, Sofya. *A Russian Childhood*, Springer Science & Business Media, 2013: 23.
26. Swaby, Rachel. *Headstrong: 52 Women who Changed Science – and the World*, Crown/Archetype, 2015, Broadway Books.
27. Ibid.
28. Kovalevskaya, Sofya. *A Russian Childhood*, Springer Science & Business Media, 2013: 35.
29. Ibid:172.
30. Dalmédico, A D. "Sophie Germain". *Scientific American* 265.6, 1991: 119.
31. Ibid.
32. www.brainpickings.org/2017/02/22/sophie-germain-gauss/. Accessed 8 August, 2017
33. Ibid.

TECHNOLOGY & INVENTIONS

1. Patai, Raphael. *The Jewish Alchemists: A History and Source Book*, Princeton University Press, 2014: 5
2. Ibid.: 70.
3. Patai, Raphael. "Maria the Jewess–founding mother of alchemy", *Ambix*, Nov 29(3), 1982: 177.
4. Jeffrey, Laura S. *Amazing American Inventors of the 20th Century*, Enslow Publishers, Inc., 2013: 29.
5. Ibid.
6. Ibid.: 32.
7. Blashfield, Jean F. *Women Inventors* 4. Capstone, 1996: 35.
8. Mason, Joan. "Hertha Ayrton (1854–1923) and the admission of women to the Royal Society of London". *Notes and Records of the Royal Society of London* 45.2, 1991: 208, www.jstor.org/stable/531699. Accessed 5 August, 2017
9. Swaby, Rachel. *Headstrong: 52 Women who Changed Science – and the World*, Crown/Archetype, 2015, Broadway Books
10. Mason, Joan. "Hertha Ayrton (1854–1923) and the admission of women to the Royal Society of London". *Notes and Records of the Royal Society of London* 45.2 , 1991: 211, www.jstor.org/stable/531699. Accessed 5 August, 2017
11. Ibid.:216.
12. www.atlasobscura.com/places/grace-hoppers-bug. Accessed 11 July, 2017
13. Grace Hopper on The Letterman Show: youtu.be/1-vcErOPofQ?t=1m54s, www.

wired.com/2014/10/grace-hopper-letterman/. Accessed 11 July, 2017

14. www.bbc.co.uk/news/business-38677721. Accessed 11 July, 2017

15. crgis.ndc.nasa.gov/crgis/images/d/d3/MannBio.pdf. Accessed 11 September, 2017

16. Shetterly, Margot Lee. *Hidden Figures: The Untold Story of the African American Women Who Helped Win the Space Race,* HarperCollins Publishers, 2016: 217.

17. St. Martin, Victoria. "Hidden no more: Katherine Johnson, a black NASA pioneer, finds acclaim at 98" in *Washington Post* (27 January, 2017).

18. Le Hir, Pierre. "Rose Dieng, en cerveau sans frontières" in *Le Monde* (11 January, 2006).

19. Ibid.

20. Ibid.

21. Marshal, Jane. "SENEGAL-FRANCE: Death of Web Pioneer" in *University World News* (20 July, 2008).

22. Ibid.

23. Markus, Julia. *Lady Byron and Her Daughters,* WW Norton & Company, 2015: 26.

24. Markus, Julia. *Lady Byron and Her Daughters,* WW Norton & Company, 2015: 83.

25. Augustus De Morgan on the mathematics of Ada Lovelace: findingada.com/about/ada-lovelace-links/. Accessed 11 July, 2017

26. Faraday, Michael. *The Correspondence of Michael Faraday: 1841-1848,* IET, 1996: 164.

27. Essinger, James. *Ada's Algorithm: How Lord Byron's Daughter Ada Lovelace Launched the Digital Age,* Gibson Square Books, 2013: Chapter 14.

28. Bowden, BV ed. *Faster Than Thought (A Symposium on Digital Computing Machines),* Sir Isaac Pitman & Sons Ltd, 1953: vii.

THE EARTH & THE UNIVERSE

The Harvard Computers (1881–1919)

Sobel, Dava. *The Glass Universe: The Hidden History of the Women Who Took the Measure of the Stars,* HarperCollins Publishers, 2017

www.bostonglobe.com/lifestyle/2017/08/10/women-computers-held-stars-their-hands/qfLYwpsNZdFNHyiY2igPNJ/story.html. Accessed 20 August, 2017

www.smithsonianmag.com/history/the-women-who-mapped-the-universe-and-still-couldnt-get-any-respect-9287444/. Accessed 20 August, 2017

www.space.com/34675-harvard-computers.html. Accessed 20 August, 2017

www.spectator.co.uk/2017/01/the-harvard-housewives-who-measured-the-heavens/. Accessed 20 August, 2017

www.theatlantic.com/science/archive/2016/12/the-women-computers-who-measured-the-stars/509231/. Accessed 20 August, 2017

Inge Lehmann (1888–1981)

Bolt, Bruce A "Inge Lehmann. 13 May 1888 – 21 February 1993", 1997: 287–301

Lehmann, Inge. "Seismology in the days of old". *Eos, Transactions American Geophysical Union* 68.3, 1987: 33–5

Williams, C A, J A Hudson, and B S Jeffreys. "Inge Lehmann (13 May 1888–1993)". *Quarterly Journal of the Royal Astronomical Society* 35, 1994: 231–4

www.amnh.org/explore/resource-collections/earth-inside-and-out/inge-lehmann-discoverer-of-the-earth-s-inner-core/. Accessed 31 August, 2017

www.vox.com/2015/5/13/
8595157/inge-lehmann.
Accessed 31 August, 2017

**Cecilia Payne-Gaposchkin
(1900–1979)**

Haramundanis, Katherine (ed.).
*Cecilia Payne-Gaposchkin:
An Autobiography and Other
Recollections,* Cambridge University
Press, 1996

Wayman, Patrick A. "Cecilia
Payne-Gaposchkin: astronomer
extraordinaire". *Astronomy
& Geophysics* 43. 1 (1
February 2002): 1.27–1.29,
doi.org/10.1046/j.1468-
4004.2002.43127.x.
Accessed 1 September, 2017

www.aps.org/publications/
apsnews/201501/physicshistory.
cfm#1. Accessed 1 September, 2017

Wang Zhenyi (1768–1797)

Bernardi, Gabriella. *The Unforgotten
Sisters: Female Astronomers and
Scientists Before Caroline Herschel,*
Springer, 2016

Ko, Dorothy. "Pursuing talent and
virtue: education and women's
culture in seventeenth- and
eighteenth-century China". *Late
Imperial China* 13.1, 1992: 9–39

Peterson, Barbara Bennett. *Notable
Women of China: Shang Dynasty
to the Early Twentieth Century,*
Routledge, 2016

Wiles, Sue. B*iographical Dictionary
of Chinese Women: The Qing Period,
1644–1911,* No. 10, M E Sharpe, 1998

**Annie Scott Dill Maunder
(1868–1947)**

Bruck, Mary T. "ALICE Everett and
Annie Russell Maunder torch
bearing women astronomers".
Irish Astronomical Journal 21,
1994: 280–391

Bruck, Mary T. "Lady computers at
Greenwich in the early 1890s".
*Quarterly Journal of the Royal
Astronomical Society* 36 , 1995: 83

Evershed, M A. "Obituary notices:–
Maunder, Annie Scott Dill".
*Monthly Notices of the Royal
Astronomical Society* 108, 1948: 48

Maunder, Annie S D, and E Walter.
The Heavens and Their Story.,
R Culley, 1908, Introduction

www.bbc.co.uk/news/science-
environment-37496677.
Accessed 24 August, 2017

Ruby Payne-Scott (1912–1981)

www.abc.net.au/radionational/
programs/scienceshow/
ruby-payne-scott---radio-
astronomer/3403336#transcript.
Accessed 27 August, 2017

cpsu-csiro.org.au/2012/05/29/star-
achiever-celebrating-100-years-of-
ruby-payne-scott/.
Accessed 27 August, 2017

www.naa.gov.au/collection/
snapshots/find-of-the-month/
2009-march.aspx.
Accessed 27 August, 2017

BIOLOGY & NATURAL SCIENCES

Mary Anning (1799–1847)

Taylor, Michael A, and Hugh S
Torrens. "An account of Mary
Anning (1799–1847), fossil
collector of Lyme Regis, Dorset,
England, published by Henry
Rowland Brown (1837–1921)
in the second edition (1859)
of beauties of Lyme Regis".
*Proceedings of the Dorset Natural
History & Archaeological Society*
135, 2014, Dorset Natural History
and Archaeological Society: 63–70

Taylor, Michael A, and Hugh S
Torrens. "An anonymous account
of Mary Anning (1799–1847),
fossil collector of Lyme Regis,
Dorset, England, published in all
the year round in 1865, and its
attribution to Henry Stuart Fagan
(1827–1890), schoolmaster,
parson and author". *Proceedings
of the Dorset Natural History
& Archaeological Society* 135,
2014, Dorset Natural History and
Archaeological Society: 71–85

Torrens, Hugh. "Presidential address:
Mary Anning (1799–1847) of
Lyme; 'the greatest fossilist the
world ever knew'". *The British
Journal for the History of Science*
28.3, 1995: 257–84,
www.jstor.org/stable/4027645.
Accessed 30 July, 2017

Maria Sibylla Merian (1647–1717)

public.gettysburg.edu/~
ketherid/Merian%201st%20
ecologist.pdf. Accessed 23 July, 2017

pure.uva.nl/ws/
files/956970/80552_327018.pdf.
Accessed 23 July, 2017

www.theatlantic.com/science/
archive/2016/01/the-
woman-who-made-science-
beautiful/424620/.
Accessed 23 July, 2017

www.theguardian.com/
artanddesign/2016/apr/01/
flora-fauna-and-fortitude-the-
extraordinary-mission-of-maria-
sibylla-merian#img-4.
Accessed 23 July, 2017

Dian Fossey (1932–1985)

Montgomery, Sy. Walking with the
Great Apes: Jane Goodall, Dian
Fossey, Biruté Galdikas, Chelsea
Green Publishing, 2009.
Accessed 16 July, 2017

Oakes, Elizabeth H. *Encyclopedia
of World Scientists.* Infobase
Publishing, 2007

www.bbc.co.uk/earth/
story/20151226-the-woman-who-
gave-her-life-to-save-the-gorillas.
Accessed 16 July, 2017

www.vanityfair.com/style/1986/09/
fatal-obsession-198609.
Accessed 16 July, 2017

Bertha Lutz (1894–1976)

Hahner, June Edith. *Emancipating
the Female Sex: The Struggle
for Women's Rights in Brazil,
1850–1940,* Duke University
Press, 1990

Kennedy, J P. "Bertha Lutz, 1894–
1976". *Copeia* 1, 1977: 208–9

Rachum, Ilan. "Feminism, woman
suffrage, and national politics in
Brazil: 1922–1937". *Luso-Brazilian
Review* 14.1, 1977: 118–34

americasouthandnorth.wordpress.
com/2013/05/12/get-to-know-a-
brazilian-bertha-lutz-2/.
Accessed 22 July, 2017

apnews.com/049889e630b74822
9887b91c8f21e3d2/researchers-
latin-american-women-got-
women-un-charter.
Accessed 22 July, 2017

www.ipsnews.net/2016/09/how-
latin-american-women-fought-for-
womens-rights-in-the-un-charter/.
Accessed 22 July, 2017

thenewinquiry.com/blog/feminism-
fascism-and-frogs-the-case-of-
bertha-lutz-at-the-united-nations/.
Accessed 22 July, 2017

www.un-ngls.org/images/
multilateralism/UnfinishedStory.
pdf. Accessed 22 July, 2017

.

Jane Colden (1724–1766)

Harrison, Mary. "Jane Colden:
colonial American botanist".
Arnoldia 55.2, 1995: 19–26

Smith, Beatrice Scheer. "Jane Colden
(1724–1766) and her botanic
manuscript". *American Journal
of Botany*, 1988: 1090–6,
www.jstor.org/stable/2443778

Vail, Anna Murray. "Jane Colden,
an early New York botanist".
Torreya 7.2, 1907: 21–34,
www.jstor.org/stable/40594571.
Accessed 1 September, 2017

Wilson, Joan Hoff. "Dancing dogs
of the colonial period: women
scientists". *Early American
Literature* 7.3, 1973: 225–35,
www.jstor.org/stable/25070582
Accessed 1 September, 2017

Esther Lederberg (1922–2006)

www.estherlederberg.com/
Anecdotes.html.
Accessed 24 September, 2017

www.jax.org/news-and-insights/jax-
blog/2016/december/invisible-
esther.
Accessed 24 September, 2017

news.stanford.edu/news/2006/
november29/med-esther-
112906.html.
Accessed 24 September, 2017

www.theguardian.com/
science/2006/dec/13/obituaries.
guardianobituaries.
Accessed 24 September, 2017

www.thelancet.com/pdfs/journals/
lancet/PIIS0140673606698802.
pdf. Accessed 24 September, 2017

Ynés Mexía (1870–1938)

Bonta, Marcia (ed.). *American
Women Afield: Writings by
Pioneering Women Naturalists*,
Vol. 20, Texas A&M University
Press, 1995

Bracelin, H P. "Ynes Mexia".
Madroño 4.8, 1938: 273–5

www.calacademy.org/
blogs/from-the-stacks/archives-
unboxed-ynes-mexia.
Accessed 20 July, 2017

Wangari Maathai (1940–2011)

www.nobelprize.org/nobel_prizes/
peace/laureates/2004/maathai-
lecture-text.html.
Accessed 23 July, 2017

www.nytimes.com/1989/12/06/
world/nairobi-journal-skyscraper-
s-enemy-draws-a-daily-dose-of-
scorn.html. Accessed 23 July, 2017

www.theguardian.com/world/2011/
sep/26/wangari-maathai.
Accessed 23 July, 2017

MEDICINE & PSYCHOLOGY

Aspasia (c.4th century AD)

Gregory, Tsoucalas, and Sgantzos
Markos. "Aspasia and Cleopatra
Metrodora, two majestic female
physician-surgeons in the early
Byzantine era". *Journal of
Universal Surgery*, 2016

Parker, Holt. "Women doctors in
Greece, Rome, and the Byzantine
empire". *Women Healers and
Physicians: Climbing a Long Hill*,
1997: 131–50

Ricci, James Vincent. "The
development of gynaecological
surgery and instruments". Norman
Publishing, 1940: 31 onward

Riddle, John M. *Contraception and
Abortion from the Ancient World
to the Renaissance*. Harvard
University Press, 1994: 97 onward

Fe del Mundo (1912–2011)

curiosity.com/topics/fe-del-mundo/.
Accessed 13 August, 2017

www.gmanetwork.com/news/news/
specialreports/55128/pcij-dr-fe-
del-mundo-a-woman-of-many-
firsts/story/.
Accessed 13 August, 2017

newsinfo.inquirer.net/37419/
beautiful-life-as-doctor-to-
generations-of-kids-99.
Accessed 13 August, 2017

Irène Joliot-Curie (1897–1956)

Emling, Shelley. *Marie Curie and
Her Daughters: The Private Lives of
Science's First Family*, St Martin's
Press, 2012

Gilmer, Penny J. "Irène Joliot-Curie,
a Nobel laureate in artificial
radioactivity". *Celebrating the
100th Anniversary of Madame
Marie Sklodowska Curie's Nobel
Prize in Chemistry*, 2011: 41–57

Jane C Wright (1919–2013)

www.bmj.com/content/346/bmj.
f2902. Accessed 27 July, 2017

www.aacr.org/Membership/
Shared%20Documents/Jane_
Cooke_Wright___2141F3.pdf.
Accessed 27 July, 2017

www.ascopost.com/issues/may-15-
2014/asco-cofounder-jane-cooke-
wright-md-defied-racialgender-
barriers-and-helped-usher-in-the-
modern-age-of-chemotherapy/.
Accessed 28 July, 2017

cfmedicine.nlm.nih.gov/physicians/
biography_336.html.
Accessed 28 July, 2017

www.jax.org/news-and-insights/
jax-blog/2016/november/women-
in-science-jane-wright.
Accessed 27 July, 2017

www.nytimes.com/2013/03/03/
health/jane-c-wright-pioneering-
oncologist-dies-at-93.html.
Accessed 27 July, 2017

thelancet.com/journals/lancet/
article/PIIS0140-6736(13)60874-
0/fulltext. Accessed 27 July, 2017

Ruby Hirose (1904–1960)

Akagi, Roy Hidemichi. *The Second Generation Problem: Some Suggestions Toward its Solution*, No. 1, Japanese Students' Christian Association in North America, 1926

Hinnershitz, Stephanie. *Race, Religion, and Civil Rights: Asian Students on the West Coast, 1900–1968*, Rutgers University Press, 2015

"Interview with Ruby Hirose, 1924, Stanford Survey on Race Relations 1924–1927", Box 27, Item 159

auburnpioneercemetery.net/ biographies/hirose.php#. WWidENPyuRt. Accessed 14 July, 2017

auburnpioneercemetery.net/ blog/2013/08/an-american-born-japanese-girl-scientist/. Accessed 14 July, 2017

energy.gov/articles/five-fast-facts-about-dr-ruby-hirose. Accessed 14 July, 2017

siarchives.si.edu/collections/ siris_arc_297429. Accessed 14 July, 2017

winsatnyu.wordpress. com/2015/04/09/ruby-hirose-1904-1960/. Accessed 14 July, 2017

Gertrude B Elion (1918–1999)

Avery, Mary Ellen. "Gertrude Belle Elion. 23 January 1918 – 21 February 1999" *Biographical Memoirs* 78, The National Academic Press, 2008: 161–8

Elion, Gertrude B. "The quest for a cure". *Annual Review of Pharmacology and Toxicology* 33.1, 1993: 1–25

Ingram, Robert A, et al. "Tributes to Gertrude Elion". *The Oncologist* 4.2, 1999: 0i–6a

www.nobelprize.org/nobel_prizes/ medicine/laureates/1988/elion-bio.html. Accessed 20 August, 2017

www.nytimes.com/1999/02/23/ us/gertrude-elion-drug-developer-dies-at-81.html. Accessed 20 August, 2017

Kamala Sohonie (1912–1998)

Dhuru, Vasumati. "The scientist lady", in Godbole, Rohini M (ed.). *Lilavati's Daughters: The Women Scientists of India*, Indian Academy of Sciences, 2008: 31–34

Gupta, Arvind. *Bright sparks: inspiring Indian scientists of the past*, Indian National Science Academy, 2009: 114–118

Mitra, Anirban. "The life and times of Kamala Bhagvat Sohonie". *Resonance* 21.4, 2016: 301–14

Margaret Sanger (1879–1966)

Lehfeldt, Hans. "Margaret Sanger 1883–1966". Journal of Sex Research 2.3, 1966: 154–6

Lehfeldt, Hans. "Margaret Sanger and the modern contraceptive techniques". *The Journal of Sex Research*, 1967: 253–5

www.collectorsweekly.com/articles/ getting-it-on-the-covert-history-of-the-american-condom/. Accessed 2 August, 2017

content.time.com/time/ subscriber/article/0,33009,988152, 00.html. Accessed 6 September, 2017

www.nytimes.com/2006/10/15/ opinion/nyregionopinions/15CIf eldt.html. Accessed 2 August, 2017

www.nyu.edu/projects/sanger/ aboutms/index.php. Accessed 2 August, 2017

www.nyu.edu/projects/sanger/ documents/this_i_believe.php. Accessed 2 August, 2017

www.nyu.edu/projects/ sanger/webedition/app/documents/ show.php?sangerDoc=101919. xml. Accessed 6 September, 2017

www.nyu.edu/projects/sanger/ webedition/app/documents/show. php?sangerDoc=420004.xml. Accessed 6 September, 2017

Helen Rodríguez-Trías (1929–2001)

Eldridge, Laura, and Barbara Seaman (eds). *Voices of the Women's Health Movement*, Vol. 1, Seven Stories Press, 2012

Newman, Laura. "Helen Rodriguez-Trias: public health activist who improved the quality of health care for women around the world". *British Medical Journal* 324.7331, 2002: 242

Wilcox, Joyce. "The face of women's health: Helen Rodriguez-Trias". *American Journal of Public Health* 92.4, 2002: 566–9

cfmedicine.nlm.nih.gov/physicians/ biography_273.html. Accessed 9 August, 2017

www.ncbi.nlm.nih.gov/pmc/articles/ PMC1122157/. Accessed 9 August, 2017

www.ourbodiesourselves.org/health-info/forced-sterilization/. Accessed 9 August, 2017

Elisabeth Kübler-Ross (1926–2004)

Kubler-Ross, Elisabeth. *Death: The Final Stage*. Simon & Schuster, 1975: 1

Kubler-Ross, Elisabeth. "What is it like to be dying?". *The American Journal of Nursing* 71.1, 1971: 54–62, www.jstor.org/ stable/3421555

www.newyorker.com/ magazine/2010/02/01/good-grief. Accessed 7 August, 2017

www.nytimes.com/ 2004/08/25/health/dr-kblerross-who-changed-perspectives-on-death-dies-at-78.html?_r=0. Accessed 7 August, 2017

www.nytimes.com/2004/ 08/26/us/elisabeth-kubler-ross-78-dies-psychiatrist-revolutionized-care-terminally-ill.html?_r=0. Accessed 7 August, 2017

www.theguardian.com/ society/2004/aug/31/ mentalhealth.guardianobituaries. Accessed 7 August, 2017

Leta Hollingworth (1886–1939)

Benjamin Jr, Ludy T. "The pioneering work of Leta Hollingworth in the psychology of women". *Nebraska History* 56, 1975: 493–505

Silverman, Linda Kreger. "It all began with Leta Hollingworth: the story of giftedness in women". *Journal for the Education of the Gifted* 12.2, 1989: 86–98

ELEMENTS & GENETICS

Nettie Stevens (1861–1912)

Brush, Stephen G. "Nettie M. Stevens and the discovery of sex determination by chromosomes". *Isis* 69.2, 1978: 163–72, www.jstor.org/stable/230427. Accessed 29 August, 2017

Mittwoch, Ursula. "Erroneous theories of sex determination". *Journal of Medical Genetics* 22.3, 1985: 164–70

Swaby, Rachel. Headstrong: 52 *Women who Changed Science – and the World*, Broadway Books, 2015

genestogenomes.org/nettie-stevens-sex-chromosomes-and-sexism/. Accessed 29 August, 2017

www.nature.com/scitable/topicpage/nettie-stevens-a-discoverer-of-sex-chromosomes-6580266. Accessed 29 August, 2017

Ida Noddack (1896–1978)

Habashi, Fathi. "Ida Noddack: proposer of nuclear fission", in Rayner-Canham, Marelene F, and Geoffrey W Rayner-Canham. *A Devotion to Their Science: Pioneer Women of Radioactivity*, McGill-Queen's University Press, 1997: 215–224

Santos, Gildo Magalhães. "A tale of oblivion: Ida Noddack and the 'universal abundance' of matter". *Notes and Records of the Royal Society of London* 68.4 2014: 373–89. www.ncbi.nlm.nih.gov/pmc/articles/PMC4213432/#FN2. Accessed 27 August, 2017

Van Tiggelen, Brigitte, and Annette Lykknes. "Ida and Walter Noddack through better and worse: an Arbeitsgemeinschaft in chemistry",

in Lykknes A., Opitz D., and Van Tiggelen B. (eds). *For Better or For Worse? Collaborative Couples in the Sciences*, Science Networks. Historical Studies, Vol. 44, Springer, 2012: 103–47

Rosalind Franklin (1920–1958)

Elkin, Lynne Osman. "Rosalind Franklin and the double helix". *Physics Today* 56.3, 2003: 42–8

Watson, James. *The Double Helix*. Orion, 2012

profiles.nlm.nih.gov/ps/retrieve/Narrative/KR/p-nid/183. Accessed 27 August, 2017

profiles.nlm.nih.gov/ps/retrieve/Narrative/KR/p-nid/187. Accessed 27 August, 2017

Rita Levi-Montalcini (1909–2012)

Swaby, Rachel. Headstrong: 52 *Women who Changed Science – and the World*, Broadway Books, 2015

www.independent.co.uk/news/science/is-this-the-secret-of-eternal-life-1674005.html. Accessed 28 August, 2017

www.nature.com/news/2009/090401/full/458564a.html. Accessed 28 August, 2017

www.nytimes.com/2012/12/31/science/dr-rita-levi-montalcini-a-revolutionary-in-the-study-of-the-brain-dies-at-103.html. Accessed 28 August, 2017

www.scientificamerican.com/article/finding-the-good-rita-levi-montalcini/. Accessed 28 August, 2017

www.theguardian.com/science/2012/dec/30/rita-levi-montalcini. Accessed 28 August, 2017

PHYSICS & CHEMISTRY

Tapputi (c.1200 BC)

Herzenberg, Caroline L. "Women in science during antiquity and the Middle Ages". *Interdisciplinary Science Reviews* 15.4, 1990: 294–7

Kass-Simon, Gabriele, Patricia Farnes, and Deborah Nash (eds). *Women of Science: Righting the Record*, Indiana University Press, 1993

Levey, Martin. "Babylonian chemistry: a study of Arabic and second millenium BC perfumery". *Osiris* 12 , 1956: 376–89

Levey, Martin. *Early Arabic Pharmacology: An Introduction Based on Ancient and Medieval Sources*, Brill Archive, 1973

Mitter, Swasti, and Sheila Rowbotham (eds). *Women Encounter Technology: Changing Patterns of Employment in the Third World*, Vol. 1, Psychology Press, 1997

Laura Bassi (1711–1778)

Cieślak-Golonka, Maria, and Bruno Morten. "The women scientists of Bologna: eighteenth-century Bologna provided a rare liberal environment in which brilliant women could flourish". *American Scientist* 88.1, 2000: 68–73, www.jstor.org/stable/27857965. Accessed 12 September, 2017

Elena, Alberto. "'In lode della filosofessa di Bologna': an introduction to Laura Bassi". *Isis* 82.3, 1991: 510–18, www.jstor.org/stable/233228. Accessed 12 September, 2017

Findlen, Paula. "Laura Bassi and the city of learning". *Physics World* 26.09, 2013: 30–34

Findlen, Paula. "Science as a career in Enlightenment Italy: the strategies of Laura Bassi". *Isis* 84.3, 1993: 441–69, www.jstor.org/stable/235642. Accessed 12 September, 2017

Lise Meitner (1878–1968)

Frisch, Otto Robert. "Lise Meitner. 1878–1968". *Biographical Memoirs of Fellows of the Royal Society* 16, 1970: 405–20

Meitner, Lise. "Lise Meitner looks back". *Advancement of Science* 21, 1964: 39–46

Sime, Ruth Lewin. Lise Meitner: A Life in Physics, Vol. 11, University of California Press, 1996

Sime, Ruth Lewin. "Lise Meitner and the discovery of fission" *Journal of Chemical Education* 66.5, 1989: 373–376

Sime, Ruth Lewin. "Lise Meitner's escape from Germany". *American Journal of Physics* 58.3, 1990: 262–7

Chien-Shiung Wu (1912–1997)

Chiang, Tsai-Chien. *Madame Wu Chien-Shiung: The First Lady of Physics Research*, World Scientific, 2013

Swaby, Rachel. *Headstrong: 52 Women who Changed Science-and the World*, Broadway Books, 2015

blogs.scientificamerican.com/guest-blog/channeling-ada-lovelace-chien-shiung-wu-courageous-hero-of-physics/. Accessed 19 August, 2017

www.nytimes.com/1997/02/18/us/chien-shiung-wu-84-dies-top-experimental-physicist.html. Accessed 19 August, 2017

time.com/4366137/chien-shiung-wu-history/. Accessed 19 August, 2017

Leona Woods Marshall Libby (1919–1986)

Julie, Des. *The Madame Curie Complex: The Hidden History of Women in Science*, The Feminist Press at CUNY, 2010

Ogilvie, Marilyn, and Joy Harvey. *The Biographical Dictionary of Women in Science: Pioneering Lives from Ancient Times to the Mid-20th Century*, Routledge, 2003: 788

articles.latimes.com/1986-11-13/local/me-24930_1_nuclear-reactor. Accessed 19 August, 2017

energy.gov/articles/history-women-energy-department. Accessed 19 August, 2017

manhattanprojectvoices.org/oral-histories/leona-marshall-libbys-interview. Accessed 19 August, 2017

matt.distort.org/docs/science%20history/WomenInTheManhattanProject.pdf. Accessed 19 August, 2017

www.nytimes.com/1979/09/30/archives/the-uranium-people.html?_r=0. Accessed 19 August, 2017

Dorothy Hodgkin (1910–1994)

Ferry, Georgina. *Dorothy Hodgkin: A Life*, Bloomsbury Publishing, 2014

www.independent.co.uk/news/people/obituary-professor-dorothy-hodgkin-1373624.html. Accessed 29 August, 2017

www.nobelprize.org/nobel_prizes/chemistry/laureates/1964/hodgkin-lecture.pdf. Accessed 29 August, 2017

www.theguardian.com/science/occams-corner/2014/jan/14/dorothy-hodgkin-year-of-crystallography. Accessed 29 August, 2017

MATHEMATICS

Hypatia of Alexandria (c.AD 355)

Mark, J J. "Hypatia of Alexandria", in *Ancient History Encyclopedia*, 2009, www.ancient.eu/Hypatia_of_Alexandria/. Accessed 12 July, 2017

The Suda, www.stoa.org/sol-bin/search.pl?login=guest&enlogin=guest&db=REAL&field=adler hw_gr&searchstr=upsilon,166. Accessed 12 July, 2017

Watts, Edward J. *Hypatia*, Oxford University Press, 2017

Zielinski, Sarah. "Hypatia, ancient Alexandria's great female scholar". Smithsonian (15 March 2010), www.smithsonianmag.com/history/hypatia-ancient-alexandrias-great-female-scholar-10942888/. Accessed 12 July, 2017

Émilie du Châtelet (1706–1749)

Osen, Lynn M. *Women in Mathematics*, MIT Press, 1975

Waithe, Mary Ellen (ed.). *A History of Women Philosophers: Vol. III: 1600–1900*, Springer Science & Business Media, 1991

Zinsser, Judith P. "Mentors, the Marquise Du Châtelet and historical memory". *Notes and Records of the Royal Society* 61.2, 2007: 89–108

www.aps.org/publications/apsnews/200812/physicshistory.cfm. Accessed 6 September, 2017

faculty.humanities.uci.edu/bjbecker/RevoltingIdeas/emilie.html. Accessed 6 September, 2017

www-groups.dcs.st-and.ac.uk/~history/Biographies/Chatelet.html. Accessed 6 September, 2017

www.pbs.org/wgbh/nova/physics/ancestors-einstein.html. Accessed 6 September, 2017

www.theguardian.com/science/2006/aug/04/peopleinscience.guardianweekly. Accessed 6 September, 2017

The Bletchleyettes

Dunlop, Tessa. *The Bletchley Girls: War, Secrecy, Love and Loss: The Women of Bletchley Park Tell Their Story*, Hodder & Stoughton, 2015

Smith, Michael. *The Debs of Bletchley Park and Other Stories*, Aurum Press Ltd, 2015

www.huffingtonpost.co.uk/2015/01/25/bletchley-park-enigma-female-codebreakers_n_6532856.html. Accessed 29 July, 2017

www.telegraph.co.uk/history/world-war-two/11323312/Bletchley-the-womens-story.html. Accessed 29 July, 2017

Emmy Noether (1882–1935)

Angier, Natalie. "The mighty mathematician wou've never heard ff". *New York Times* (26 March, 2012)

arxiv.org/pdf/hep-th/9411110.pdf. Accessed 12 July, 2017

Kimberling, Clark H. "Emmy Noether". *The American Mathematical Monthly* 79.2, 1972: 136–49

www-groups.dcs.st-and.ac.uk/
history/Obits2/Noether_Emmy_
Einstein.html.
Accessed 12 July, 2017

Sofia Kovalevskaya (1850–1891)

Kovalevskaya, Sofya. *A Russian Childhood*, Springer Science & Business Media, 2013

Swaby, Rachel. *Headstrong: 52 Women who Changed Science – and the World*, Crown/Archetype, Broadway Books, 2015

Sophie Germain (1776–1831)

Case, Bettye Anne, and Anne M Leggett (eds). *Complexities: Women in Mathematics*, Princeton University Press, 2005

Dalmédico, A D. "Sophie Germain". *Scientific American* 265.6, 1991: 116–23

Musielak, Dora E. *Prime Mystery: The Life and Mathematics of Sophie Germain*, Authorhouse, 2015

www.brainpickings.
org/2017/02/22/sophie-germain-gauss/. Accessed 8 August, 2017

www.thoughtco.com/sophie-germain-biography-3530360.
Accessed: 8 August, 2017

TECHNOLOGY & INVENTIONS

**Maria the Jewess
(c.AD 2nd–3rd century)**

Offereins, Marianne. "Maria the Jewess". *European Women in Chemistry*, 2011: 1–3

Patai, Raphael. *The Jewish Alchemists: A History and Source Book*, Princeton University Press, 2014

Van der Horst, Pieter W. "Maria Alchemista, the first female Jewish author" in *Zutot,* 2001, Springer, 2002: 44–7

**Mary Beatrice Davidson Kenner
(1912–2006)**

Blashfield, Jean F. *Women Inventors*, Vol. 4, Capstone, 1996: 11

Jeffrey, Laura S. *Amazing American Inventors of the 20th Century*, Enslow Publishers, Inc., 2013

Hertha Ayrton (1885–1923)

Mason, Joan. "Hertha Ayrton (1854–1923) and the admission of women to the Royal Society of London". *Notes and Records of the Royal Society of London* 45. 2, 1991: 201–20, www.jstor.org/stable/531699.
Accessed 5 August, 2017

Swaby, Rachel. *Headstrong: 52 Women who Changed Science – and the World*, Crown/Archetype, Broadway Books, 2015

jwa.org/encyclopedia/article/ayrton-hertha-marks.
Accessed 5 August, 2017

www.theiet.org/resources/library/
archives/biographies/ayrtonh.cfm.
Accessed 5 August, 2017

**Admiral Grace Hopper
(1906–1992)**

Beyer, Kurt W. *Grace Hopper and the Invention of the Information Age*, BookBaby, 2015

www.atlasobscura.com/places/
grace-hoppers-bug.
Accessed 11 July, 2017

www.bbc.co.uk/news/
business-38677721.
Accessed 11 July, 2017

www.wired.com/2014/10/grace-hopper-letterman/.
Accessed 11 July, 2017

The West Computers (1940s–60s)

Shetterly, Margot Lee. *Hidden Figures: The Untold Story of the African American Women Who Helped Win the Space Race*, HarperCollins Publishers, 2016

crgis.ndc.nasa.gov/crgis/images/d/
d3/MannBio.pdf.
Accessed 11 September, 2017

www.newscientist.com/
article/2118526-when-computers-were-human-the-black-women-behind-nasas-success/.
Accessed 10 September, 2017

www.washingtonpost.com/local/
hidden-no-more-katherine-johnson-a-black-nasa-pioneer-finds-acclaim-at-98/2017/01/27/
d6a6feb8-dd0f-11e6-ad42-
f3375f271c9c_story.html?utm_
term=.abf305e58cbd.
Accessed 12 September, 2017

Ada Lovelace (1815–1852)

Essinger, James. *A Female Genius: How Ada Lovelace Lord Byron's Daughter, Started the Computer Age*, Gibson Square, 2014

Lovelace, Ada. "Translator's notes to an article on Babbage's Analytical Engine". *Scientific Memoirs* 3, 1842: 691–731

Morais, Betsy. "Ada Lovelace: the first tech visionary". *The New Yorker,* 2013

Rose Dieng-Kuntz (1956–2008)

Gates Jr, Henry Louis, "Emmanuel Akyeampong, and Steven J Niven", in *Dictionary of African Biography*, Oxford University Press, 2012: 199–200

www.lemonde.fr/planete/
article/2006/01/11/
rose-dieng-un-cerveau-sans-frontieres_729645_3244.html.
Accessed 3 September, 2017

pdfs.semanticscholar.org/5c29/610
1f7b2d0966e0903dddfb615145c
10f139.pdf.
Accessed 3 September, 2017

www.universityworldnews.com/
article.php?story=
20080717161931579.
Accessed 3 September, 2017

www.surlatoile.com/
WomenInScience/rose-dieng-kuntz/.
Accessed 3 September, 2017

The New Historia

In creating this series, the author and publisher have worked with Gina Luria Walker, Professor of Women's Studies at The New School, New York City, and Director of The New Historia, carefully building, curating and editing the list of 48 women within this book to ensure that we uncovered as many lost female histories as possible. The New Historia's ongoing work is dedicated to the discovery, recovery, and authoritative reclamation of women of the past through time and around the globe, and honour earlier women by telling their stories and sharing their strategies that inspire us to be sturdy and brave. In them we find our foremothers, transforming and remaking our ideas about history and ourselves.

"It is imperative that we galvanize what we know so that women's legacy is acknowledged as essential to the continuum of human enlightenment. Activating what we know will also keep us from making contemporary women invisible — waiting to be brought to life 50 or 100 years from now." Gina Luria Walker, The New Historia

www.thenewhistoria.com

Allegra Lockstadt

Allegra Lockstadt was born in Canada, raised in the Southeastern United States, and currently resides in the Minneapolis, Minnesota, US. She currently works as freelance illustrator and designer. To see more of Allegra's work visit **www.allegralockstadt.com**

Sara Netherway

Sara Netherway is an illustrator from the Isle of Wight. Originally trained in fine art, she enjoys creating images with rich textures and detail. To see more of Sara's work visit **www.saranetherway.co.uk**

Lauren Simkin Berke

Lauren Simkin Berke is an American artist and illustrator based in Brooklyn, NY. Working in ink on paper, Lauren draws for clients such as *The New York Times*, *Smithsonian* magazine, Simon & Schuster publishers, and Rémy Martin.
www.simkinberke.com

Hannah Berman

Hannah Berman lives and works in Oakland, California. She loves to travel, collect bird nests and antiques, and is inspired by candy wrappers, Paint-By Numbers kits, and Islamic miniatures.

María Hergueta

María Hergueta is a freelance illustrator from a small village in north Spain. She has been working as an illustrator for five years now and her work has been published in different publishing houses and magazines such as Oxford University Press, Penguin Books, and *New York Times*.

She currently lives between Barcelona and the Swedish countryside.

Miriam Castillo

Miriam Castillo is an illustrator based in Brooklyn and Mexico. Her whimsical hand-drawn illustrations explore the intersection in between yoga, spirituality and nature. For more of her world, visit

www.miriamcastillo.com

Marcela Quiroz

Marcela works as an illustrator for publishing projects and print media. Her day is divided between books and pencils, searching for new words, memorizing them, and writing them over and over again until they become drawings and become part of some of their alphabets of illustrated words.

www.do-re-mi.co

Shreyas Krishnan

Shreyas is an illustrator-designer from Chennai, India. She is curious about the ways in which art, design and gender intersect. Through drawing and writing, she tries to understand how, why and what we remember.

www.shreyasrkrishnan.com

Laura Inksetter

Laura Inksetter is an artist and illustrator from Ottawa, Ontario, Canada. Her work is inspired by history, folklore, and the natural world. She has a master's degree in medieval history.

Tanya Heidrich

Tanya is a Swiss, American and German graphic designer and illustrator who designs in colour, and illustrates in black and white drawing inspiration from patterns and details in everyday life.

www.tanyaheidri.ch

Winnie T Frick

Winnie T Frick is a comic artist and illustrator currently based in Brooklyn. Her interests include, cross-hatching, architecture, and dopple-gangers. Her illustrations and webcomics can be found on **www.ipsumlorum.com**

Hélène Baum

Bodil Jane

Hélène Baum is a Berlin-based illustrator. "There are no lines in nature, only areas of colour, one against another" (Manet). This principle guides her work and life. With her diverse cultural background and much traveling, she creates a cosmic space through which humour, idealism and elements from diferent cultures coexist in vibrant images.

Bodil Jane is an illustrator from Amsterdam. She graduated with honours from Willem de Kooning Academy in Rotterdam, specializing in illustration (2014). Bodil Jane loves to illustrate people, food, recipes, animals, fashion, interiors, plants, packages and maps. All of her illustrations include handmade elements and digital techniques.

This book is for my mother and for all the other women in my life, but mainly my mother. Thank you for putting up with me.

Forgotten Women would not have existed without publishing supremo Romilly Morgan, who sought me out for a coffee and dared me to think about writing a book – then commissioned me to write a series. I would also like to thank the team at Octopus, The New Historia, and all the illustrators from Women Who Draw who brought these women to life in such vivid colour. Special thanks go to Daniel Johnson and my agent Emma Paterson of Rogers, Coleridge & White.

Zing Tsjeng

The Publisher would like to thank the entire team involved in curating the list of women featured in *Forgotten Women: The Scientists*, and in particular would like to praise The New Historia's ongoing work in rediscovering women's contributions throughout history.

The Publisher would also like to thank Mala Sanghera-Warren for her assistance in researching this book.